문화재 전쟁

_ 전쟁과 약탈 그리고 회복

일러두기

1. 본문의 외래어 표기는 주로 국립국어원의 외래어 표기법에 따랐다.
2. 책 제목은 『 』로, 논문과 보고서 등은 「 」, 신문과 잡지 등 언론 매체는 〈 〉, 예술 작품과 영화 제목은 ' '로 나타냈다.
3. 본문에서 출처나 소장처를 밝히지 않은 그림들은 책 뒤쪽에 정리하여 출처를 밝혔으며, 자유 이용 저작물(public domain)은 따로 정리하지 않았다.

문화재 전쟁

_전쟁과 약탈 그리고 회복

초판 1쇄 발행일 | 2021년 07월 07일

지은이 | 이기철, 이상근
펴낸이 | 이원중

펴낸곳 | 지성사 **출판등록일** | 1993년 12월 9일 **등록번호** | 제10-916호
주소 | (03458) 서울시 은평구 진흥로 68 2층(북측)
전화 | (02) 335-5494 **팩스** | (02) 335-5496
홈페이지 | www.jisungsa.co.kr **이메일** | jisungsa@hanmail.net

ISBN 978-89-7889-468-5 (03900)

돌짐승 서재
0002

문화재 전쟁

이기철 · 이상근 지음

전쟁과 약탈 그리고 회복

지성사

▌책머리에▐

지리한 여정입니다.

한번 시작하면 몇 년, 몇십 년도 걸립니다. 서산 부석사 불상의 제자리 봉안 운동이 어느덧 9년째입니다. 2017년 1심 승소 판결 이후, 항소심만 5년째입니다. 하긴 오구라 컬렉션 등 일제강점기 반출 문화재의 환수는 해방 후 모두의 염원이었지만 지금도 회복되지 못하고 있습니다. 그리스는 영국이 반출해간 파르테논 신전의 조각상 환수를 위해 190년 넘게 투쟁하고 있습니다.

복잡다단한 과정입니다.

강자의 논리가 철저히 반영된 문화재의 약탈을 제자리로 되돌리는 과정은 철저한 논거와 사례, 정성과 정량이 투입되는 일입니다. 여기에는 역사 문화, 사회 경제, 정치 외교, 심지어 날씨 기상까지 온갖 요소들이 뒤섞여 작동합니다. 2011년 12월 완전한 환수를 이룬 일본 왕실도서관 소장 조선왕조 도서의 귀환을 막바지에 가로막은 것은 동일본 대지진과 쓰나미였습니다. 그 뉴스에 그동안의 노력이 물거품으로 돌아가지 않을까 걱정하며 일본을 방문한 것이 한 달 후였습니다. 그때 도쿄 탑이 불 꺼진 모습을 처음으로 목격했습니다.

'환수'가 아닌 '회복'을 지향합니다.

'환수'도 시급한데 원상회복이 무슨 말이냐고 할지도 모릅니다. 문화재의 환수에는 반환, 기증, 매입 등의 방도가 있습니다. 어떤 처방을 쓸 것인지는 각각의 내력, 현재 상황 등에 따라 달라집니다. 우리는 보물을 되찾는 일이 아닌 유산의 정신과 가치, 이야기를 온전히 찾는 과정을 소중히 합니다. 그러므로 유산이 품고 있는 역사와 희로애락의 주인공을 찾는 것이 그 목표입니다.

재미나고 즐겁게 하려고 합니다.

오늘 요구한다고 내일 이뤄지지 않는 경우가 허다합니다. 지루하고 복잡하고 희로애락이 가득한 문화유산의 회복과 문화자산의 가치 발굴을 신명나게 하는 것은, 스스로 재미나고 스스로 즐거운 방법을 찾아 유쾌한 여정에 나서는 것과 같습니다. 누가 시켜서 하는 것에는 한계가 있습니다. 재미가 없으면 금방 지칩니다. 많은 이가 뜻은 공감하지만, 선뜻 하나의 과제라도 맡아서 해보려고 나서지 않은 이유는 스스로의 길을 찾지 못해서입니다. 사명감과 정당성은 필요조건이지만 유쾌한 여정은 충분조건입니다.

우리 것만 되찾지 말고, 이웃 나라의 상처도 회복하려 합니다.

이 책은 문화재 약탈의 역사를 청산하고 인류문명의 온전한 회복에 작은 도움이 되고자 기획했습니다. 전 세계 대부분이 경험하고 지금도 상처에 아파하는 문제임에도 자칫 소홀할 수 있기에 되돌아보자는 의미를 담았습니다.

국제사회의 당당한 주역으로 성장하고 있는 대한민국의 미래세대는 우리의 성장 발전만이 아니라 이웃 나라의 아픔과 회복에도 노력하여 더 큰 리더가 되어야 한다는 믿음을 담았습니다.

지금 미약하게 벌이고 있는 저개발국가의 문화재 보호 활동을 공공외교의 영역으로 확대 발전시켜 유네스코 등이 다루지 못하는 문화유산의 회복과 가치 발굴을 우리의 미래세대가 이끌어가기를 바랍니다. 그 바람을 담아 약탈 과정과 회복을 위한 노력을 소개하면서 미래세대의 눈높이에 맞추려 했습니다.

우리는 문화 의병입니다.

이기철 기자와 많은 대화를 나눴습니다. 길도 같이 걸었습니다. 어느덧 인생을 도모하는 도반道伴이 되었습니다. 그래서 정보 수집과 글쓰기에 능통한 이 기자와 책을 쓰자고 했습니다. 책은 문화 의병의 결집체인 문화유산회복재단 총서로 내자고 했습니다.

종로에서의 곡차 대담을 실행하기 위해 이 기자는 부단히 노력하고 정진했습니다. 관련 책들을 완독하고 자료를 분석하여 글을 세워 나갔습니다. 미안하여 조금 보태기로 했습니다. 이 또한 가차 없이 검증하고 칼질을 더 해 지금의 모습으로 갖추었습니다.

외적이 쳐들어오면 관병은 도망하고, 목숨 부지가 어려운 백성들이 낫 들고 도끼 들고 그마저 없으면 호미, 부지깽이라도 들고 맞서 싸워 이긴 전통을 지닌 우리는, 주어지면 해 나가는 자랑스러운 문화 의병입니다.

(재)문화유산회복재단 이사장

이 상 근

▌여는 글▐

충남 서산 부석사에서 조성된 관음좌상 환수 재판과 부여 규암리에서 약탈된 백제 미소불 회복 논란이 한창이던 2019년 봄 어느 날 저녁, 문화유산회복재단 이상근 이사장과 저녁을 같이했다. 이 자리에서 이 이사장이 '또' 제의했다.

"내가 알기론 유럽에서 문화재와 예술품이 과거 주인을 찾아가는 사례가 많은데, 국내에는 잘 소개되지 않고 있습니다. 같이 책으로 정리를 좀 하고 갑시다."

그 이전에도 해외의 문화 예술품 반환 사례를 기록으로 남겨두는 것이 어떻냐고 두세 차례 제의했던 터였다. 계속 사양하며 회피하는 것도 예가 아닌 듯해서 그러자고 덜컥 약속해버렸다. 그것이 시작이었다.

이 책은 다른 나라의 약탈 문화재와 예술품의 반환과 회복 과정에 대해 집중적으로 다루고 있다. 다른 나라의 환수 사례와 고민을 통해서 우리 문화재 회복의 마중물이랄까 타산지석으로 삼기 위해서다. 우리 문화재의 약탈과 환수 과정은 이미 소개한 도서들이 풍부하기에 되도록 우리의 것은 피하고, 각국의 최근 환수 사례를 소개하면서 현재 진행되는 반환 과정과 그 경향을 무미건조하게 느낄 정도로 사실 위주로 전달하려고 했다. 하지만 약탈과 반환 그리고 회복의 그 드라마틱한 과정은 흥미를 빼려야 뺄 수 없었다.

"도둑질하거나 약탈한 물건은 아무리 시간이 지나도 돌려줘야 하고, 아무리 개선을 잘했다고 할지라도 그로 인한 이익은 환수해야 한다"는 것이 반환 논리의 출발점이지만, 그 자세한 법적·철학적 이론과 논리, 국제 협약과 합의는 다른 도서들로 보충할 수 있으니 이 책에서는 될 수 있으면 생략했다.

과거 합법 소유자들이나 그 후손들이 회복을 주장하는 근거와 증거를 소개하면서 그 문화재나 예술품이 갖는 상징성과 중요성도 간략하게 다루었지만 작가와 작품 세계나 역사성 등에 대한 해설이나 설명은 피하고자 했다. 이런 정보에 목마른 독자들은 다른 좋은 서적을 통해 얼마든지 그 내용을 흡수할 수 있을 것으로 믿는다.

이 책에서는 특히 제2차 세계대전 나치 약탈과 관련해 독일, 미국, 소련이 삼국지를 방불케 하는 쫓고 쫓기는 문화 예술품 약탈과 그 반환의 숨바꼭질이 펼쳐진다. 나치 수괴 히틀러가 개인 미술관을 장식할 목적으로 만든 약탈 부대 ERR의 조직적 약탈과 은닉 작업, 인류 전쟁 사상 처음 편성된 예술품 구조 부대인 연합군 MFAA의 500만 점 보물찾기, 나치에 당한 만큼 가져오라는 소련 전리품 부대의 보복 약탈도 전후 회복 과정에서 어떤 역할을 했는지 살펴보았다.

소련은 제2차 세계대전의 승전국으로서 연합군통제위원회ACC에 활동하면서도 미국과 영국 등이 모르게 운영한 전리품 부대는 두 진영의 불신이 시작된 냉전의 출발이었다. 소련은 1945년 베를린에서 가져간 제우스 신단(페르가몬 제단)을 1958년 동독에 반환하면서 문화재 반환 원칙을 철저히 체제 우월의 선전 도구, 외교 카드로 삼았다. 소련을 계승한 러시아는 전리품 국유화를 선언했지만, 로스차일드 가문의 문서인 '금융 왕조의 실록'을 등가 교환 형식으로 돌려주면서 반환의 실마리를 풀고 있다. 러시아는 여전히 100만 점 이상의 제2차 세계대전 전리품을 보유한 '약탈품 대국'이다.

그때나 지금이나 최고의 미술품으로 꼽히는 파리 루브르박물관의 '지존'

모나리자는 어떻게 나치 약탈의 마수를 피할 수 있었을까? 그 미소만큼이나 베일에 가린 그녀의 전시 행적도 따라간다. 모나리자는, 루브르 직원들이 암호로 역정보를 흘려 나치로부터 지켜내는 데 성공한다. 이들이 소장품을 안전하게 지키려고 기울였던 노력은 1950년 한국전쟁 당시 목숨을 걸고 문화재 보호 활동에 나섰던 국립박물관 서울 본관 직원들이 연상되기도 한다. 귓전에 총성과 포성이 울리는 급박했던 상황에서 한국 최초의 미술 전문기자인 이구열 선생이 경복궁과 덕수궁 박물관에 소장된 문화재의 전시 소개疏開 과정을 연재한 1972년도 〈서울신문〉 기사를 다시 들추어봤다.

식민지를 경험한 아프리카와 아시아에서도 약탈 문화재 반환 목소리가 거세다. 남미의 페루는 국가적으로 환수 운동을 펼쳐 마추픽추 유물을 돌려받았다. 미국 국토안보부와 FBI는 인류 최고의 서사시인 「길가메시」가 새겨진 점토판을 이라크에 돌려주려 한다.

문화재 약탈로 홍역을 치른 지구촌이 최근 반환에 나서는 분위기가 확연하지만, 여전히 해결해야 할 숙제도 남아 있다.

독일은 제2차 세계대전 공습에 대비해 격납해 두었던 국보급 문화재 50만 점을 폴란드로부터 돌려받는 데 애로를 겪고 있다. 독일 문화와 지성의 정수를 이룬 괴테, 모차르트, 루터 등의 수기 원고와 악보가 폴란드에 남아 있다. 독일은 '전쟁의 마지막 포로'라고 부르며 환수를 추진하지만, 폴란드와의 협상은 겉돌고 있다.

일본 역시 프랑스에 고흐, 세잔, 모네, 쿠르베 등의 작품 14점을 돌려받지 못해 속앓이를 하고 있다. 이웃 나라를 침략해 온갖 것을 약탈한 독일과 일본이 역설적으로 문화재와 예술품을 상실한 다른 나라의 아픔을 절감하고 있다. 다른 나라의 미술관과 박물관에 버젓이 내걸린 자국 문화재와 예술품들을 보는 독일과 일본 국민의 심경은 어떨까?

우리 역사에서 '아픈 손가락' 발해 유물은 역사전쟁의 도화선이 되고 있다. 중국은 일본 왕궁에 자리한 발해 시대의 석비 홍려정비 환수를 추진하고 있다. 중국이 환수하려는 속뜻은 역사를 자국의 입맛대로 재단하려는 의도, 즉 발해의 역사를 자국 역사에 편입하려는 데 있다.

부처님 두 분이 나란히 앉아 있는 '이불병좌상'은 인간미가 넘치는 발해 문화재의 걸작으로 꼽힌다. 그런데 이런 이불병좌상이 수천 킬로미터 떨어진 대만의 국립고궁박물관에 있다. 어찌된 일일까? 일본이 선사 시대와 고대사를 조작한 전력이 있고, 중국 역시 최근 동북공정을 통해 고대사에 자국 내셔널리즘을 덧칠하고 있다. 이런 전력을 지닌 일본과 중국의 고대사 연구에서 우리는 '코리아 패싱'을 당하지 않도록 두 눈 부릅뜨고 지켜봐야 할 일이다.

대전 전후 복잡다기한 유럽 정치사와 인간 본성의 내밀한 영역까지 들여다보는 예술사의 깊이, 수많은 인물에 얽힌 에피소드와 가문 컬렉션을 되찾고자 하는 후손들의 힘겨운 노력 등을 파악한다는 것이 진정 힘에 부치는 작업이었음을 고백한다. 몇 번이나 그만둘까 생각했지만, 문화유산회복재단 회원님들의 격려와 성원에 퇴고할 수 있었다.

이 책은 현재의 각국 이야기를 전하려다 보니 수많은 외신 기사에 의존했음을 밝혀둔다. 문화재와 예술품의 반환과 회복 과정을 세세히 취재하여 전한 외신 기자들의 노고에도 감사의 말씀을 전한다.

졸고를 쓰면서 많은 이들의 도움을 받았기에 이 자리를 빌려 감사의 말씀을 전한다. 자료 찾기와 협조에 아낌없이 지원해주신 문화유산회복재단 회원님들과 특히 최나래 연구원님, 그리고 연구원들에게도 감사를 드린다. 졸고를 쓰는 과정에서 경기도 여주의 '아돌프 슐라터 연구소'를 흔쾌히 빌려주신 중앙대 정태연 교수님께도 심심한 감사의 말씀을 전한다.

바쁜 기자 생활에도 초고를 꼼꼼하게 읽고 사실 확인이라는 번거로움을 감내한 〈서울신문〉 국제부 홍희경 차장님에게도 감사의 말씀을 전한다. 또 문화유산회복총서 발간을 계기로 출판을 흔쾌히 허락해주신 도서출판 지성사 이원중 대표와 편집진에게도 감사의 말씀을 빠뜨릴 수 없다.

졸저를 준비한다고 휴가, 주말도 없이 틀어박힌 남편을 말없이 참아준 아내 백성여와 아들 승훈, 딸 소민에게도 감사하고 사랑한다는 말을 전하고자 한다. 소민은 초고의 첫 독자로서 비판과 그래픽 작업에 많은 도움을 주었음을 밝혀둔다. 자주 찾아뵙지도 못하는 불초한 아들을 끝까지 응원하시는 마대순 님께 이 자리를 빌려 말로는 다할 수 없는 감사를 드린다.

공저자 대표
이 기 철

| 차 례 |

3부 계속되는 약탈 후유증

5부 한중일 문화재 삼국지

1부

퇴폐 미술과 조선 찻사발

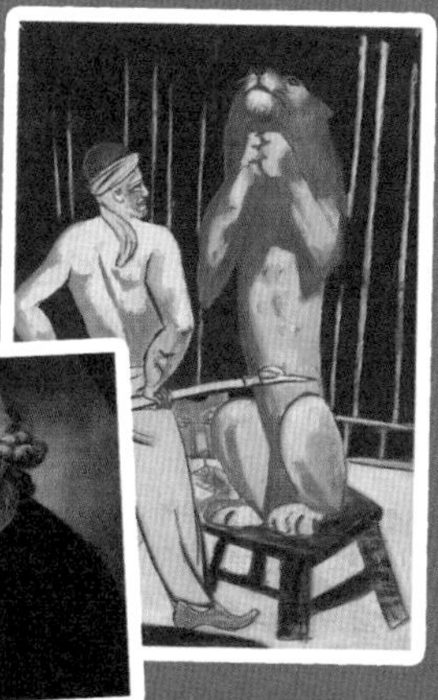

1

조선의 찻사발을 품은 스위스 베른미술관

취득 경위가 명확하지 않은 조선의 찻사발

▌스위스 베른미술관에서 발견된 조선의 찻사발

17세기 중엽 '도자기 선진국' 조선에서 만든 명품 찻사발이 스위스 베른시립미술관Kunstmuseum Bern에서 확인되었다. 베른시립미술관은 제2차 세계대전을 일으킨 아돌프 히틀러에게 고용된 미술상이 구축한 컬렉션을 상속받으면서 따라온, 이 한국 유물을 확보한 것이다.

미술관은 2014년에 사망한 독일인 코르넬리우스 구를리트Cornelius Gurlitt, 1932~2014가 소장하던 작품 1500여 점을 상속받았다. 이런 대규모 컬렉션에 대해 코르넬리우스는 아버지로부터 물려받았다고 주장한다. 그의 부친은 히틀러를 위해 미술품 약탈과 거래에 관계했던 독일의 유명한 화상畫商이었다. 이들에 대해서는 뒤에서 자세히 살펴보겠지만, 이런 연유로 코르넬리우스의 수장품收藏品은 나치 약탈품이니 원래의 합법적 소유주에게 되돌려주어야 한다는 논란이 거세게 일었다.

베른시립미술관이 웹사이트에 공개한 구를리트의 '잘츠부르크 리스트'에 따르면 작품 번호 '072_10_do.A'는 조선시대에 제작된 도자기라는 것이 한국 전문가의 견해이다. 그러나 이 웹사이트에는 제작 국가를 모르는 듯 '아시아 도자기'라고 소개되어 있을 뿐이다. 베른시립미술관과 공동으로 구를리트가 남긴 컬렉션을 조사한 '독일 분실 예술품 재단 German Lost Art Foundation[01]'의 설명은 약간 다르다.

17세기 중엽의 조선 찻사발(스위스 베른시립미술관 소장)

01 독일 분실 예술품 재단(German Lost Art Foundation)은 독일 정부가 지난날 나치 박해로 위치가 옮겨진 문화 자산, 즉 약탈품을 회복하기 위해 설치한 정부 기구이다. 나치와 소련이 점령한 기간에 사라진 문화 예술품도 조사 및 회복 대상으로 삼고 있다. 분실 신고가 된 작품에 대한 데이터베이스(DB)도 구축해 두었다.

재단은 보고서에서 해당 작품에 예술품 번호ID를 '532988'로 부여하면서 19세기 '교토 양식의 다완茶碗'이라고 설명하고 있다. 찻사발은 의문의 메모지와 함께 코르넬리우스 구를리트의 오스트리아 잘츠부르크 자택에서 발견되었다. 제2차 세계대전 당시 프랑스 파리에서 활동했던 독일 출신의 일본 미술 전문가 프리츠 룸프Fritz Rumpf, 1888~1949는 문제의 찻사발이 일본에서 왔거나 일본에서 제작한 것인지 확신하지 못한 듯 '일본 교토(?)'라고 물음표를 달아둔 개인 메모를 남겼다.

독일 분실 예술품 재단은 이 도자기에 대해서는 노란 동그라미를 붙여두었다. 노란 동그라미는 나치 집권 기간인 1933년부터 1945년까지 약탈인지, 합법적 거래로 확보한 것인지의 취득 경위가 명확하지 않다는 의미이다. 재단은 구를리트 출처 조사는 말 그대로 작품의 기원과 출처 조사에 집중했을 뿐, 설명한 내용과 결론의 정확성과 신뢰성은 보장하지 않는다면서 보고서 결론은 바뀔 수 있다고 밝혔다. 또 정보 제공을 환영한다고 덧붙이고 있다.

단풍 무늬 도자기, 17세기 조선에서만 빚어

신한균 법기도자 이사장

이 도자기는 독일 측의 설명대로 일본인이 만든 교토 양식일까? 사진을 살펴본 법기도자 이사장인 신한균 사기장은 문제의 찻사발에 대해 "실물을 직접 보지 않아 단언할 수 없지만, 임진왜란 직후 조선 도자기를 사모한 일본인들이 조선 도공에게 주문해서 만들어간 것이 확실한 것으로 추정된다"라며 "이런 주문 도자기는 오랜 세월이 흘렀음에도 소장자가 고이 간직한 까닭으로 일본에 비교적 많이 남아 있다"라고 설명했다. 신 사기장은 "이런 명품 찻사발이 서양에서 발견됐다는 점은 함축하는 바가 크다"라고 평가했다.

매끈한 디자인에 색상이 화려한 요즘 도자기와 비교하면 베른미술관이 품은 도자기는 사진으로만 보면 고졸古拙하다. 이러한 찻사발은 17세기 중반까지 조선에서만 만들어졌다.

신 사기장은 조선 전기의 조질(백색도가 떨어지고 표면이 거칠다는 뜻) 백자 계통의 도자기가 어떻게 머나먼 유럽까지 건너갔는지는 전문가와 학계가 나서서 연구할 과제라고 말한다.

특히 베른미술관이 소장한 작품과 일본 교토에 있는 기타무라北村 미술관이 소장한 작품은 형태뿐만 아니라 제작 방식 등에서 공통점이 보인다. 기타무라 미술관이 소장한 찻사발은 17세기 중엽 경남 양산시 법기요에서 빚은 것으로, 만든 곳이 명확하다.

조선시대 경남 양산 법기요에서 빚은 다완
(일본 교토 기타무라 미술관 소장)

신 사기장은 "베른미술관이 공개한 찻사발은 옅은 황토색으로, 단풍처럼 꽃이 핀 모양(일명 모미지)과 유약을 바르지 않은 굽, 형태 등으로 볼 때 우리 조상들이 부산 왜관요나 법기요에서 제작한 것으로 추정된다"라며 "찻사발 모미지는 점토에

핑크 카올린[02]을 섞으면 생기는 것으로, 이런 모미지 찻사발은 전 세계에서 왜관요와 법기요에서 생산한 것뿐"이라고 강조했다. 신 사기장은 이어서 "모미지는 17세기 중엽 일본에서 인기가 아주 높았지만, 제작할 수가 없어서 왜관요와 법기요에 이 같은 형태의 찻사발을 많이 주문해서 사 갔다"라고 덧붙였다.

우리 전문가들이 베른미술관 측에 이러한 도자기의 문화와 역사, 예술사적 의미와 가치를 설명해주고, 잘 보이는 곳에 전시하도록 설득해 제대로 대접받기를 기대해본다. 다른 나라 금고나 박물관 창고에 있을지도 모르는 우리 유물을 찾아내 그 가치를 제대로 인정받게 하는 것도 문화재 회복回復 만큼이나 의미가 깊다.

히틀러 예술품 수집상이 붙잡은 찻사발

조선에서 만든 도자기가 어떻게 스위스까지 갔을까? 제2차 세계대전이 발발하기 이전, 일본은 유럽과 왕래가 잦았다. 일본과 유럽이 서로 영향을 주고받을 당시 유럽 예술에는 일본 고유의 특징과 소재들이 반영되거나 영향을 미치면서 '일본 열풍Japonaiserie'이 불었다. 이런 열풍에 힘입어 임진왜란 때 끌려가 일본 도자기 시대를 열어 도조陶祖로 추앙받는 이삼평李參平, ?~1655을 뿌리로 하는 이마리伊万里 도자기를 무더기로 수출하던 일본인들이 가보家寶로 간직했던 조선 도자기를 함께 팔았을 수도 있겠다. 아니면 외교사절로 왔다가 돌아간 당시 유럽 관리들이 구매나

02 카올린(kaolin)은 도토(陶土)또는 자토(磁土)라고도 하며, 순백의 카올린은 도자기의 주원료로 사용된다.

선물 형태로 가져가면서 유럽으로 들어갔을 가능성도 있다.

스위스 베른시립미술관

조선 찻사발이 스위스 베른미술관에 넘어간 것은 아버지에게서 수많은 예술품을 상속받은 '아들' 구를리트가 사망 직전인 2014년 5월 찻사발이 포함된 자신의 모든 컬렉션을 베른시립미술관에 넘긴다는 유언을 남기면서다. 이에 미술관은 무려 1500여 점을 횡재했다.

상속받은 작품의 상당수는 현대 미술을 개척한 칸딘스키, 피카소, 세잔, 마네 등 이름만으로 놀랄 만한 대가의 작품들이다. 독일 국적의 그가 다른 나라의 미술관을 유일한 상속자로 지정해 모든 예술품을 기증한 이유와 그의 부친이 어떻게 컬렉션을 구축했는지를 따라가면 제2차 세계대전 당시 나치의 문화재와 예술품 약탈과 회복 과정을 파악할 수 있다.

2

유럽을 뒤집은 남자 코르넬리우스 구를리트

구를리트가 누구이기에 유럽이 발칵 뒤집혔나

조선 찻사발이 포함된 '구를리트 컬렉션'

2010년 9월 22일, 스위스와 국경을 접한 지역의 독일 세관 직원이 스위스 취리히에서 들어오는 EC197 기차에서 수상쩍은 한 노인을 검문했다. 그에게서 현금 9000유로가 나왔다. 당시 환율로 1200만 원가량이다. 현장에서 세관 직원이 돈의 출처를 묻자 그는 "그림을 팔아 받은 돈"이라고 답했다. 이 정도 현금은 국경을 통과할 때 신고 없이 통관할 수 있는 합법적인 범위였지만 세관은 이 남성을 수상하게 여겨 상부에 현금 출처가 의심스럽다고 보고했다.

당시 70대 후반의 이 노인은 코르넬리우스 구를리트. 결혼도 하지 않았던 그는 직업도, 소득 수단도 없었기에 세관 공무원들은 그가 세금을 내지 않으려고 국경 바깥에서 예술품 복제에 관여했거나 지하 시장에서 미술품 불법 거래에 개입했을 것으로 의심했다. 당국은 이런 의심을 뒷받침할 증거를 수집하고자 독일 뮌헨에 있는 그의 아파트에 대한 압수수색 영장을 발부받았다.

코르넬리우스 구를리트

2012년 2월 28일, 독일 바이에른주 아우크스부르크 검찰 직원들이 그의 아파트에 들이닥쳐 과거 그림 판매 기록을 뒤졌으나 불법 거래 장부와 같은 증거는 찾지 못했다. 목록은 오히려 세무 당국이 작성해야 했다. 이틀 동안 압수수색 영장을 집행하면서 액자에 담은 그림 121점과 액자에 넣지 않은 그림과 조각, 공예품 1258점 등 모두 1379점을 찾아 압수했다. 이런 규모의 예술품 발견은 제2차 세계대전 종전 후 최대여서 서방 언론들은 이를 '구를리트 컬렉션' 또는 '구를리트 창고' 등으로 표현하며 크게 보도했다.

독일 검찰과 세무 당국은 약 2년간 압수수색과 예술품 압류 사실을 비밀로 유지하다가 시사잡지 〈포쿠스Focus〉의 2013년 11월 3일자 폭로 기사로 밝혀졌다. 컬렉션에는 모네, 르누아르, 고갱, 리베르만, 쿠르베, 세잔, 뭉크, 마네, 샤갈, 피카소 등 내로라하는 대가들의 작품이 포함되어 있어 당시 유럽이 발칵 뒤집혔다.

논란의 와중에 코르넬리우스는 독일의 대표적인 시사잡지 〈슈피겔Der Spiegel〉과의 2013년 11월 17일자 인터뷰에서 "이런 예술품은 모두 아

힐데브란트 구를리트

버지 힐데브란트 구를리트Hildebrand Gurlitt, 1895~1956에게서 합법적으로 상속받았다"라고 주장했다. 그러나 구를리트 컬렉션의 일부는 나치가 약탈한 예술품이었기에 문제의 심각성이 더했다.

한편으로 코르넬리우스는 자신의 변호사인 크리스토프 에델Christoph Edel에게 잘츠부르크의 아파트에 보관 중인 예술품들을 안전하게 숨겨달라고 부탁했다. 잘츠부르크는 오스트리아여서 독일 정부가 압수와 같은 강제권을 행사할 수 없었다. 그곳에 보관 중이던 작품은 조선의 찻사발을 포함해 254점이었다. 구를리트가 사망한 후에도 그림과 조각 등의 예술품이 추가로 발견되어 구를리트 컬렉션은 전부 1800여 점에 이른다.

1914년 사라진 작품 발견에 세계가 '화들짝'

귀스타브 쿠르베의 '장 주르네의 초상화'

구를리트 컬렉션에서 영원히 사라진 줄 알았던 대가의 작품도 나왔다. 영국 〈BBC〉가 2014년 3월 26일에 방송한 자료를 보면 1914년에 사라진, 19세기 리얼리즘을 이끌었던 프랑스 사실주의 거장 귀스타브 쿠르베Gustave Courbet, 1819~1877의 작품 '장 주르네의 초상화Portrait de Monsieur Jean

Journet'가 등장해 세계가 화들짝 놀랐다.

2014년 4월, 코르넬리우스의 변호사 에델은 검찰에 다음과 같이 합의할 것을 제안했다. 뮌헨 아파트에서 압수된 작품 가운데 아버지 구를리트가 약탈한 것으로 확인되는 작품들은 합법적 소유자들에게 돌려주자는 정부 방침에 협조하는 반면, 강탈한 작품이 아닌 것은 아들 코르넬리우스가 돌려받는 것이 조건이었다. 이 합의에 서명한 코르넬리우스는 그다음 달 병으로 사망하는 바람에 그가 평생 간직했던 작품들을 다시는 보지 못했다. 코르넬리우스가 눈을 감기 바로 직전, 베른시립미술관에 그의 전 재산을 기증한다는 유언을 남기면서 소유권 문제가 다시 얽히게 되었다(<독일의 소리DW>, 2016년 12월 15일자 기사).

사망 후에도 계속 발견… 351점은 '퇴폐 예술'

독일 정부는 2013년 11월 구를리트 창고에서 나온 작품들의 기원과 출처 조사에 들어갔다. 5년의 조사 끝에 구를리트 출처 조사 프로젝트는 2018년 12월 조사 결과물을 웹사이트에 공개하면서 그 활동을 마쳤다.

구를리트 컬렉션의 취득 경위에 대해 최종 분류한 결과, 14점만 약탈품으로 공식 확인되었고, 1000여 점은 나치 시대의 약탈품인지 합법적으로 구매한 것인지 불투명한 상태다. 500여 점은 나치 집권 이전에 구를리트 가문이 소유한 것으로, 강탈의 흔적을 전혀 찾지 못한 작품들은 베른미술관으로 넘어갔다. 앞에서 언급한 잘츠부르크에서 발견된 조선 찻사발이 포함된 구를리트 컬렉션은 그렇게 스위스 국경을 넘었다.

315점은 나치시대 독일 전역의 미술관을 대상으로 한 '퇴폐 예술 Entarteten Kunst' 추방 운동 당시 압수된 것으로 확인되었다. 퇴폐 예술이란 상식적으로 받아들일 수 없는 것들을 뜻하지만, 나치 시대의 퇴폐 예술은 한마디로 나치, 특히 히틀러의 마음에 들지 않은 예술품을 비하하는 용어로, 뒤에서 자세히 살펴보기로 한다.

겨우 14점만 강탈로 확인한 미미한 성과와 관련하여 질베르트 루페 Gilbert Lupfer 독일 분실 예술품 재단 이사장은 "회색 영역이 많다는 것은 알지만 가능한 한 조사는 다 해봤다. 더 이상 어떻게 할 수가 없었다"라고 말했다.

분실된 문화재와 예술품은 세월이 흐르면서 그 기억과 기록이 사라져 합법적 주인을 가리기가 더욱 어려워진다. 해외에 유랑하는 약탈 문화재가 많은 우리나라도 기원지 조사와 해외 반출 경위를 한시바삐 체계화해야 할 일이다.

코르넬리우스가 사망 직전에 남긴 유언에서 자신의 유일한 상속자로 스위스 베른시립미술관을 지정한 이유는 독일이 자신과 그의 부친을 홀대했기 때문이라고 코르넬리우스의 친구들이 전한다. 베른시립미술관으로 넘기라는 유언에는 독일 당국이 압수하지 못한 잘츠부르크 작품들도 포함되어 있다. 유언에는 미술관이 그림의 출처를 조사하고, 적절하게 회복하라고 명시되어 있다. 뜻밖에 횡재한 미술관은 구를리트의 합법적 소유가 확인된 작품만 받기로 결정하고, 독일과 스위스 당국이 공동 조사에 들어갔다.

그가 사망한 이후에도 작품들이 계속 발견되었다. 2014년 7월 뮌헨 아파트에서 그리스, 로마, 이집트, 아시아 작품들과 함께 드가의 작품과 로댕의 대리석 조각상이 나왔다. 이런 작품들은 2012년 처음 압수수색할 때는 발견하지 못한 것들이다. 9월에는 구를리트가 병원에서 입원 생활을 하다 남긴 여행 가방에서 모네의 초기 풍경화 한 점이 나왔다. 여차하면 병원비를 마련하거나 병원비 대신에 지급하려는 의도로, 마지막 순간까지 가지고 다닌 것이 아닌가 하는 추측을 낳는다(〈BBC〉, 2014년 9월 5일자 기사).

구를리트 컬렉션 구축, 나치 약탈에 편승

구를리트 컬렉션의 가격대는 최소 수천억 원

구를리트 컬렉션의 출처를 조사한 독일연방정부 기관인 독일 분실 예술품 재단은 "컬렉션을 살펴본 결과 초기에 추정했던 수십억 달러 가치는 아니고, 집안의 가보와 거래상의 소장품이 섞여 있다"라며, 매우 뛰어난 작품들도 있지만 대다수는 1000유로 이하의 스케치를 포함한 판화이거나 평범한 그림들이라고 밝혔다(〈뉴욕타임스〉, 2017년 11월 19일자 기사). 그 가운데 고가의 작품을 살펴보면 모네의 작품은 1200만 달러, 마티스 작품은 2000만 달러에 이른다. 이런 대가들의 작품이 많아 코르넬리우스가 남긴 컬렉션은 아무리 보수적으로 잡아도 수억 달러, 한화로 수천억 원에 이르는 것으로 추정된다.

마네의 1873년 작 '폭풍의 바다'(일본 국립서양미술관 소장)

구를리트 컬렉션 가운데 '인상주의 아버지' 마네Edouard Manet, 1832~1883의 1873년 작품 '폭풍의 바다Marine, Temps d'Orage'는 베른시립미술관이 출처에 문제가 없다고 보고 2019년 일본 도쿄의 국립서양미술관國立西洋美術館에 400만 달러에 팔았다. 이 작품은 1922년 일본 기업가 마쓰카타 고지로松方幸次郎, 1866~1950가 피카소와 마티스 작품을 주로 다루던 유대계인 파리 미술품 거래상art dealer 폴 로젠버그Paul Rosenberg, 1881~1959에게서 사들였다.

마쓰카타가 일본으로 돌아가면서 이 작품을 포함해 자신의 소장품을 프랑스인에게 안전하게 보관해달라고 당부했지만, 이 프랑스인이 1940년에서 1942년 사이 약탈 예술품을 취급했던 벨기에 화상 라파엘 제라르Raphaël Gérard, 1886~1963에게 팔았다. 이 작품을 1944년 힐데브란트가 제라르에게서 사들였다. 마쓰카타 컬렉션에 대해서는 뒤에 다시 자세히 살펴보기로 한다.

합법적 소유자를 속속 찾아가는 작품들

구를리트가 보유했던 작품 가운데 일부는 즉각 원래 주인의 품으로 돌아갔다. 대표적인 회복 사례를 보면 앙리 마티스Henri Matisse, 1869~1954의 1921년 작품 '앉아 있는 여인'은 파리 유대계 미술품 거래상 폴 로젠버그

막스 리베르만의 1901년 작 '해변에서 말 타는 두 사람'(개인 소장)

의 후손에게 돌아갔다. 로젠버그가 나치 박해를 피해 1940년 미국으로 이주하자 그의 소장품을 나치의 약탈 부대가 트럭으로 실어 날랐다.

진솔한 사실주의로 집단 노동을 많이 묘사한 유대계 독일 화가 막스 리베르만Max Liebermann, 1847~1935이 1901년에 그린 '해변에서 말 타는 두 사람Two Riders on the Beach'은 실업가이자 예술품 수집가인 다비드 프리드만의 후손에게 돌아갔다.

후기 인상파 대가 폴 세잔Paul C zanne, 1839~1906의 작품은 회복 문제가 '재미있게' 해결되었다. 그의 1897년 작품 '생트 빅투아르 산La Montagne Sainte-Victoire'은 구를리트 컬렉션에서 최고가품 가운데 하나로 추정되는데, 1940년대 세잔의 가족이 소유했던 작품이다. 그때부터 힐데브란트가 쓴 편지에서 이 작품을 언급한 1947년 사이에 힐데브란트의 소유가 된 것으로 보인다. 약탈품인지는 불투명하다.

2018년 세잔의 증손자가 문제의 작품을 세잔의 고향에 전시하는 것을 조건으로 베른시립미술관 소유권을 인정하는 '역사적 합의'를 이끌어냈다. 그에 따라 이 작품은 베른미술관과 프랑스 남동부 엑상프로방스의 그라네Granet 미술관 공동 소유로 남아 있다.

프랑스 인상주의 화가이자 판화가인 장 루이 포랭Jean-Louis Forain, 1852~1931의 수채화 '야회복의 여성Lady in an Evening Gown'과 유화 '여성 옆얼굴Portrait of a Lady in Profile'은 유대계 프랑스인 변호사이자 예술품 수집가인 아르망 도르빌Armand Dorville, 1875~1941의 후손에게 반환返還되었다.

프랑스를 점령한 나치는 개인 소장가에게 예술품을 강매하게 하거나 이들로부터 빼앗다시피 했고, 이 과정에서 도르빌 컬렉션은 개인이나 미술관을 통해 유럽 전역으로 흩어졌다. 도르빌 후손들은 유럽 박물관과도 법정 다툼을 벌이는 중이다. 나치 괴뢰 정부였던 프랑스의 비시 정권 시절인 1942년 니스에 있는 사부아 호텔에서 4일간 진행된 경매에서 루브르박물관 큐레이터가 참가해 도르빌 컬렉션 10여 점을 사들였다. 도르빌 후손들은 루브르박물관에 작품 반환 소송을 제기한 상태로, 수십 년째 결론이 나지 않고 있다.

힐데브란트의 딸이자 코르넬리우스의 여동생 베니타Benita, 1935~2012도 생전에 작품 한 점을 경매에 내놓았다. 2000년 경매에 나온 막스 리베르만의 작품 '바구니 짜는 사람들The Basket Weavers'이 가문의 것임을 알아본 홀로코스트 생존자인 유대인 변호사 데이비드 토런David Toren, 1925~2020은 베를린의 경매회사에 반환을 요구했다.

그러나 그대로 경매가 진행되어 그림은 14만 달러에 새로운 주인을 찾아갔다. 이에 토런은 사설탐정을 동원해 낙찰자의 신분을 알아냈다. 그리고 경매 가격 그대로 사는 조건으로 돌려받기를 원했고, 결국 합의가 이루어져 그림은 2016년 토런에게 돌아갔다. 작품은 현재 뉴욕 유대역사센터에 전시되어 있다.

막스 리베르만의 1901년 작 '바구니 짜는 사람들' (뉴욕 유대역사센터 소장)

▌컬렉션 모두 명화는 아니며, 샤갈 위작도 나와

구를리트 컬렉션이 문제가 된 2012년, 이전에 팔린 그림들이 다시 발견되고 있다. 이 작품들도 나치 약탈품으로 확인되면 이전의 합법적 소유자가 현재 소장자에게 반환을 요청할 수 있기에 짚어본다.

나치에게 작품 102점을 몰수당한 20세기 거장 파울 클레Paul Klee, 1879~1940의 1919년 작품인 '늪지대의 전설Swamp Legend'은 1937년 나치가 퇴폐 미술이라며 압수했던 것을 힐데브란트가 구매하여 죽을 때까지 소장했던 작품이다. 힐데브란트의 아내가 생전에 경매 시장에 내놓았던 이 그림은 몇 차례 주인이 바뀌었다가 뮌헨 시립미술관인 렌바흐하우스Lenbachhaus에 걸려 있었다.

파울 클레의 1919년 작 '늪지대의 전설'(렌바흐하우스 소장)

'늪지대의 전설'은 원래 소유자의 후손인 소피 리시츠키 쾨페르스 Sophie Lissitzky-Küppers가 소송 끝에 되찾았다. 2017년 미술관이 이 그림을 보유하는 것으로 합의하면서 233만 달러에서 465만 달러로 추정되는 보상금을 그의 후손들에게 지급했다. 이 사건은 얼핏 보기에 무난하게 해결된 것처럼 보이지만, 이면을 살펴보면 합법적 소유자 후손들이 1992년 소유권을 주장한 지 26년 만에 결말이 난 것이다.

원래 소유자 리시츠키 쾨페르스는 남편과 사별한 이후 러시아 남성과 결혼했지만, 제2차 세계대전이 일어나자 독일인이라는 이유로 시베리아에 유배되어 가난 속에서 숨을 거두었다. 그의 후손을 대변하던 변호사는 "합의에 이른 지금은 만족스럽지만, 소송 과정 동안 정말 좌절했다"라며 "원래 소유자의 손자가 사망할 정도로 긴 시간이었다"라고 절규했다.

명작 확보에 혈안이 된 나치가 약탈한 작품이라고 모두 진품은 아니었다. '포옹하는 연인들Allegorical scene with embracing lovers'이란 작품은 러시아 출신 프랑스 대가 마르크 샤갈Marc Chagall, 1887~1985이 1920년대에 그린 작품으로 알려졌다. 늦어도 1945년 이후에 힐데브란트가 보유하고 있었지만, 독일 분실 예술품 재단에 따르면 샤갈 권위 기관인 샤갈위원회Comit Chagall가 2015년 문제의 작품을 조사한 결과 위작으로 결론을 내렸다. 샤갈 위작은 발견되는 즉시 폐기 처분되지만, 이 작품은 재단이 작가 불명으로 분류해 보유하고 있다. 물론 이 그림의 소유자는 밝혀지지 않지만, 나치 비밀경찰 게슈타포가 1941년 라트비아 수도이자 발트해와 접한 항구도시 리가에 살던 독일계 유대인 가문에서 약탈한 것으로 전해질 뿐이다.

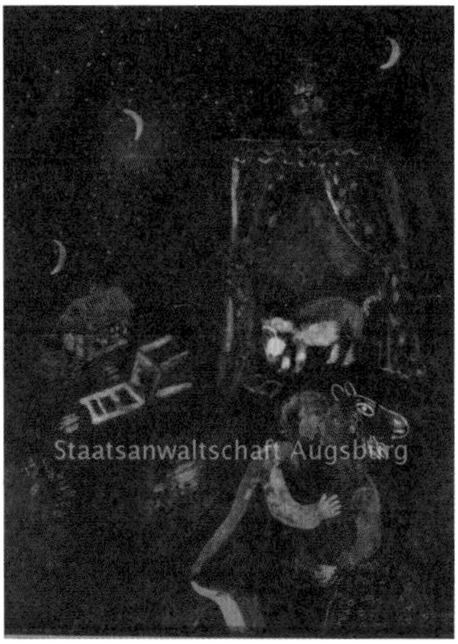

샤갈의 위작 '포옹하는 연인들'

구를리트 컬렉션, 나치 약탈에 편승

아들 코르넬리우스에게 예술품을 대규모로 물려준 힐데브란트 구를리트는 20세기 초중반 독일에서 활동한 미술사학자이자 미술관 관장, 미술품 거래상을 지낸 인물이다. 그는 현대 미술에 특히 관심이 많았고, 여러 화가와 친구가 되었다. 그런 인연으로 친구가 된 화가들

1952년의 힐데브란트 구를리트(가운데)

로부터 자신의 화랑에 전시할 작품을 사거나 전시된 작품을 일반인에게 판매했다. 가끔은 그가 특히 좋아하는 미술품을 사 모으기도 했다.

힐데브란트는 나치가 집권한 1930년대 중반부터 히틀러가 세우려던 개인 미술관에 소장될 예술품을 수집하는 거래상으로 활동했다. 나치가 1937년부터 마음에 들지 않는 작품을 자국의 미술관에서 빼앗아 모욕하는 퇴폐 예술 전시회와 1939년부터 강화된 '아리안화Arisierung'[03]가 진행된 것과 맞물려 최고 권력자 히틀러의 비호 아래 힐데브란트는 당시 부유하지만 압박받는 유대인들이 소장한 예술품을 확보했다.

나치가 예술품을 소장한 부유한 유대인들을 꼬투리 잡아 구속하거나 사업체에 터무니없이 높은 세금을 부과하면, 이들은 자신이 풀려나는 조건으로 또는 세금을 내려고 예술품들을 헐값에 처분해야 했다. 이런 나치 독일의 사회적·경제적 차별에 환멸을 느낀 일부 유대인은 독일을 떠나기 위해 자산 현금화를 시도했다. 힐데브란트는 이런 개인들에게서 아주 낮은 가격에 예술품을 사들여 되팔기도 했다.

히틀러 등장 이전의 독일에는 유대인이 소유한 사업체가 10만여 곳에 이르렀지만, 히틀러 집권 5년 차인 1938년 강제 매각, 사업 제한과 차별, 협박, 배제 등으로 단지 9000곳 정도만 남았다. 홀로코스트와 인권 전문가인 마이클 베이질러Michael Bazyler 미국 채프먼대학 국제법 교수

03 독일 민족의 우수성과 피의 순수성 보전을 강조한 나치의 정책으로, 히틀러의 오른팔 헤르만 괴링이 주도했다. 독일과 오스트리아 및 점령 국가의 경제 활동에서 유대인을 쫓아내고, 유대인의 재산을 아리안족의 손에 넘기는 정책으로 나치가 집권한 1933년부터 시작되어 홀로코스트를 거쳐 제2차 세계대전 종전으로 끝났다. 히틀러는 아리안족은 백인종이고, 아리안의 가장 순수한 혈통은 게르만족이라고 주장했다.

는 저서 『홀로코스트의 정의, 미국 법정에서의 회복 투쟁Holocaust Justice: The Battle for the Restitution in America's Counts』에서 "유럽 전역에서 유대인에게서 약탈한 재산이 2005년 기준으로 2300억 달러에서 3200억 달러에 이른다"라며 역사상 최악의 강탈이라고 표현한다.

한편으론 이런 예술품 거래를 성사할 화상이 거의 없었기에 힐데브란트는 궁지에 처한 예술품 소유자들을 도왔다는 궤변을 늘어놓으면서도 자신이 이런 과정을 거쳐 부자가 되었다는 사실은 부정하지 않는다. 종전 후 힐데브란트는 나치 시대 감금과 강요 등으로 팔린 작품을 보상하라거나 물려달라는 청구인들에게 그 어떤 협조도 하지 않았다.

나치가 퇴폐로 낙인찍은 예술도 사들여 컬렉션을 꾸리다

당시 나치는 히틀러의 지시에 따라 많은 현대 독일 예술품에 대해 히틀러의 시각에서 예술로 볼 수 없는 작품들을 '퇴폐'로 분류하고, 독일 전역의 미술관에서 압수했다. 퇴폐 예술은 독일인 감정을 모독하고, 자연형을 파괴하거나 혼란스럽게 하고, 예술적 기량 부족을 보여주는 작품이라고 나치는 정의하고 있다. 당연히 표현주의, 추상주의를 이끈 현대 미술 거장들의 작품이 표적이 되었다.

1937년 퇴폐 예술 전시회를 둘러보는 히틀러

나치는 이른바 퇴폐의 본질을 보여준다며 1937년에 압수품 일부를 전시하는 순회 '퇴폐 예술 전시회Ausstellung Entartete Kunst'를 열었다. 그 당시 정부는 몰수한 퇴폐 미술품을 되도록 외국에 많이 팔아 정부 재원으로 마련하자는 계획을 세우기도 했다. 유럽 여러 나라를 침공하면서 나치 특수 부대는 금, 은, 화폐, 그림, 도자기, 서적, 중요 문화재와 종교적 유물 등을 마구 훔쳐 갔다.

당시 이런 약탈품 거래에 구를리트를 포함한 카를 부흐홀츠, 페르디난트 묄러, 베른하르트 뵈흐메르 등 네 명이 나치의 승인을 받아 해외에서도 활동한 판매 에이전트였다. 작품 판매에 실패하면 대부분 경우 그렇듯, 이들은 합법적·비합법적으로 낮은 가격에 사들여 개인 소장품으로 추가했다. 구를리트라는 이름은 나치 선전부가 작성한 리스트에 자주 등장한다. 리스트에는 압수된 그림의 매매, 교환, 파괴 등의 처리 방향까지 적혀 있다.

프랑스가 함락되면서 나치는 힐데브란트를 포함한 이 대리인들에게 프랑스 예술 자산, 특히 미술관과 부유한 수집가들로부터 약탈을 통한 작품 확보를 승인해주었다. 이 작품들은 히틀러가 세우려던 개인 미술관을 위한 컬렉션으로, 일부는 나치 이인자 헤르만 괴링Hermann Göring, 1893~1946의 개인 컬렉션으로 들어갔다.

히틀러를 대리하여 1943~1944년 '작품 쇼핑' 여행을 떠났던 힐데브란트는 파리와 네덜란드에서 히틀러를 위해 168점을 사들였다. 힐데브란트가 자신의 컬렉션을 위해 산 작품은 여기에 포함되지 않아 얼마나 많은 작품을 구매했는지는 추정할 수 없다. 당시 파리는 출처가 의심스러운 과거 대가의 작품들과 오늘날 약탈로 인정되는 많은 예술품으로 흘러넘친 곳이었다. 힐데브란트는 파리 예술품 구매 여행에서 자신의 소장품이 더욱 풍부해졌고, 당시 히틀러 정권에서 지급한 엄청난 예술품 구매 수수료를 챙겨 큰 부자가 되었다.

막스 베크만

힐데브란트는 나치에게서 박해받는 예술가들로부터 개인 목적으로 그림을 사들였다. 나치에게 퇴폐 예술가로 낙인찍혀 쫓겨 네덜란드에 살던 독일 화가 막스 베크만Max Beckmann, 1884~1950에게 힐데브란트는 히틀러 개인 미술관을 위해 1944년 9월 '바, 브라운Bar, Brown' 등 다섯 점을 사들였고, 이 가운데 '바 브라운'을 빼돌려 챙겼다.

힐데브란트 사후, 이 작품을 힐데브란트의 아내가 경매에 내놓았으나 팔리지 않았고, 아들 코르넬리우스가 1972년 슈투트가르트에서 경매에 부쳐 수수료를 제외한 9만 마르크를 받았다. 이 작품은 나중에 런던 소더비 경매에서 120만 파운드에 팔렸다. 베크만의 가족들은 힐데브란트가 샀던 작품은, 당시 화가는 상당히 제한된 환경에 놓여 있었지만 합법적 거래였다며 판

베크만의 1944년 작 '바, 브라운'
(미국 로스앤젤레스카운티 미술관 소장)

매 대금 환수還收를 주장하지 않았다.

미술계는 알지만, 대중 기억에서 사라진 구를리트

힐데브란트는 1945년 6월 아내와 함께 연합군에 체포될 당시 예술품 20상자를 보유하고 있었다. 조사받을 때 힐데브란트 부부는 미군 당국에 1945년 2월 드레스덴 대공습 화재로 자택에서 보관 중이던 예술품과 거래 내역 대부분이 불타 없어졌다고 진술했다. 미국과 독일 당국이 작품 150점을 압수했으나 그가 합법적으로 샀다고 주장하자 되돌려주었다.

특히 힐데브란트는 자신의 할머니가 유대계이기 때문에 자신도 나치 박해의 피해자라고 포장하는 데 성공하면서 소유물 대부분을 돌려받았다. 힐데브란트의 주장대로 드레스덴 대공습 화재로 미술품과 거래명세서가 사라졌는지에 관계없이 많은 작품을 숨겨두는 데 성공했다.

1947년 힐데브란트는 예술품 거래를 재개해 활동하다가 1956년 자동차 사고로 사망했다. 그의 아내도 1964년에 사망하면서 작품 대다수는 아들 코르넬리우스에게 넘어갔고, 일부는 딸에게 상속되었다.

독일 미술상들은 가끔 힐데브란트와 거래하면서 그의 소장품 존재를 알고 있었던 것으로 보이지만, 수십 년의 세월이 흐르자 대중의 기억에서 사라져 갔다. 그러나 그의 컬렉션은 은둔 생활을 하는 아들 코르넬리우스와 함께 40년 이상 살아남았다.

부모의 사후, 특별한 직업도 없이 살던 코르넬리우스는 작품 몇 점을 팔아 생활해왔다. 특히 1988년과 1990년에 팔아치운 그림 값을 스위스 은행에 예치해두고 4주에서 6주 단위로 방문해 현금으로 찾아 돌아오곤 했다. 베크만의 작품인 '사자 조련사The Lion Tamer'는 컬렉션 압수 3개월 전인 2011년 경매에서 마지막으로 팔아 대부분 의료비로 사용했다. 그가 마지막으로 팔았던 '사자 조련사'에 대해 원래의 합법적 소유자로 자처하는 유대계 독일인으로 유명 예술품 거래상인 알프레트 플레흐트하임Alfred Flechtheim, 1878~1937 후손들이 반환을 주장하고 나서는 등, 제2차 세계대전이 종전된 지 75년이 넘었지만 반환 문제는 끊임없이 이어지고 있다.

베크만의 1930년 작 '사자 조련사'

3

히틀러의 예술 학살 '퇴폐 전시회'

눈 뜨고 못 볼 히틀러의 '퇴폐 예술' 광기

▌나치 광기의 시작, 반(反)나치 도서 불태우다

1939년 3월 20일 베를린 소방서 광장, 힐데브란트 구를리트를 비롯한 히틀러 화상들은 나치가 '퇴폐 예술'로 지정해 압수한 회화와 조각, 스케치와 판화 등 작품 5000여 점을 쌓아 놓고 불을 질렀다. 누구의 작품이 불탔는지는 아쉽게도 알려져 있지 않다. 꼼꼼하게 기록하는 독일에도 작품을 소각하는 사진 한 장 남아 있지 않다.

이런 이유로 실제로 퇴폐 예술 화형火刑이 일어난 것이 아니라고 주장하는 사람도 있지만, 나치가 저지른 퇴폐 예술에 대한 평가나 반反나치적인 도서를 대규모로 불살랐던 전력에 비춰보면 예술품 소각도 사진이나 공식 기록이 나타나지 않는다고 해도 사실로 받아들이고 있다(《독일의

1933년 5월 10일 베를린 오페라 광장에서 나치가 '비게르만적'인 서적을 공개적으로 불태우고 있다.

소리DW>, 2014년 3월 20일자 기사).

이보다 6년 앞서 비가 추적추적 내리던 1933년 5월 10일 저녁, 베를린 오페라 광장(오늘날 베벨 광장)에서 파울 괴벨스Paul Joseph Goebbles, 1897~1945가 "유대인의 지적 과장 시대는 끝났다"라는 일장 연설을 마치자 나치 학생들이 광장에 쌓아둔 책 2만 5000여 권에 불을 붙였다. 책이 비에 젖어 불이 잘 붙지 않자 소방서에서 휘발유를 끼얹어 불태웠다. 현재 베벨 광장에는 이 사실을 잊지 말라는 글귀가 동판에 새겨져 있다.

독일 낭만주의 시인 하인리히 하이네Heinrich Heine, 1797~1856가 1821년에 쓴 희곡 「알만조르Almansor」에 "책을 불태우면, 결국 인간도 불태울 것이다Dort, wo man Bücher verbrennt, verbrennt man am Ende auch Menschen"라는 글귀가 있다. 나치가 책을 불태우기 110여 년 전에 이런 경고를 날렸던 하이네의 책도 물론 소각 대상이었다.

01

02

03

01 바벨 광장의 유리 바닥 아래로 책 2만 권을 꽂을 수 있는 텅 빈 흰색 콘크리트 책장이 보인다. (이스라엘 작가 미하 울만Micha Ullman의 작품)

02 1933년 나치의 서적 공개 화형을 잊지 말자는 뜻에서 독일 프랑크푸르트 시청 앞 광장에 설치된 동판

03 광장 중앙 바닥에 설치된 동판에는 시인 하이네의 "책을 불태우면 결국 인간도 불태울 것이다"라는 유명한 글귀가 새겨져 있다.

아우슈비츠 대학살의 전조를 보여준 분서焚書는 이것이 끝이 아니었다. 그후 수 주간 독일 대학촌 34곳에서 수십만 권이 재로 변했다. 이처럼 '이념 정화' 전쟁을 벌인 나치가 비록 책은 불태워 없앨 수 있었지만, 그 속에 담긴 사상은 나치보다 훨씬 더 오래도록 살아남아 있다.

예술품도 소각… 관심 끌어 팔려는 의도

도서 소각만큼이나 악명 높은 나치의 예술품 소각 소식에 전 세계가 깜짝 놀랐다. 예술품 소각은 힐데브란트와 함께 활동한 나치 하수인 거래상 부흐홀츠, 묄러, 뵈흐메르가 '퇴폐'라는 딱지가 붙은 압수 작품이 팔리지 않자 이를 팔아치우고자 세계의 이목을 끌려는 계획된 행동이었다. 당장 스위스 바젤미술관Kunstmuseum Basel이 5만 스위스프랑을 들고 달려왔다. 명화가 사라질지 모른다는 충격에 예술 애호가들도 사러 왔다 (〈BBC〉, 2013년 11월 4일자 기사).

이러한 판매로 힐데브란트와 이 화상들은 베를린 외곽 니데르쇤하우젠에 가게를 열고 1937~1938년 독일 미술관 벽에서 떼어낸 그림과 조각 약 1만 6000점을 팔아 치웠다.

세계 최초의 공공 미술관인 바젤미술관은 박해받던 유대계 독일인 미술사학자이자 예술품

스위스 바젤미술관

수집가 커트 글레이저Curt Glaser, 1879~1943가 소장한 뭉크, 마티스와 샤갈 등의 작품 100점 이상을 '공정한 시장 가격'에 사들였다고 주장한다.

글레이저는 나치의 아리안화 정책으로 베를린 미술도서관장 자리와 관사에서 쫓겨나면서 독일을 떠나겠다고 결심했다. 이에 예술품을 비롯한 모든 것을 1933년 5월 베를린에서 열린 경매 등에서 두 차례에 걸쳐 처분한 뒤 스위스를 거쳐 미국으로 달아났다. 글레이저는 경매로 예술품을 팔아 돈을 받은 것으로 전해졌다. 그럼에도 미국에 살던 후손들이 2004년부터 작품 반환을 요청했다. 그의 다른 소장품은 하노버, 베를린, 쾰른, 뉘른베르크, 뮌헨, 암스테르담 등으로 흩어져 버렸다. 글레이저 컬렉션에서 최고가는 뭉크Edvard Munch, 1863~1944의 석판화 '뭉크 자화상Edvard Munch'과 '마돈나'로 추측된다(<뉴욕타임스>, 2020년 3월 27일자 기사).

석판화 '뭉크의 자화상'(스위스 바젤미술관 소장)

바젤미술관은 애초 나치 박해를 받은 글레이저 소장품이었는지 몰랐다는 주장과는 달리 이 작품들이 경매 당시 그의 소장품인 것을 알았고, 매우 저렴하게 구매한 것으로 2017

년에 이르러 밝혀졌다. 결국 곤혹스러워하던 미술관은 2020년 3월에 입장을 바꾸었다. 미술관은 회복의 한 방법으로 글레이저 후손들에게 작품 값을 지급하면서 2022년까지 그의 컬렉션을 전시하기로 합의했다. 합의 금액은 비밀로 유지하고 있다.

▌스위스, 전쟁 기간 중 약탈 예술품 이동 통로

스위스 경매사 테오도르 피셔

1939년 6월 30일 스위스 루체른의 그랜드호텔 내셔널에서 스위스의 유명한 경매사 테오도르 피셔Theodor Fischer, 1878~1957가 피카소, 고갱, 프란츠 마르크 등의 작품 126점을 경매에 부쳤다. 나치가 퇴폐라고 경멸한 작품들이었으나 유명한 예술 거래상과 '큰 손' 컬렉터, 미술관 대리인이 참가했다. 물론 호기심에 구경 삼아 참여한 사람도 있었겠지만, 다수는 경매에 나서면 나치 정권을 지지하는 것으로 비추어질까 우려해 경매장에 나타나지 않았다.

피셔는 작품의 최소 가격을 올려 부르면서 경매를 진행했다. 그의 경매는 프랑스 미술잡지 〈보자르Beaux Arts〉 1939년 7월 7일자로 보도되었고, 기사는 작품에 대한 피셔의 경멸적인 태도를 주목했다. 예컨대 독일 표현주의 화가 막스 페히슈타인Max Pechstein, 1881~1955의 '파이프를 든 남자Man with a Pipe'에 대해 "화가의 자화상이 틀림없다. 누구도 이런 종류의 작품을 원하지 않는다"라며 경매 철회를 선언했다. 현재는 분실 예술품으로 신고된 상태다. 피셔는 또 다른 작품에 대해서 "이 여성(작품의 인물)

은 대중을 즐겁게 해주지 못한다"라는 이유로 경매를 취소하는 등 28점이 낙찰되지 않았다.

경매품은 나치의 예술품 약탈 부대가 압수한 것으로, 괴링이 피셔에게 팔아달라고 넘긴 작품도 많았다. 전쟁 기간 독일 전역과 프랑스 파리 등의 미술 시장이 문을 닫으면서 스위스가 최대의 미술품 거래 시장이 되었고, 이 시장을 쥐락펴락하는 인물이 피셔였다.

피셔는 전후 미국 대외전략정보국OSS의 약탈예술품정보대ALIU에서 작성한 예술품 약탈과 거래에 관련된 인물들과 이들의 활동 내역을 기술한 '적기 명단 리스트'에 올라 있다. 미국 OSS는 그를 "스위스에서 활동한 약탈 예술품 거래의 핵심이자 현재까지 발견된 약탈 예술품의 최대 수령자"라고 기술하고 있다.

나치 약탈 문화 예술품을 회복하는 국제적인 민간 조직인 '예술품 복원 위원회Commission for Art Recovery'는 히틀러의 부상에서 제2차 세계대전 종전까지 스위스를 "자산을 빨아들이는 자석"으로 서술했다. 나치 집권 시기와 전쟁 직후, 스위스는 예술품과 문화재 거래의 중심지이자 이동 통로였다. 매각은 공개적이었지만 아무도 정상적인 미술품 경매로 받아들이지 않았다. 이런 공개 경매는 빙산의 일각일 뿐이고, 화상들에 의해 비공개로 판매된 많은 작품의 향방은 여전히 오리무중이다.

나치 퇴폐 이론, 문화 통제와 대중의 지지를 굳히는 '괴물'

나치가 주장하는 퇴폐 예술을 살펴보자. 히틀러는 1933년 1월 총리로 집

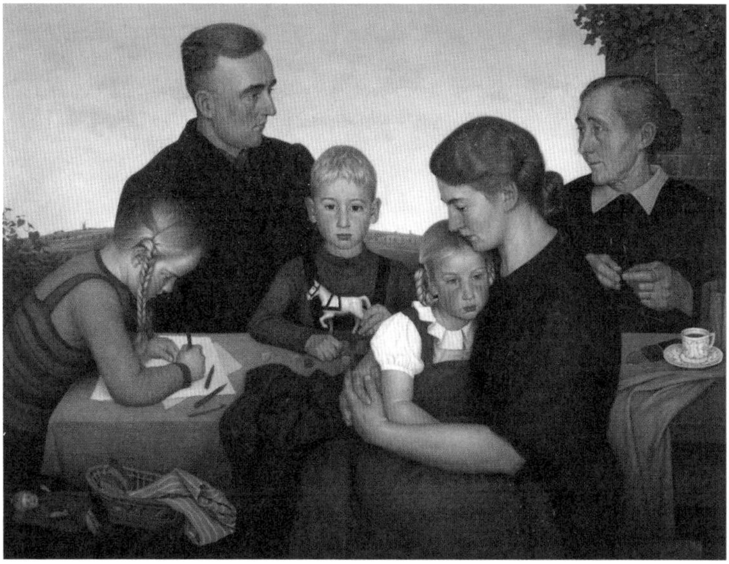

히틀러가 좋아했던 '올드 마스터' 아돌프 베셀의 '칼렌베르크 농부 가족 Kalenberg Peasant Family.**'
히틀러는 이 그림을 6000라이히스마르크에 구입하여 관저에 걸어두었다.(베를린 독일역사박물관 소장)**

권하자 국가에 자신이 생각하는 미적 이상을 따르도록 강제했다. 나치가 선호하는 미술은 1800년대 이전에 유럽에서 활동했던 대가 '올드 마스터Old Master'[04]가 그린 고전적인 초상화와 풍경화였다. 또 그리스와 로마 작품은 유대인에 의해 오염되기 이전 시대로, 내면의 인종적 이상을 외부로 구체화한 것으로 여겼다.

히틀러는 『나의 투쟁』에서 현대 예술은 타락한 20세기 사회를 반영한다며 이런 작품은 퇴폐라며 격렬하게 비난했다. 현대 예술은 독일 정신에 대해 유대인이 가한 '미적 폭력' 행위라고 생각했다. 또 독일 예술이 "치명적인 질병을 앓고 있다"라고 진단하면서 바우하우스와 입체파, 다

04 '현대 이전의 저명한 예술가, 특히 13세기부터 18세기까지 서유럽의 저명한 화가'로 정의한다.

다이즘, 표현주의, 야수파, 인상파와 신인상파, 신즉물주의, 초현실주의를 비난했다. 현대 독일 예술에 크게 기여한 샤갈, 리베르만, 마이드너 등도 퇴폐 예술가에 포함되었다. 1930년대 당시로서는 사상 최악의 비극이었던 제1차 세계대전을 겪었던 예술가들이 새롭게 바라본 인간과 사물, 정신세계와 물질세계의 구조적 갈등과 인간 내면의 감정 분열 그리고 그 표현 양식을 전부 부정했다.

나치는 퇴폐 이론을 주창하면서 문화를 통제하고 대중의 지지를 굳히는 한편, 반反 유대주의라는 괴물을 만들어냈다. 히틀러가 정권을 잡자 이런 퇴폐 문화를 정화한다며 수많은 미술가와 음악가, 큐레이터를 내쫓고 그 자리에 나치 당원들로 채웠다.

히틀러 정권의 대중예술선전상 괴벨스

히틀러가 집권한 그해 9월, 히틀러 정권의 대중예술선전상 괴벨스를 수장으로 하는 제국문화원Reichskulturkammer을 설치했다. 제국문화원 아래에는 음악, 영화, 문학, 건축, 시각 예술 등의 개별 부문의 문화원을 두고, 개별 문화원은 나치의 시각에서 '순수한' 예술가들로 채웠다. 나치가 원하지 않거나 해로운 요소가 있으면 그 자리에서 쫓겨나는 등 배제되었다. 1935년 기준으로 제국문화원에 등록된 예술가 회원은 10만 명에 이르렀다. 나치는 예술가들을 배제와 감시 및 통제 대상인 '블랙 리스트', 보호와 지원 및 권장 대상인 '화이트 리스트'로 나누어 관리했다.

흥행에 대성공을 거둔 퇴폐 예술 전시회

1937년 퇴폐 예술 전시회 포스터

1938년 독일 함부르크에서 열린 퇴폐 예술 전시회를 관람하기 위해 줄지어 선 입장객들

1937년 6월 30일 제국문화원 시각 예술원은 독일 전역의 미술관과 컬렉션에서 퇴폐 예술품을 압수할 수 있는 권한을 승인받았다. 예술품 압수 목적은 독일 문화에 스며든 유대 정신의 '역겨움'을 대중에게 보여주는 '퇴폐 예술 전시회Die Ausstellung Entartete Kunst'를 열기 위한 것이었다. 독일 전역 32곳 미술관에서 압수한 작품은 5000여 점에 이른다. 여기에서 추린 작품 650여 점이 7월 19일부터 11월 30일까지 독일과 오스트리아 11개 도시에서 순회 전시되었다.

뮌헨에서 열린 첫 전시회 장소로 고고학연구소가 선택되었는데, 그 이유는 건물 통로가 어둡고, 좁아서였다. 그런데도 낡은 건물 2층에서 열린 전시회에는 관람객들로 붐볐다. 전시된 사진들은 무질서하게 붙여 놓았고, 일부는 액자에 넣지도 않고 줄에 매달려 있었다. 나치가 의도적으로 전시회를 혼란스럽고 난장판으로 연출한 것이다. 그래도 전시회 첫 6주 동안 100만 명이 몰렸다. 이후 베를린, 라이프치히, 뒤셀도르프, 바이마르, 할레, 빈, 잘츠부르크 등에서도 100만 명 이상이 앞으로 사라지거나 다시는 볼 수 없을지 모르는 작품을 감상했다(BBC, 2017년 1월 24일자 기사).

반면 거의 같은 시기에 독일 미술의 집에서 열린 '위대한 독일 미술 전시회Große Deutsche Kunstausstellung'에는 유료이기는 해도 42만 명이 관람했다. 관람객 수만 비교해 모두 200만 명 이상이 관람한 퇴폐 예술 전시회가 대흥행이자 완승이었다.

전시회 개막 몇 주 뒤에 괴벨스가 한 차례 더 명령을 내렸고, 퇴폐 예술을 샅샅이 뒤져 전국 미술관 벽에 걸려 있던 1만 6558점을 추가로 압수했다. 퇴폐 예술로 낙인찍힌 작품이 2만 1000점을 훌쩍 넘었다.

나치로부터 국가의 적이자 독일 문화의 위협으로 지목된 퇴폐 예술가들의 운명은 어떻게 되었을까. 막스 베크만은 퇴폐 예술 전시회 개막식 날 네덜란드 암스테르담으로 달아났다. 막스 에른스트는 미국의 전설적인 컬렉터 페기 구겐하임의 도움으로 미국으로 건너갔고, 에른스트 루트비히 키르히너는 1938년 스위스에서 권총으로 생을 마감했다.

독일에 남았던 '퇴폐 예술가'들은 인물 없이 풍경화만 그리거나, 작품 거래가 금지되었다. 뿐만 아니라 대학 등에서 학생들을 가르치는 것이 금지되었고, 수시로 비밀경찰 게슈타포가 들이닥쳐 집을 압수수색했다. 공식적으로 어떤 작가도 퇴폐 예술로 사형당하지 않았다. 하지만 유대계 작가들은 강제수용소로 보내졌고, 이후 이들의 운명은 역사가 보여 주고 있다. 그럼에도 샤갈과 칸딘스키, 클레 등 많은 위대한 작가들은 이런 상황에도 아랑곳없이 창의성을 정열적으로 발휘하며 20세기 화단을 주도했다.

퇴폐로 지정되었음에도 약탈 예술품이 팔려 나갔다. 그러나 흥미 있는 구매자들은 드물었고, 미술품이 한꺼번에 시장에 쏟아져 나오면서 가격이 곤두박질쳤다. 괴벨스는 "해외에 퇴폐 예술품을 팔아 벌어들인 외환은 전쟁 비용으로 충당하고, 전쟁이 끝난 후 미술품 구입에 전념하겠다"라고 장담했다.

'퇴폐 예술'로 지정된 파울 클레의 1922년 작 '세네치오Senecio'(스위스 바젤미술관 소장)

전시회 폐막 1년 4개월 뒤인 1939년 3월 20일, 나치는 베를린 옛 소방서 광장에서 그림 5000여 점에 불을 질렀다. 나치 정권이 주도한 분서와는 달리 그림 소각은 작품을 팔아 치우고자 하는 화상들이 저지른 만행이라 공식 기록은 나타나지 않는다. 그림을 불태우는 사진도, 기록도 남기지 않아 그림 화형식에 대한 음모론도 여전하다. 예술품이 사라지지 않고 또 다른 어딘가에 여전히 숨겨져 있기를 바라는 마음이 음모론을 계속 부채질하는지도 모를 일이다.

빈 예술학교 불합격생, 히틀러의 미술 콤플렉스

미술학교 낙방, 히틀러의 콤플렉스

인류사에 유례없는 홀로코스트 대참극을 저지른 아돌프 히틀러Adolf Hitler, 1899~1945는 왜 현대 미술을 그토록 싫어했을까. 화가와 건축가가 되고 싶었던 히틀러는 10대 시절 빈 미술학교에 입학하고자 했으나 두 번이나 거부당했다. 히틀러는 자신이 입학하지 못한 것은 예술적 재능이 부족해서가 아니라 '시대의 잘못'으로 합리화했다. 또 미술 전문가로 구성된 심사위원회 위원 모두가 유대인이었을 것이라고 터무니없이 생각했다.

방황하면서 생계를 유지하기 위해 엽서에 그림을 그려 팔았던 그는 남모르게 세상, 특히 유대인에 대한 적의를 키워 정치인의 길로 들어섰다. 자신과 거의 같은 시대의 예술가 작품에 대한 평가는 인색하다 못해

1912년 히틀러가 그린 '빈의 황실과 황실 오페라'

퇴폐로 낙인찍었다. 반면 자신은 예술 애호가이자 심미안을 지닌 감상가로 여겼다.

취미로 그림을 그리고 모으던 그가 1933년 1월 권력을 잡자마자 예술품 수집에 박차를 가하면서 유대인을 국가의 적으로 삼고, 유대인이 독일 예술을 타락시켰다고 주장한다. 오스트리아를 병합한 다음 히틀러는 자신의 고향인 린츠Linz에 이른바 '총통미술관Führermuseum'인 세계 최대 규모의 유럽미술관European Art Museum 건립을 추진했다. 여기에 유럽 최고의 미술품으로 채워 게르만 민족의 우수성을 내세우려 했다.

미국 홀로코스트 박물관United States Holocaust Memorial Museum, USHMM에 따르면, 히틀러는 1939년 9월 폴란드 침공으로 제2차 세계대전을 일으키고 문화 예술품 약탈 부대를 꾸려 점령지 예술품을 조직적으로 약탈해 챙기는 광기를 보였다. 그 나라의 문화를 자신의 소유로 만듦으로써 정복을 완성했다는 상징일 수도 있고, 젊은 날 인정받지 못한 예술적 재능에 대한 보상심리이거나 동시대 화가들에 대한 콤플렉스일지도 모른다. 화려하고 상징성 높은 예술품이 그의 잔인성을 가리는 위장 효과일 수도 있다. 어찌되었든 유럽 전역은 이웃 나라와 이집트의 국보급 문화재를 마구 강탈해갔던 프랑스의 나폴레옹 보나파르트Napoleon Bonaparte, 1769~1821를 능가하는 사상 최대의 약탈로 얼룩졌다.

히틀러가 '총통미술관'을 린츠에 세우려는 이유

1889년 4월 독일 접경지 오스트리아의 작은 마을인 브라우나우에서 태어난 히틀러는 11세부터 18세까지 린츠에서 살았다. 린츠는 그의 출생지와 가깝고, 소년 시절의 기억이 선명한 곳이다. 1938년 3월 오스트리아를 합병한 다음 린츠를 방문했을 때 시민들의 열광적인 지지를 받았다. 전쟁이 끝나면 부모의 무덤이 있는 이곳에서 은퇴 생활을 보내겠다는 생각도 있었다.

그는 자신이 싫어했던 도시 빈을 지우고, 린츠를 베네치아나 부다페스트에 버금가는 문화예술의 도시로 바꾸고 싶어 했다. 히틀러는 자신이 자랐고, 자신을 지지해준 도시를 미화하고 싶은 욕망에 린츠를 새로운 계획도시, 이른바 '총통시Führerstädte'로 만들려고 구상했다.

'히틀러의 개인 큐레이터' 한스 포제

린츠에 설립하려는 총통미술관의 작품 수집 책임자로 히틀러는 1939년 6월 미술사학자인 드레스덴 미술관 관장인 한스 포제Hans Posse, 1879~1942를 임명하면서 '린츠 특별임무'를 맡겼다. 작품 수집에는 제2차 세계대전 중 유럽 전역에서 매입과 약탈, 절도 등의 방법이 동원되었다.

히틀러의 개인 큐레이터가 된 포제는 유럽의 명화를 모으기 위해 자동차는 물론 전용 열차와 특별 비행기도 사용할 수 있는 권한이 있었다. 그는 1941년 3월 파리와 로마, 벨기에와 네덜란드에서 작품을 구매하려고 852만 라이히스마르크RM[05]를 썼다고 보고했다. 그는 3년 만에 유럽 최고의 명작 2500점을 모았다. 포제는 1942년 12월 구강암으로 사망했고, 그의 장례식은 히틀러가 참석하고 괴벨스가 추도사를 하는 등 국가 행사로 치러졌다.

히틀러는 역사상 예술품 구매에 가장 많은 돈을 쓴 인물로 꼽힌다. 물론 국가 돈이지만 모두 1억 6400만 마르크를 썼다고 한다. 히틀러는 또 자신의 사진이 들어간 엽서와 우표 등에서 받은 초상권 사용료와 저작물 인세 등으로 벌어들인 상당한 돈도 작품 구입에 사용했다.

역과 연결된 '총통미술관' 갤러리 길이는 36킬로미터

다행스럽게도 실현되지 않은 총통미술관 계획을 보면 그 규모와 컬렉션에서 세계 최대였다. 총통미술관은 히틀러의 스케치와 구체적인 지시에 따라 건축가 로데리히 픽Roderich Fick, 1886~1955이 설계했다. 설계상으로 총통미술관은 린츠역에 붙어 있다. 이런 설계 구조는 약탈이나 강탈 절도 매수한 예술품을 기차로 한꺼번에 운반해 미술관을 채우기 용이하게 하려는 의도가 아닌가 하는 추측을 낳고 있다.

건물 정면은 152미터로, 기둥이 늘어선 신고전주의Neoclassic 양식이

05 라이히스마르크는 제1차 세계대전 이후 독일이 배상 지불 등으로 극심한 인플레이션을 수습하기 위해 발행한 화폐로, 약칭은 RM이다. 1924년부터 통화 개혁이 시행된 1948년까지 사용되었다.

건축가 로데리히 픽이 설계한 도면을 보고 있는 히틀러(가운데)

다. 갤러리의 총길이는 약 36킬로미터로 계획되어 있었다. 현재 세계 최대 박물관이자 거대한 미로인 영국 런던의 '빅토리아 & 앨버트V&A 박물관'의 갤러리 길이 8킬로미터와 비교하면 총통미술관의 규모를 짐작할 수 있다. 총통미술관이 계획대로 완공되었다면 2만 7000점을 전시할 수 있다. 미술관 모델은 1945년 1월 완성되었고, 완공 시기는 1950년으로 계획되었다.

히틀러가 고향 린츠에 조성하려던 '총통시' 문화시설 모형

이뿐만이 아니었다. 미술관 옆에는 초대형 극장, 콘서트홀, 25만 권을 갖출 수 있는 도서관, 오페라하우스, 영화관, 호텔 그리고 연병장 등이 들어서는 복합 문화단지를 구상했다.

그러나 전쟁 막바지 패색이 짙어지자 벙커에서 피신 생활을 했던 히틀러는 미술관 미니어처 모형을 보면서 조용히 지내는 시간이 길어졌다. 히틀러 비서들에 따르면 그는 총통미술관에 관해 끊임없이 말하고, 종종 오후 차담회 때 대화 주제로 삼았다. 어떤 그림을 어디에 어떻게 걸고, 그림과 그림 사이의 공간은 얼마나 하고, 조명은 어떻게 할지 등에 대해 이야기했다. 히틀러는 패배가 다가오자 이를 보는 것으로 도피처로 삼은 듯했다(<데일리 아트 매거진Daily Art Magazine>, 2017년 5월 27일자 기사).

베를린 함락 직전, 히틀러가 애인 에바 브라운과 결혼한 다음 날인 1945년 4월 30일 권총으로 생을 마감하면서 총통미술관 건립의 꿈도 사라졌다. 그는 자살 직전 수년간 자신의 전용기 조종사로 일한 한스 바우어에게 감사의 표시로 총통 관저에 걸어두었던 프리드리히 대제Frederick II the Great, 1712~1786 초상화를 선물했다. 독일 중부 포츠담에 최초의 유대

히틀러가 관저에 걸어두었던 안톤 그라프의 '프리드리히 대제' 초상화(상수시궁 소장)

교회당을 세우도록 허락한 프리드리히 대제가 "유대인을 억압하는 정부는 절대 번영하지 못한다"라고 했던 말을 히틀러는 결코 기억하지 못했다. 히틀러는 유서에서 자신의 모든 것을 나치스 당에 넘기며 당이 더 이상 존재하지 않으면 국가에 헌납하라고 남겼다.

나치 약탈 예술품을 수집한 건 히틀러만이 아니었다. 나치 이인자 괴링과 나치 외무장관 요아힘 폰 리벤트로프Joachim von Ribbentrop, 1893~1946 등도 개인 컬렉션을 구축하고자 점령지에서 군대를 이용해 작품들을 약탈해 모았다. 히틀러나 괴링이 원하지 않은 예술품들은 다른 나치 간부들에게 돌아갔다.

히틀러와 나치를 숭배하던 간부들은 예술품을 수집하는 것이 자신의 교양과 문화 수준을 높일 뿐만 아니라 "몰락과 오염에서 벗어나 순수하고 강인한 새로운 독일 이미지를 만들어야 한다"는 나치의 정치적 야망에 동의하는 수단이라고 믿었던 듯하다.

2부

쫓고 쫓기는 약탈 삼국지

1
나치 약탈 부대
ERR

“총통미술관을 채워라” 나치 약탈 부대 ERR

유대 문제 연구에서 출발한 ERR, 약탈 부대로

유럽을 몸서리치게 한 나치의 문화 예술품 약탈 부대 ‘로젠베르크 제국 사령부Einsatzstab Reichsleiter Rosenberg, ERR’는 당 이론가 알프레트 로젠베르크Alfred Rosenberg, 1893~1946의 이름을 따 설치한 것으로, 애초에는 제국 지도부가 표적으로 삼은 유대인의 생활, 특히 이들의 문화를 ‘연구’하려는 목적에서 출발했다. 이 연구의 이면에는 로젠베르크가 독일 민족의 우수성과 세계 정복의 야망을 드러내고, 나치 이념에 반대되는 문화를 찾아내 공격하려는 것이었

나치 이론가 알프레트 로젠베르크

다. 이러한 임무를 수행하고자 로젠베르크는 동료인 반反유대 성향의 학자와 전문가들에게 반유대 연구를 후원하면서 유대인과 관련된 기록물과 도서를 수집하라고 제안했다.

이런 가운데 히틀러 친위대인 슈츠슈타펠Schutzstaffel, SS이 1940년 6월부터 고가 미술품의 노다지였던 프랑스 파리에서 유대인 소유의 방대한 예술품, 책과 문헌 자료, 수기 원고, 귀중품, 교회의 중요 공예품을 약탈하자 ERR도 가담해 훔쳐내기 시작했다. 한 달 뒤인 7월 ERR는 히틀러 명령으로 약탈 권한을 부여받으면서 점령지에서 활동하는 공식 예술품 조달 조직이 되었다. 즉, 예술품 약탈과 절도가 ERR의 주요 임무로 변질된 것이다.

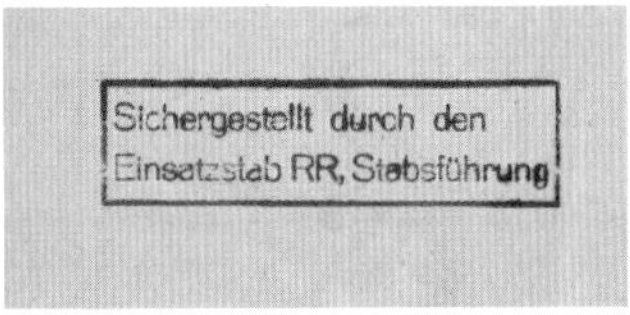

독일 점령군이 압수 물품을 표시하기 위해 1941년부터 1944년까지 사용된 'ERR' 인장

국립도서관과 기록보관소와 같은 문서고를 비롯해 유명 미술관과 박물관, 화랑, 종교 시설, 프리메이슨 집회소, 나치 침략으로 나라를 떠나버린 제3제국의 적들, 비유대인 개인 컬렉션도 약탈 표적이었다. 독일 프랑크푸르트에 있던 유대문제연구소와 같은 도서관들도 약탈되었다.

ERR는 약탈을 용이하게 하고자 점령지를 여덟 지역으로 나누고 음악, 시각예술, 역사, 도서관, 교회 등 5개 실무분야로 구분했다. ERR의 직접적인 약탈 대상은 나치 강제수용소 수감자들의 소유물이었다. ERR의 한 보고서에 따르면, 1940년 11월에서 1944년 7월까지 파리의 개인 컬렉션 203곳에서 2만 1903점을 강탈했다. 1941년 4월부터 1944년 7월

나치의 약탈품 보관 장소로 이용된 노이슈반슈타인 성

까지 ERR가 파리에서 독일의 약탈품 주요 보관소인 남부 바이에른주 노이슈반슈타인Neuschwanstein 성으로 운반한 약탈품 분량이 화물열차로 1418칸에 이른다.

이와는 별도로 선박으로 42만 7000톤을 실어 날랐다. ERR는 프랑스뿐만 아니라 벨기에, 네덜란드, 룩셈부르크, 폴란드, 그리스, 이탈리아, 소련과 발트해 연안 국가들에서도 활동했다. 요원들은 군복을 입었고, 어깨에는 계급장도 달려 있었다. ERR는 1945년 5월 나치의 항복과 함께 해체되었다.

히틀러가 가장 눈독 들인 로스차일드 컬렉션

서방 국가들 가운데 프랑스가 가장 심하게 약탈되었다. 예술품이 풍부한 데다 프랑스에 사는 유대인들은 당시 최고이자 최상의 예술품 거래상이자 수집가였기 때문이다. 종전 후 프랑스 공식 집계 결과, 개인 소장품의 3분의 1을 나치에 빼앗긴 것으로 추정한다. 전쟁 기간에 파리는 세계 최대이자 가장 중요한 예술품 거래시장으로 부유한 프랑스인뿐 아니라 유럽인과 미국 수집가들이 와서 거장의 작품과 현대 미술을 구매해 갔다(<뉴욕타임스>, 2010년 11월 21일자 기사).

페르메이르의 1668년경 작품 '천문학자'(루브르박물관 소장)

특히 독일, 영국뿐만 아니라 프랑스에도 금융 왕가를 이룬 '로스차일드Rothschild[01] 컬렉션'은 나치 히틀러가 가장 부러워했던 표적이었다. 17세기 네덜란드 거장 페르메이르Johannes Vermeer, 1632~1675의 '천문학자The Astronomer' 등 북유럽 거장들의 몇몇 대작을 히틀러는 전쟁도 시작하기 전에 손에 넣어야 할 '위시 리스트wish list'에 올려 두었다.

프랑스를 점령하자마자 나치는 로스차일드 가문의 파리 저택에 들이닥쳐 재산을 압수했다. 나치는 약탈 예술품에 대해 카탈로그를 정확히 만드는 데 병적일 정도로 집착했다. 로스차일드 가문에서 나온 작품은 5003점에 이르렀다.

---

01 로스차일드(Rothschild)는 프랑스식으로 '로쉴드'라고 발음하지만, 널리 알려진 영어식 발음인 로스차일드로 표기한다.

대표적인 명작으로 '천문학자', 렘브란트Rembrandt van Rijn, 1606~1669의 1636년 작품 '표준적 소위The Standard Bearer', 프란스 할스Frans Hals, 1581?~1666의 '이사벨 코이만의 초상화Portrait of Isabel Coymans', 프랑수아 부셰François Boucher, 1703~1770의 '마담 퐁파두르의 초상화Portrait of Madame de Pompadour' 등이었다(<텔레그래프>, 2015년 5월 9일자 기사).

01

02

01 부셰의 1756년 작 '마담 퐁파두르의 초상화'(뮌헨 노이에 피나코테크 소장)

02 할스의 1650~1652년경 작품 '이사벨 코이만의 초상화' (출처: 네덜란드 미술사 연구소)

약탈품 상자에 히틀러의 H, 괴링의 G로 표시

프랑스에서 약탈한 예술품은 히틀러와 괴링이 나누어 가졌다. 괴링은 예술품 횡재에 너무 기뻐서 ERR 요원들에게 가장 좋은 작품들을 골라 개인 전시회를 열도록 명령했고, 며칠 뒤 파리를 방문해 약탈품이 보관된 주드폼Jeu de Paume 미술관에 들러 그림들을 보았다. 그러나 그의 특별 컬렉션은 히틀러가 먼저 선택한 뒤의 나머지라는 것을 알았다.

예술품 수집에 집착한 나치는 1941년 11월부터 히틀러의 것과 괴링의 것을 분리해서 담았다. 예상대로 히틀러가 가장 좋은 것, 즉 '사자의 몫'을 차지했다. 히틀러를 위해 담은 예술품 상자에는 H 마크와 함께 1번부터 19번까지 번호가 찍혀 있었다. 괴링의 예술품 상자에는 G 마크와 함께 1~23번까지 번호가 붙었다. H 5번 상자에는 영국 화가 토머스 게인즈버러Thomas Gainsborough, 1727~1788가 그린 초상화들이, H 6번 상자에는 프란스 할스의 작품과 프란시스코 고야가 그린 초상화 두 점이 들어 있었다(〈봉주르파리BonjourParis〉, 2006년 3월 31일 기사). 컬렉션에서 전쟁 시작 전부터 히틀러가 눈독을 들였던 페르메이르의 '천문학자'는 H 13번 상자에 담겨 운반되었다. ERR 수장 로젠베르크가 이와 관련해 히틀러 비서 마르틴 보르만에게 짧지만 만족스럽다는 메모를 보냈다.

> "서두르면 예술품 압수에 관한 보고서를 찾을 수 있을 겁니다. 나는 그(히틀러)가 기뻐할 것으로 믿으며, 그가 말한 델프트Delft[02]의 그림이 로스

02 네덜란드 서부 델프트에서 활동했던 페르메이르의 원래 이름은 얀 페르메이르 반 델프트(Jan Vermeer van Delft)다.

차일드에서 압수한 예술품 가운데에서 발견되었다는 것을 총통에게 알리고 싶습니다."

이런 대작을 되찾는 데는 전쟁이 끝날 때까지 5년을 기다려야 했다. 예술품 상자들은 처음엔 나치 독일이 압수한 예술품을 보관하는 중앙 창고인 노이슈반슈타인 성으로 보내졌다. 그런데 연합군이 공습하면서 그 지역이 위험에 처하자 그 가운데 로스차일드 소장품들을 오스트리아 잘츠부르크 근처의 지하 소금 광산으로 옮겼다. 전쟁이 끝나고 미군이 발견했을 때 상자에는 원래의 표시가 그대로 붙어 있었다. 히틀러나 괴링이 뜯어보지도 못한 상태였다.

역설적으로 히틀러는 프랑스에서 많은 예술품을 강탈해 갔지만, 공습으로 훼손되는 것을 막으려고 대피시키는 바람에 대작들에 눈길 한번 주

제2차 세계대전이 끝난 뒤 잘츠부르크의 알타우제 소금 광산에서 발견된 예술품들(미국 국립문서기록보관소)

지도 못했다. 컬렉션은 전쟁이 끝난 뒤 큰 손실 없이 로스차일드 가문에 그대로 반환되었다. '천문학자'를 무사히 되찾은 로스차일드 가문이 1983년 상속세를 이 작품으로 대납하면서 이제는 프랑스 정부 소유가 되었다. 루브르박물관에 전시된 '천문학자'의 액자 뒤쪽에는 검은색 잉크로 나치 문양인 하켄크로이츠Hakenkreuz가 낙인처럼 찍혀 있다고 한다.

한편, 프랑스 정부는 로스차일드 가문이 매물로 내놓은 렘브란트의 '표준적 소위'를 국보로 분류했다면서 매입을 추진하고 있다. 프랑스 관보 〈오피시엘Journal officiel〉은 2019년 4월 19일자 기사에서 작품의 국외 반출 허가를 미루면서 국립박물관에 매입 우선권을 부여했다고 밝혔다.

렘브란트의 1636년 작 '표준적 소위'(개인 소장)

로스차일드의 가문이 1840년 런던 크리스티 경매에서 당시 840파운드에 구입한 작품이다. 로스차일드 가문이 180년 이상 보유했던 이 작품이 해외로 나가지 못하게 사들이려면 루브르박물관은 30개월 동안 필요한 자금을 확보해야 한다. 작품 가격이 얼마나 될까. 루브르박물관은 네덜란드 암스테르담 레이크스Rijks 미술관과 함께 2016년 렘브란트의 초상화 두 점을 구입하면서 1억 6000만 유로를 지불했다. '표준적 소위'는 훨씬 더 보존 상태가 좋지만, 가격은 알려지지 않았다. 프랑스 정부가 '표준적 소위'의 국외 반출을 금지한 것은 작품 가격이 치솟는 것을 막으려는 조치다(〈더 아트 뉴스페이퍼〉, 2019년 4월 23일자).

나치에 압수된 현대 미술 또는 퇴폐 예술품의 운명은 나치가 특히 선호했던 올드 마스터들의 작품과는 사뭇 달랐다. 이런 작품들은 팔려나가거나 교환되고, 심지어 파괴되어 전쟁 후에도 회복이 매우 어렵게 되었다. 파리의 미술품 거래상 폴 로젠버그 개인 컬렉션과 그의 화랑에서 압수한 현대 미술 약 400점은 히틀러와 나치 지도자들이 경멸했던 화가들의 작품이었다. 피카소, 마티스, 브라크뿐만 아니라 고흐, 모네, 르누아르, 마네, 드가, 들라크루아의 작품도 있었다.

그 작품들은 압수되어 주드폼 미술관 뒷방에 보관되었다. 이 방에 접근할 수 있는 프랑스 비밀 큐레이터들은 이 대작들이 우여곡절, 즉 파괴될 것으로 보고 뒷방을 '순교자의 방'이라고 불렀다.

퇴폐 예술은 독일로 반입이 금지되었기에 ERR에 가까운 화상들이 미술관에 와서 프랑스나 스위스 미술품 시장에서 쉽게 팔릴 작품들을 골라

갔다. 이런 형태로 많은 현대 미술 작품을 팔거나 교환한 괴링은 개인 컬렉션뿐만 아니라 재산도 불렸다. 현대 미술을 집중적으로 수집한 로젠버그 컬렉션은 이런 방식으로 약탈되어 유럽에 흩어져 지금까지도 행방불명 상태의 작품이 수두룩하다. 파리에서 활동한 유대계 미술상 로젠버그의 실종 작품 가운데 피카소가 1923년 프로방스에서 그렸던 수채화 '해변가의 나체 여성Naked Woman on the Beach'과 마티스의 작품 일곱 점, 드가의 '가브리엘 디오트 양의 초상화Portrait of Mlle. Gabrielle Diot'가 대표적이다.

이 그림을 누가 본 적 없나요?

▌"누가 이 그림을 본 적 없나요?"

나치가 약탈한 수많은 작품은 은밀하고 복잡한 예술품 시장에 수십 년 동안 사라졌다가 예기치 않게 등장해 세상을 떠들썩하게 한다. 전쟁 전, 프랑스 파리에서 활동한 유대계 미술품 거래상 폴 로젠버그의 며느리 일레인 로젠버그Elaine Rosenberg, 1921~2020는 1987년 12월 미국 뉴욕의 예술 전문 도서관인 프릭 아트 레퍼런스Frick Art Reference에서 예술 잡지를 뒤적거렸다. 그러다가 독일 함부르크에 있는 미술품 거래상 마티아스 한스Mathias Hans가 대가의 작품과 현대 회화를 판매한다는 광고를 보자 눈이 번쩍했다.

드가의 1890년 작 '가브리엘 디오토의 초상화'
(출처: 아트 리커버리 인터내셔널ARI)

렘브란트와 티에폴로, 브라크의 작품들이 경매 예정이었지만, 일레인의 관심을 끌었던 것은 판매에 나온 작품 사진 한 점이었다. '인상파 창시자' 가운데 한 명으로 꼽히는 에드가르 드가Edgar DeGas, 1834~1917가 1890년에 그린 '가브리엘 디오트 양의 초상화'였다. 잡지 광고에서 이 그림은 파리의 마지막 소유자로 로젠버그라고 밝혔지만, 그 출처에 대해서는 자세히 언급하지 않았다(<뉴욕타임스>, 2018년 10월 31일자 기사).

일레인은 40년 전 프랑스에서 나치에 약탈된 가문의 분실 예술품임을 바로 알아보고 충격을 받았다. 그녀는 즉시 독일 거래상에게 전화해 이 작품에 얽힌 진실을 밝혔다. 거래상은 작품 소유주에게서 판매를 의뢰받은 것이라면서 비밀 준수 규칙 때문에 소장자의 이름은 밝히지 못하지만, 작품에 얽힌 매우 중요한 정보를 그에게 알려주겠다고 말했다.

며칠 뒤 일레인은 전화를 받았다. 거래상인 한스는 그림 판매 의뢰자가 로젠버그 가문이 되사기를 바란다고 전했지만 일레인은 "자신의 것을 돈으로 되산다는 것은 말이 되지 않는다"라며 이 제안을 거부했다. 그러자 며칠 뒤 함부르크의 거래상 한스는 고객이 그림 판매를 취소하고,

흔적도 없이 사라졌다고 일레인에게 전했다.

'가브리엘 디오트 양의 초상화'의 약탈 이야기는 1940년 6월로 거슬러 간다. 파리의 유명 미술품 거래상인 로젠버그는 프랑스 남서쪽 보르도 근처의 시골에서 여름 별장으로 주택을 빌렸다. 그런 뒤 파리의 화랑 사무실에 걸어두었던 '가브리엘 디오트 양의 초상화'를 비롯한 몇몇 작품을 이곳으로 옮겨 두었다. 하지만 나치의 침입으로 프랑스의 함락이 다가오자 로젠버그는 부인과 딸을 데리고 포르투갈 리스본을 거쳐 1940년 9월 미국으로 도피했다. 작품들은 빌린 여름 별장에 그대로 둔 상태였다.

아들 알렉상드르Alexandre P. Rosenberg, 1921~1987는 영국으로 넘어가 드골 장군의 부름을 받고 자유프랑스군FFF에 들어가 나치 독일과 싸웠다. 레지스탕스 활동을 하던 알렉상드르는 가문의 컬렉션을 찾는 데도 큰 역할을 했다. 1944년 8월, 나치 독일군이 프랑스에서 약탈한 미술품을 기차에 실어 독일로 가져가려는 것을 알렉상드르의 명령을 받은 레지스탕스가 파리 북부의 철로를 폭파해 이동을 막았다. 알렉상드르가 기차에서 확보한 그림을 들여다보니 일부는 가문의 소장품이었다. 이런 영화 같은 이야기는 버트 랭커스터와 폴 스코필드, 잔느 모로가 출연한 영화 '대열차 작전The Train'(1964)의 소재가 되었다. 문제의 초상화 판매 광고를 발견한 일레인은 알렉상드르의 부인이다(〈가디언Guardian〉, 2018년 11월 10일자 기사).

▌영화 같은 초상화 운명… "거래상, 출처 확인에 높은 기준 세워야"

파리가 나치에 점령된 후 하인리히 오토 아베츠 프랑스 주재 독일 대사의 명령으로 이 초상화를 포함한 로젠버그 개인 컬렉션과 화랑의 작품 등 수백 점이 '주인 없는 문화재'라는 이유로 압수되어 트럭에 실려 갔다. 이때 '가브리엘 디오트 양의 초상화'는 ERR의 수장이자 악명 높은 전범 알프레트 로젠베르크가 대사관에서 빼앗아 파리의 주드폼 미술관으로 보냈다. 그러곤 이 초상화를 다른 그림과 교환했다. 이후 그림은 1942년 스위스 마조레 호숫가에 사는 어느 스위스 가문에 들어간 것으로 로젠버그 후손들은 믿고 있다(<아트넷Artnet>, 2018년 11월 1일자 기사).

이 초상화는 1974년 거래상 한스가 현재 소유자인 스위스 유명 컬렉터에게 판매를 중개했다. 한스는 "1974년에는 나치 약탈 예술품은 쟁점이 아니었고, 나는 나치 약탈에 관한 어떤 것도 몰랐으며, 마지막 출처가 분명해 더 점검할 이유도 없었다"라며 "믿기지 않겠지만 돌이켜보면 시대가 달랐고, 인터넷도 없었으며 나는 미술품 거래를 막 시작한 애송이였다"고 주장했다. 거래 당시 자신도, 구매자도 도난품이라는 것을 몰랐다고 강조했다.

그러나 도난 예술품 위치 파악과 회복을 전문으로 활동하는 조직인 '아트 리커버리 인터내셔널Art Recovery International, ARI' 설립자 크리스토퍼 마리넬로Christopher A. Marinello는 이미 한스는 문제의 그림이 1942년에 획득된 사실을 알았으며, 따라서 '의심스러운 그림'이라 당시 소유자에게 적합한 출처 질문을 하지 못한 책임이 있다고 비난했다. 마리넬로

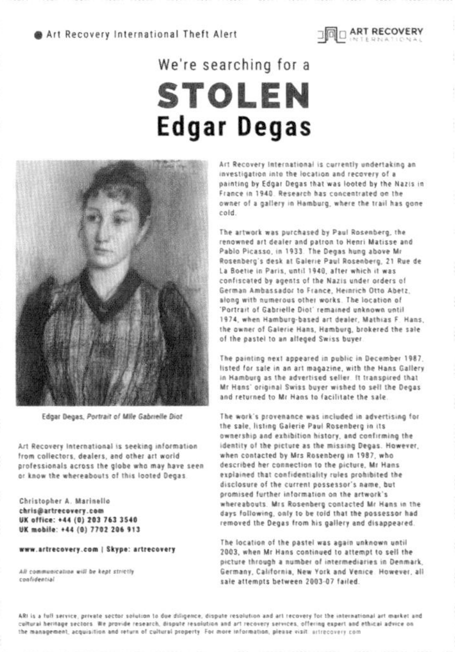

Art Recovery International Theft Alert

ART RECOVERY INTERNATIONAL

We're searching for a

STOLEN

Edgar Degas

Edgar Degas, *Portrait of Mlle Gabrielle Diot*

Art Recovery International is seeking information from collectors, dealers, and other art world professionals across the globe who may have seen or know the whereabouts of this looted Degas.

Christopher A. Marinello
chris@artrecovery.com
UK office: +44 (0) 203 763 3540
UK mobile: +44 (0) 7702 206 913

www.artrecovery.com | Skype: artrecovery

All communication will be kept strictly confidential

Art Recovery International is currently undertaking an investigation into the location and recovery of a painting by Edgar Degas that was looted by the Nazis in France in 1940. Research has concentrated on the owner of a gallery in Hamburg, where the trail has gone cold.

The artwork was purchased by Paul Rosenberg, the renowned art dealer and patron to Henri Matisse and Pablo Picasso, in 1933. The Degas hung above Mr Rosenberg's desk at Galerie Paul Rosenberg, 21 Rue de La Boetie in Paris, until 1940, after which it was confiscated by agents of the Nazis under orders of German Ambassador to France, Heinrich Otto Abetz, along with numerous other works. The location of 'Portrait of Gabrielle Diot' remained unknown until 1974, when Hamburg-based art dealer, Mathias F. Hans, the owner of Galerie Hans, Hamburg, brokered the sale of the pastel to an alleged Swiss buyer.

The painting next appeared in public in December 1987, listed for sale in an art magazine, with the Hans Gallery in Hamburg as the advertised seller. It transpired that Mr Hans' original Swiss buyer wished to sell the Degas and returned to Mr Hans to facilitate the sale.

The work's provenance was included in advertising for the sale, listing Galerie Paul Rosenberg in its ownership and exhibition history, and confirming the identity of the picture as the missing Degas. However, when contacted by Mrs Rosenberg in 1987, who described her connection to the picture, Mr Hans explained that confidentiality rules prohibited the disclosure of the current possessor's name, but promised further information on the artwork's whereabouts. Mrs Rosenberg contacted Mr Hans in the days following, only to be told that the possessor had removed the Degas from his gallery and disappeared.

The location of the pastel was again unknown until 2003, when Mr Hans continued to attempt to sell the picture through a number of intermediaries in Denmark, Germany, California, New York and Venice. However, all sale attempts between 2003-07 failed.

ARI is a full service, private sector solution to due diligence, dispute resolution and art recovery for the international art market and cultural heritage sectors. We provide research, dispute resolution and art recovery services, offering expert and ethical advice on the management, acquisition and return of cultural property. For more information, please visit: artrecovery.com

아트 리커버리 인터내셔널이 분실 신고한 드가의 '가브리엘 디오토의 초상화'(출처: ARI)

는 "한스는 '1942년 나치 점령 기간의 파리, 출처가 어디인가'를 알았거나 알았어야 했는데, 오히려 1974년 도난 재산을 처리했다. 아트 딜러는 어떤 단계에서든지 출처 확인에 높은 수준의 기준을 유지해야 한다"라고 비판했다.

▌현 소유자 '샀던 가격대로', 로젠버그 가문 '인질 몸값 요구'

1980년대 후반 스위스 소장가는 한스에게 작품 판매를 의뢰했다. 이에 한스는 국제적인 미술 잡지에 광고하면서 폴 로젠버그가 소유했던 그림이라고 게재했다. 이 광고가 로젠버그의 며느리 일레인의 눈에 띈 것이다. 한스는 일레인에게 자신에게 판매를 의뢰한 고객이 1974년에 샀던 가격인 350만 스위스프랑(350만 달러 상당)에 사라고 제의했다고 전했다. 하지만 한스는, 일레인은 대화에 관심 없이 자신을 '나치 돼지'라고 비난하면서 경찰을 불렀다고 주장했다. 이에 그림 판매를 의뢰한 고객은 판매를 철회하고 그림과 함께 잠적해버렸다.

폴 로젠버그의 손녀
마리안느 로젠버그

350만 스위스프랑 요구와 관련해 로젠버그 손녀 마리안느 로젠버그Marianne Rosenberg는 "그림을 인질로 붙잡고 석방 몸값을 요구하는 것과 마찬가지"라고 주장했다. 이에 대해 한스는 "몸값 요구 주장은 난센스"라며 40여 년 전에 샀던 가격 그대로가 합리적 해결책이라고 맞섰다. 한스는 "현재 그림 소장자는 범죄자가 아니며, 그림에 얽힌 역사에 매우 슬퍼하며, 타협점을 찾고자 한다"라고 하면서도 "그는 보상 없이는 그림을 내주지 않을 것"이라고 전했다. 이런 상황에 대해 마리넬로 ARI 설립자는 "한스는 근본적으로 이해충돌에 빠져 있다"라며 그림 문제에서 발을 빼고, 변호사가 그림 소장자의 문제를 대변해야 한다고 주장했다.

다시 판매 시도한 초상화… 독일 정부에 개입 당부

'가브리엘 디오트 양의 초상화' 소장자가 2003년 다시 판매를 시도했던 사실을 마리넬로가 우연한 기회에 들었다. 독일 기업인 크리스티안 폰 벤트하임Christian von Bentheim은 한스가 자신에게 접근해 비밀 거래로 문제의 초상화를 460만 달러에 판매를 제안했다고 마리넬로에게 털어놓았다.

예술품 거래 경험이 없는 벤트하임은 예술가 친구에게 이 그림을 봐 달라고 부탁했다. 그 친구는 약탈품이라는 것을 알고 벤트하임에게 "약탈 미술품이니 아무것에도 관련하지 마라"고 충고했다. 이에 한스에게 화가 난 벤트하임은 실물 크기의 복제 그림을 돌려주면서 "아무것에도 관련하고 싶지 않다"라며 관계를 끊었다.

도난 예술품은 몇몇 국제단체의 정보자료에 등록되어 있어 정상적인 방식으로는 거래가 쉽지 않다. 로젠버그 후손들은 이미 1944년, 1947년, 1956년에 분실 신고를 해둔 상태다. 문제의 초상화가 다시 한번 다른 사람에게 넘어가면 로젠버그 후손들의 회복 노력이 한층 더 복잡해질 수 있다.

뉴욕에서 갤러리를 운영하는 로젠버그 손녀 마리안느가 2016년 한스에게 다시 접촉해 그림 소유자의 이름을 물었지만, 한스는 답변을 거부했다. 이에 그녀는 새로운 추적 경로로 독일 문화부에 서한을 보내 '디오트'를 되찾는 데 독일 정부가 나서달라고 부탁했다. 한 가지 분명한 점은 '가브리엘 디오트'가 로젠버그 가문에서 나간 것은 불법이고, 그 가문이 한 번도 팔거나 돌려받은 적이 없다는 사실이다(<타임스 오브 이스라엘Times of Israel>, 2018년 11월 15일자 기사).

오늘날까지 이 그림은 여전히 나타나지 않고 있다. 손녀 마리안느는 "너무나 혼란스럽고 실망스럽습니다. 한번 나타난 그림이 사라지면 또 다시 20년을 기다려야 나타나니까요"라고 말한다. 전쟁 전, 프랑스 파리에서 예술품 거래상을 하던 폴 로젠버그는 나치에게 약 400점을 약탈당

구를리트 컬렉션에서 발견된 마티스의
작품 '앉아 있는 여인'(개인 소장)
(출처: 독일 분실 예술품 재단)

마티스의 작품
'벽난로 앞 푸른 옷을 입은 여인'(개인 소장)
(출처: 헤니 온스타드 아트센터)

했다. 그 가운데 70여 점에 대해 위치 파악과 회복 노력을 하고 있다.

최근에는 코르넬리우스 구를리트의 뮌헨 아파트에서 발견된 앙리 마티스Henri Matisse, 1869~1954의 1921년 작품 '앉아 있는 여인Seated Woman', 2014년 노르웨이 헤니 온스타드Henie Onstad 아트센터에서 마티스의 또 다른 1937년 작품 '벽난로 앞 푸른 옷을 입은 여인Woman in a Blue Dress in Front of a Fireplace'을 되찾았다.

2

모뉴먼츠 맨, 미술사학자들

사상 첫 문화재 구출 부대 '모뉴먼츠 맨'

문화재 보호에 참전한 미술사학자들

나치 독일군은 연합군의 대공세에 밀려 점령지에서 후퇴하면서도 문화재와 예술품을 훔쳐 달아났다. 연합군은 전쟁 이전부터 나치의 퇴폐 예술 전시와 대규모 소각은 알고 있었지만, 광범위하고 체계적인 예술품 절도 만행을 파악한 것은 1943년이 되어서였다. 그러나 진격이 급했던 연합군은 1944년 2월 15일 나치가 방어 진지로 삼았던 이탈리아 중남부 몬테카시노Monte Cassino 수도원에 공습을 가했다. 독일군은 몬테카

1944년 2월 15일 연합군의 공습을 받은 이탈리아 몬테카시노 (출처: 독일 연방 기록보관소)

시노 산에 방어선을 구축하고 연합군에 맞서던 터였다.

공방의 와중에 이탈리아가 1866년에 지정한 국보이자 서기 529년 성 베네딕투스St. Benedictus, 487~547가 세운 유럽 최초의 수도원이 크게 파괴되었다. 수도원 폭격 사건은 세계적으로 큰 반향을 일으켰고, 연합군 미 군정 부서 아래에 '기념물, 예술품, 기록물 지원부대Monuments, Fine Arts, and Archives program, MFAA'의 활동이 활발해지는 계기가 되었다. MFAA의 주요 임무는 전쟁 기간 약탈된 문화 예술품을 되찾아 돌려주고, 훼손된 부분을 복원하는 것이었다.

MFAA의 활약상은 2014년 조지 클루니가 프랭크 스톡스 역을 맡았던 영화 '모뉴먼츠 맨The Monuments Men'에 소개되기도 했다. 역사가, 건축가, 미술사학자 등으로 구성된 이 부대는 당시 미국 정부와 민간 미술계의 건의에 따라 1943년 창설되었다. 그리고 전쟁 사상 유례없는 약탈에 맞서 연합군 최고사령관 드와이트 아이젠하워Dwight D. Eisenhower, 1890~1969 장군이 노르망디 상륙작전 'D-데이' 9일 전인 1944년 5월 26일 다음과 같은 명령을 내렸다.

아이젠하워 연합군 최고사령관이 1944년 4월 12일 소금 광산에서 나치가 약탈한 예술품을 보고 있다. (출처: 미국 국립문서기록보관소)

"우리는 조만간 문명을 보전하고자 전투를 수행하면서 유럽 대륙을 가로질러 진군할 것이다. 우리는 진군 과정에서 불가피하게 역사적 기념물과 문화 중심지를 맞닥뜨릴 텐데, 그것들을 보존하기 위해 싸우는 것이다. 이에 따라 모든 지휘관은 이러한 상징물들을 되도록 보호하고 존중할 책임이 있다. 어떤 상황에서는 대상물 파괴를 피하려는 우리의 생각 때문에 작전에서 불리한 상황이 벌어질 수도 있다. 만약 카시노에서처럼 적이 우리의 애착愛着을 일종의 방어 수단으로 이용한다면 이때는 무엇보다 우리 병사들의 생명을 우선해야 한다. 다시 말해 군사적 필요성이 있을 경우에는 지휘관이 유적지의 일부 파괴를 명령할 수도 있다.

그러나 훼손과 파괴가 반드시 필요하지도 않고 정당화될 수도 없는 상황이 많을 것이다. 이 경우 지휘관은 자제하고 규율을 지켜 역사적, 문화적으로 중요한 대상물을 보존해야 한다. 상급 부대의 민사 담당관들은 최전방과 점령지에서 지휘관들에게 역사적 기념물의 위치를 자유롭게 조언할 것이다. 이 정보는 지휘 계통을 통해 모든 부대에 하달하도록 한다."

MFAA가 유물과 문화재를 보호하는 활동이 생사를 넘나드는 치열한 전장에서 전투에 방해가 된다는 일부 현장 지휘관의 경고에도 나치의 심각한 문화재, 예술품 약탈과 파괴 행위 때문에 아이젠하워 총사령관은 이들의 경고를 받아들이지 않았다.

전쟁사상 유례없는 문화재 보호 명령을 내린 아이젠하워

모든 지휘관에게 보낸 서신 명령에서 아이젠하워는 문화적으로 중요한 구조물에 대한 약탈, 파괴, 모독을 금지함으로써 MFAA, 즉 '모뉴먼츠 맨'의 활동을 지원했다. 또 아이젠하워는 될 수 있는 한 MFAA를 돕도록 반복적으로 명령을 내렸다. 이런 명령과 활동은 군대가 전쟁을 치르는 동시에 문화재를 약탈하는 것이 아니라 보호하고 훼손을 줄이도록 한 것으로, 전쟁 역사상 처음이라고 MFAA 활동을 기리는 미국 '모뉴먼츠 맨 재단Monuments Men Foundation'은 밝히고 있다.

이 전쟁 이전에 어떤 군대도 전쟁하는 국가의 기념물을 보호할 생각을 하지 못했고, 참고할 전례도 없었다. 아이젠하워의 이런 명령과 MFAA 활동 덕분에 점령군으로 유럽에 들어선 미군의 대규모 약탈을 예방할 수 있었다. 또 미군이나 연합군 병사들이 고향의 가족과 친구들을 위한 기념품으로 작은 조각상이나 예술품 등을 마구 가져가는 것도 적잖이 막을 수 있었다.

'MFAA'의 영웅적인 역할을 인정하여 미국 하원에서 수여한 의회 금메달 앞면(왼쪽)과 뒷면

미국과 영국을 비롯한 동맹군이 유럽으로 진격하여 나치 점령지를 차례로 해방함에 따라 MFAA는 전선의 최전방에 섰다. 안내서나 참고 자료 등이 부족해 장교들은 이들로부터 미술 교육을 받았고, 모뉴먼츠 맨은 임무를 수행하기 위해 모든 자원을 동원했다. 이들은 아이젠하워가 지휘하는 유럽 최고사령부Supreme Headquarters Allied Expeditionary Forces, SHAEF의 작전부대 지침에 따라 근무했고, 전투 준비 단계에서부터 적극적으로 개입했다. 예컨대 연합군이 이탈리아 중부에 있는, 나치가 보급품 센터로 활용한 피렌체 공격을 준비할 때, MFAA는 문화적으로 중요한 기념물을 표시한 항공 사진을 제공했다. 이를 본 조종사들은 이런 기념물을 파괴하지 않도록 주의를 기울이며 공습했다.

연합군이 이탈리아로 진격하자 독일군은 북쪽으로 퇴각하면서 회화와 조각 등을 훔쳐 달아났다. 쫓기던 독일군이 오스트리아 국경 남티롤 지방의 남쪽 캄포 투레스 성과 산 레오나르도에 있는 교도소 천장에 약탈 예술품을 숨기기도 했다. 반대로 미술관 관계자들이 예술품 안전을 위해 피렌체 컬렉션처럼 자신들의 소장품을 토스카나 시골과 산간 지역에 숨겼지만, 숨긴 이들이 전쟁 통에 사망하는 바람에 그 비장秘藏 위치를 아무도 알지 못하게 되었다.

1944년부터 연합군이 시골과 산간에 있는 이러한 비밀 창고들을 발견하면서 역사상 최대의 보물찾기가 시작되었다. 연합군은 독일에서만 무려 1500곳의 보물 창고를 찾아냈다. 그곳들에서는 나치가 유럽 전역의 기관과 개인에게서 약탈한 것뿐만 아니라 독일과 오스트리아 미술관

이탈리아 피렌체 우피치 미술관

이 안전을 위해 대피시켰던 문화재와 예술품들이 발견되었다. 이 과정에서 이탈리아 우피치와 피티 미술관에서 분산시켜 숨겼던 티치아노와 보티첼리 작품이 발견되기도 했다. 연합군의 또 다른 축인 소련도 다른 이유에서 문화재와 예술품을 찾는 데 골몰했다.

소금 광산에서 발견한 노다지… 나치의 작품 보관소

나치의 가장 유명한 거대 약탈 예술품 보관소로 오스트리아 알타우제Altaussee 소금 광산을 들 수 있다. 광산 터널 길이만 64킬로미터에 이르는 미로 같은 소금 광산에서 그림 6577점, 조각 137점, 공예품 484상자를 비롯해 도서관 장서, 가구와 동전, 무기 등이 발견되었다. 벨기에 브루게[03]에 있는 성모교회에서 강탈한 미켈란젤로Michelangelo, 1475~1564의 조각 '브루게의 성모자상Madonna and child of Bruges'도 여기에서 나왔다.

미켈란젤로가 1501~1502년 대리석에 조각한 이 작품은 1504년 벨기에에 도착한 이후 두 번이나 옮겨 다녔다. 미켈란젤로 생전에 유일하게 이탈리아를 떠난 작품으로, 브루게의 부유한 포목 도매상이 4000플로

03 벨기에는 네덜란드어, 프랑스어를 공식 언어로 사용하고 있다. 따라서 지역 이름도 이 두 언어가 혼용되는 경우가 많다. 이 도시 이름도 그에 속하는데 프랑스어로는 '브뤼주Bruge', 네덜란드어로는 '브뤼헤Brugge' 등으로 불리기도 하지만, 국립국어원 외래어 표기법에 따라 '브루게'로 표기한다.

모뉴먼츠 맨들이 1945년 7월 미켈란젤로의 '브루게의 성모자상'을 구조하고 있다.
(출처: 미국 국립문서기록보관소)

린[04]에 구입해 벨기에로 들여왔다.

이 석상은 1749년 프랑스 혁명가들이 네덜란드, 오스트리아 등을 정복한 이후 파리로 가져갔다가 또 다른 대규모 문화재와 예술품 약탈 주범인 나폴레옹이 1815년 워털루 전쟁에 패배하면서 벨기에로 돌아왔다.

하지만 제2차 세계대전 당시인 1944년 퇴각하던 독일 병사들이 이 석상을 매

미켈란젤로의 '브루게의 성모자상'
(벨기에 성모교회 소장)

04 플로린은 이탈리아 중부 피렌체 지역에서 1252년부터 1533년까지 사용된 화폐로, 서유럽 최초의 주조 금화다. 가치는 사회적, 시대적 환경에 따라 다르지만, 1플로린은 오늘날 미화로 대략 140~1000달러에 해당한다.

얀 반 에이크 형제의 '겐트 제단화'

트리스에 싸서 적십자 차량에 싣고 독일로 반출했으나 1년 뒤 알타우제 소금 광산에서 발견된 뒤 다시 돌아오게 되었다. 영화 '모뉴먼츠 맨'에서 이 작품을 되찾는 과정을 비중 있게 다루고 있다.

또 벨기에 국보와 마찬가지인 겐트의 세인트 바봉St. Bavo 성당이 약탈당한 유명한 얀 반 에이크Jan van Eyck 형제의 '겐트 제단화Ghent Altarpiece'도 이곳에서 발견되었다. 나치는 네덜란드와 벨기에 예술도 독일 기원의 문화로 여겨 회복, 즉 약탈의 대상으로 삼았다(<스미스소니언협회 매거진 Smithsonian Magazine>, 2014년 2월 7일자 기사).

'화가의 아틀리에' 진짜 주인은 누구?

히틀러가 가장 욕심을 부렸던 페르메이르의 1668년경 작품 '천문학자'와 1655년의 작품 '화가의 아틀리에The Art of Painting'도 역시 알타우제 소금 광산에서 나왔다. '화가의 아틀리에'는 히틀러가 마음에 드는 작품들을 선별하여 열었던 전시회 '국민의 예술Kunst dem Volk' 도록의 표지를 장식한 작품이다.

모뉴먼츠 맨이 되찾은 '화가의 아틀리에'가 미국 이동 대상으로 선정되자 MFAA 오스트리아 지휘관인 앤드루 리치Andrew Ritchie가 미군 손에 들어가는 것을 막고자 작품을 독일 뮌헨에서 오스트리아 빈으로 직접 운반했다. 그는 이 작품을 기차로 운반할 때 그림을 들고 열차 침대칸

페르메이르의 1666~1667년경 작품 '화가의 아틀리에'(오스트리아 빈 미술사 박물관 소장)

에 들어가 안에서 잠가버렸다.

페르메이르의 자화상으로 추측되는 '화가의 아틀리에'는 히틀러가 1940년 11월 개인 큐레이터 한스 포제를 통해 오스트리아 귀족 야로미르 체르닌Jaromir Czernin 백작에게서 당시 100만 라이히스마르크(350만 유로 상당)에 샀다. 전쟁 후, 이 작품은 체르닌 가문이 아닌 오스트리아 정부로 반환되면서 회복 논란의 불씨가 되었다.

'화가의 아틀리에'의 원래 소유주인 체르닌 가문은 오스트리아 정부에 서한을 보내 반환을 요구하고 있다. 작품의 오늘날 가격은 1억 4600만 달러에 이른다고 체르닌 가문의 변호사 알렉산더 타이스Alexander Theiss가 주장한다. 타이스 변호사는 1940년 체르닌 백작은 부인이 유대계여서 가족의 생명을 구하기 위해 히틀러에게 팔았다며 "가족들이 그림을 넘겨주지 않으면 끔찍한 일을 당할 수 있다는 것을 보여주는 대화록도 있다"라고 강조했다. 종전 후 오스트리아로 돌아온 '화가의 아틀리에'는 체르닌 가문에 반환되지 않고 국가 소유로 오스트리아 대표 미술관인 빈 미술사 박물관에 걸려 있다(〈로이터통신〉, 2009년 9월 11일자 기사).

타이스는 문제의 작품 반환과 관련해 "오스트리아 정부가 1960년대와는 달리 투명하고 공정한 절차를 진행할 것으로 믿는다"라고 기대를 나타냈다. 타이스는 히틀러가 구상한 총통미술관에 걸어두기 위해 이 작품을 합법적으로 구매했다는 이유로 오스트리아 정부가 과거 반환 요청을 기각했다고 설명했다.

이와 관련하여 오스트리아 문화예술부 대변인은 "출처조사위원회가 그 문제를 검토하고 있다"라고 밝혔다. 오스트리아 정부는 '화가의 아틀리에' 반환 요청에 대해 "가문이 자발적으로 팔았다"라는 이유로 몇 차례 거부했다. 한편, 오스트리아 정부는 구스타프 클림트Gustav Klimt, 1862~1918, 에곤 실레Egon Schiele, 1890~1918, 에드바르 뭉크의 대작을 포함해 1만여 점을 원래의 합법적 소유자 후손들에게 돌려준 바 있다.

▌유럽, 지중해, 극동에서도 활동… 500만 점 이상 반환

MFAA는 독일 남부 노이슈반슈타인 성에서 가구와 보석 등과 함께 6000점 이상의 그림을 발견했고, 1945년 4월 독일 중부 산악지대인 메르커스Merkers 소금 광산에서는 예술품을 담은 상자 수천 개와 대량의 금괴(2017년 가치로 환산하면 10억 유로 상당)도 찾아냈다. 이곳에서는 특히 나치 강제수용소에서 희생된 유대인의 개인 소지품과 금니 등이 무더기로 나와 그 비참함을 더했다. 나치가 예술품을 숨기는 창고로 이용한 소금 광산은 온도와 습도가 자동으로 일정하게 유지되고, 미생물의 공격을 막는 천연 저장고였다.

나치가 메르커스 광산에 숨겨둔 금괴

연합군이 훼손된 기념물이나 예술품을 발견하면, MFAA 요원들이 훼손 정도를 평가하고, 시간을 들여 복구 작업을 펼쳤다. 그렇다고 이들이 안전지대에만 있었던 것은 아니다. 연합군 정규군이 들어가기 전에 이들이 먼저 최전방에 들어가 기념물, 성화, 작품들을 보호하고 구조하는 임무를 수행하다가 퇴각하던 나치에 의해 두 명이 목숨을 잃었다.

MFAA는 미국이 참전하기 전부터 예술 전문가들이 나치 약탈의 위험에 있거나 훼손 위기에 처한 유럽 예술품과 기념물을 확인하고 보호하자는 데 뜻을 모으면서 발족했다. 이들은 이런 목표를 가진 조직을 꾸려 군부대와 협력하기로 했다. 미국 미술계와 재야는 이런 우려와 바람을 워싱턴에 전달했고, 이들의 노력에 힘입어 프랭클린 D. 루스벨트Franklin D. Roosevelt, 1882~1945 대통령은 1943년 7월 23일 '전쟁 지역의 예술적 역사적 기념물 보호와 구조를 위한 미국 위원회'를 설치했다. 위원장인 대법관 오언 J. 로버츠Owen J. Roberts, 1875~1955의 이름을 따 '로버츠 위원회'로도 불렸다. 위원회는 유럽과 지중해, 극동 작전지에서 문화재 보호 활동을 맡았다.

연합국 13개국 출신 345명의 남성과 여성이 참여한 MFAA는 기념물, 예술품, 기록물 부대로 편성되었다. 이들은 나치가 부유한 유대인, 미술관, 대학, 종교기관 등에서 약탈한 500만 점 이상을 소금 광산과 창고 등에서 찾아내 합법적 소유자나 국가에 돌려주었다.

MFAA는 미 국무부가 임무와 기능을 이어받으면서 1946년 6월 해산되었다. 이들 가운데 60명은 전후 6년 동안 나치가 숨긴 것을 찾는 예술품 전문 탐정으로 활동했다.

유일한 장교 항명사건, '비스바덴 마니페스토'

견물생심일까, 전승국 미국도 문화재 약탈 유혹에 빠진 적이 있다. 1945년 미군의 비스바덴 수집품 저장소를 방문한 해리 A. 맥브라이드Harry A. McBride 소령은 그 시설이 열악해 작품들이 훼손 위기에 처해 있다고 해리 트루먼Harry Truman, 1884~1972 대통령에게 서한으로 보고했다. 되찾아온 예술품을 둔 건물 복도에는 축축한 군용 담요가 깔려 있었다. 이는 작품을 회수한 MFAA 요원들이 작품 보존에 필요한 습기를 제공하기 위해 취한 임시방편이었다.

그러나 작품의 안전을 위해 베를린의 미술관 소장품 가운데 202점을 미국에 보내는 것이 맥브라이드의 계획이었다. 물론 반환 기일은 없었다. 독일의 자랑거리인 카이저 프리드리히 미술관과 국립미술관이 소장한 렘브란트, 페르메이르, 마네, 뒤러, 루벤스 등의 명작과 이집트와 이슬람 예술품과 문화재 등이 이동 대상이었다. 보티첼리Sandro Botticelli, 1445~1510의 1490년경 작품 '비너스Venus'도 미국으로 갔다. 미국으로 간 비너스의 자세는 보티첼리의 1485년경의 작품 '비너스의 탄생The Birth of Venus'과 놀

보티첼리의 1490년경 작품 '비너스.' 인물의 자세가 그의 1485년경 작품 '비너스의 탄생'과 매우 흡사하다.

보티첼리의 1485년경 작품 '비너스의 탄생'(우피치 미술관 소장)

라울 정도로 흡사했다(<스미스소니언협회 매거진>, 2019년 3월 11일자 기사).

트루먼 대통령이 맥브라이드의 계획을 승인한 것은 나치 약탈 행위나 다름없다는 비난이 내부에서 터져 나왔다. 작품들을 미국으로 실어 나르는 임무를 맡은 MFAA 소속 대위 월터 파머Walter Farmer 비스바덴 중앙 수집품 저장소 감독은 부인에게 보낸 편지에서 "우리가 지금 명령을 받은 것은 독일이 그랬던 것과 같은 전쟁 범죄"라고 하소연했다. 그해 11월 7일 파머 대위는 동료 32명의 모뉴먼츠 맨들과 함께 '비스바덴 마니페스토Wiesbaden Manifesto'로 알려진 항의 성명을 동봉해서 보냈다. 비스바덴 마니페스토는 제2차 세계대전 동안 연합군 장교들이 행한 유일한 집단 항의라고 모뉴먼츠 맨 재단이 월터 파머 편에서 밝히고 있다. 비스바덴 마니페스토는 아무리 전리품이라 하더라도 다른 나라의 문화유산을 가져간다는 것은 용인할 수 없다는 것이 취지다.

그런데도 그림들은 대서양을 건너 1945년 12월 6일 미국에 도착했다.

워싱턴에 도착한 예술품들은 3년 동안 뉴욕, 시카고, LA 등에서 순회 전시되다가 결국 트루먼 대통령의 명령으로 1949년 봄 독일로 돌려보냈다. 작품을 반환하기 전에 미국 13개 도시 미술관 14곳에서 '베를린 미술관에서 온 명작' 순회 전시회가 열렸다. 순회 전시 기간에 미국 육군이 작품들을 운반하고 지켰다. 당시 미군은 로마의 개선장군이 그랬듯이, 전승국의 전리품을 군사작전처럼 효율적으로 전시해 구경거리로 삼았다. 관람객은 700만이었고, 입장료 수익은 19만 달러였다고 〈스미스소니언협회 매거진〉이 밝혔다.

미국 오하이오주 털리도에서 열린 '베를린 미술관에서 온 명작' 전시회 (출처: 털리도 미술관)

모뉴먼츠 맨, 우피치를 지켜라

▌'이탈리아의 자존심', 우피치 명작을 지켜라

제2차 세계대전 참전 2년째 접어들던 1942년, 이탈리아는 어려운 시기에 들어섰다. 앞서 1938년 5월 독재자 베니토 무솔리니Benito Mussolini, 1883~1945가 히틀러를 데리고 르네상스의 발상지이자 이탈리아 문화의 자존심인 피렌체 우피치Uffizi 미술관을 찾

1938년 5월 피렌체 우피치 미술관을 방문한 히틀러와 무솔리니

피렌체 미술관 총관장 조반니 포지(1910년대 모습)

BC 1세기경 고대 그리스의 조각상을 로마 시대에 모사한 것으로 알려진 '메디치의 비너스'(우피치 미술관 소장)

왔다. 히틀러는 전시실마다 들러 한참 동안 작품을 보았다. 그 어떤 제안도 없었지만, 전쟁 시작과 함께 명작들은 대피하지 않을 수 없었다.

이탈리아가 전쟁에 참여하여 프랑스 남부를 침공하기 수일 전인 1940년 6월 16일, 피렌체 미술관 총관장 조반니 포지Giovanni Poggi, 1880~1961는 이미 세워둔 계획에 따라 문화재와 예술품 보호 작전을 시작했다.

1940년 6월 28일까지 비밀리에 미리 상자에 담아두었던 유명 명작과 훼손되기 쉬운 걸작들을 북서쪽 외곽 작은 마을 '포조아카이아노Poggio a Caiano'의 메디치 저택으로 대피시켰다. 그림 550점과 고대 대리석 조각상인 '메디치의 비너스Venus de Medici' 등 조각 11점이 이동했다.

다른 미술관과 교회 등에 있던 작품들은 분산해서 보관했다. 미켈란젤로의 다비드상처럼 너무 크거나 무거워서 움직일 수 없는 예술품은 그 자리에서 벽돌로 고치처럼 둘러싸 공습 파편이나 건물 붕괴에서 보호하는 방법을 택했다(<아이 러브 피렌체 이탈리아I Love Florence Italy>, 2014년 11월 10일자 기사).

연합군의 공습이 너무나 위협적이어서 피렌

제2차 세계대전의 폭격에 대비해 고치처럼 보호한 다비드상
(출처: 피렌체 아카데미아 미술관)

전쟁이 끝나자마자 다비드상을 보호한 벽돌 구조물을 제거한 직후 모습
(출처: 예일대 도서관 기록 보관소)

체 미술관 당국은 다시 한번 중요한 작품이 포격받지 않을 시골에 있는 성과 마을로 옮기지 않을 수 없었다. 대피 작품이 1만 1139점으로 한 곳에 숨기기에는 너무 많아 38곳으로 나누었지만, 전체를 관리하기가 어려워졌다. 일부는 나치 독일군에 발각되어 도난당했다.

피렌체에서 20킬로미터쯤 남쪽에 떨어져 고립되어 있는 몬테구포니Montegufoni 성이 예술품의 은신처 중 한 곳으로 정해졌다. 1942년 11월 우피치 미술관, 피렌체 아카데미아 미술관, 국립 바르젤로 미술관, 팔라

예술품 은신처의 한 곳인 몬테구포니 성

01

02 03

01 '아버지' 리피의 1450~1453년 작 '성모 영보'
(우피치 미술관 소장)

02 기를란다요의 1488년 작 '동방박사의 경배'
(우피치 미술관 소장)

03 본도네의 1310년경 작품 제단화 '옥좌의 성모'
(우피치 미술관 소장)

티나 미술관, 산 마르코 수도원과 산타 마리아 노벨라 성당에서 나온 대작 260여 점이 몬테구포니 성으로 향했다.

이탈리아의 자유분방한 수도사이자 화가 '아버지' 리피Fra Filippo Lippi, 1406~1469의 '성모 영보Dettagli dell' Autorizzazione', 기를란다요Domenico Ghirlandaio, 1449~1494의 '동방박사의 경배Adorazione dei Magi', 본도네Giotto di Bondone, 1267~1337의 제단화 '옥좌의 성모Maest di Ognissanti', '작은 술통'이란 별명을 가진 산드로 보티첼리의 1482년작 '봄Primavera' 등이 몬테구포니 성으로 들어갔다. 성에는 이런 명작뿐 아니라 겁에 질리고 집이 없어진 피난민들로 혼란스러웠다(<스미스소니언협회 매거진>, 2014년 1월 기사).

명작을 불태우라는 명령에 '기지'로 대처한 농부의 정체는?

1944년 여름, 철수하던 나치 독일군은 보이는 것은 무엇이든 파괴하고, 이탈리아인들을 상대로 온갖 범죄를 저질렀다. 그러다가 독일 낙하산 부대가 방어 요새로 사용하기 위해 몬테구포니 성을 장악했다. 공간이 필요했던 독일군 지휘관은 피난민을 다 쫓아내고 그곳 한 농부에게 복도에 빼곡히 세워져 있는 작품들을 중정中庭에 모아 불태우라고 명령했다.

인류의 유산이 한순간에 재로 변할 비극이 일어날 참이었지만 농부는 침착함을 잃지 않았다. 그는 유명한 토스카나 지방의 적포도주로 부대원들을 극진히 대접했다. 부대원들이 술에 곯아떨어졌을 때 작품들을 보이지 않게 치웠고, 결국 계속 와인을 마신 군인들은 눈앞에 사라진 걸작들을 파괴하지 못한 채 며칠 뒤 그 성을 떠났다. 위기의 순간, 기지를 발휘한 그 농부는 미술품을 지키는 책임자였을 수도 있겠다. 사실 전쟁 말기 철수하던 독일군에겐 미술품을 운반할 트럭도, 트럭을 움직일 연료도 부족한 터였다.

몬테구포니 성에서는 1944년 7월 20일까지도 연합군의 공습 포격 소리가 들렸다. 독일군이 물러나자 이런 명작들이 몬테구포니 성의 평범한 가구 옆, 벽에 비스듬히 세워져 있었다. '문예 부흥의 아버지' 치마부에Bencivieni di Pepo, Cimabue, 1240?~1302와 보티첼리 등의 일부 작품은 나무 천장 아래의 벽에 걸려 있었다. 포탄 한 방이면 이런 대작들이 바로 불에 탈 수도 있었다. 명작 파수꾼들은 그림 앞에서 기도했고, 마침내 응답을 받았다.

벽에 비스듬히 세워져 있던 대작들

연합군 지중해 작전 최고사령관인 해럴드 알렉산더Harold Alexander, 1891~1969 영국 장군이 1944년 8월 3일 지프를 타고 몬테구포니 성에 도착했다. 포성은 멈추었고, 인류의 유산이 전쟁의 화마에서 사라질 위기도 넘겼다. 세 대의 지프에는 MFAA 요원 프리드리히 하르트Frederick Hartt 소위도 있었다. 알렉산더 장군은 보티첼리의 '봄' 앞에 서서 경탄의 눈길로 한참 바라보았다. 키가 크고 흥분을 잘 하는 예일대 출신 사학자인 하르트 소위는 코나의 빌라 디 토레

보티첼리의 1482년 작 '봄'(우피치 미술관 소장)

의 창고에서 나무 상자에 포장된 미켈란젤로 조각들을 발견했다.

몬테구포니 성 주위에는 여전히 전쟁이 계속되고 있었지만 MFAA 요원들과 마을 주민은 성안에서 숙식하며 263점을 찾아냈다. 작품들은 다행히 조금도 변하지 않아 피해가 없었다. 1944년 8월 4일 연합군이 처음 피렌체에 들어왔다. 북쪽은 여전히 독일군과 교전 중이라 도시는 안전지대가 아니었다. 작품들의 중요성을 아는 모뉴먼츠 맨은 1945년 7월 22일 기차 열세 칸에 예술품들을 실어 고향인 피렌체로 보냈다.

▌퇴각 나치군이 슬쩍한 '꽃병' 자리에 "도난당함"

그러나 모든 작품이 다 회수된 것은 아니다. 1943년 후퇴하던 나치 독일군이 피렌체 팔라티나 미술관이 1940년 인근 시골에 대피시켰던 18세기 네덜란드 바로크 대가 얀 반 하위쉼Jan van Huysum, 1682~1749의 정물화 '꽃병' 한 점을 들고 가버렸다. 토스카나 지역을 다스리던 대공 레오폴드 2세가 1824년 구입한 그림으로, 전쟁 전에 다른 네덜란드 화가들의 작품과 나란히 걸려 있었다.

전쟁 후 '꽃병' 그림은 한 독일 가정이 소유했다. 이 가정의 변호사는 군인이 그림을 훔친 것이 아니고, 부인에게 선물하기 위해 장터에서 샀다고 주장했다. 그러곤 중개인들을 내세워 팔라티나 미술관에 되팔려고 했다. 그러나 미술관은 "그림은 이미 이탈리아 국가가 소유한 도난품이라서 되살 수 없다"라며 이 제안을 거부했다.

이 그림은 1991년 독일이 통일되면서 반환 문제가 다시 수면 위로 떠올랐지만 반환 노력은 모두 헛일로 돌아갔다. 이후 1990년대에 런던 경

하위쉼의 정물화 '꽃병'. 오른쪽 그림은 꽃병에 아랫부분을 확대했다.

매회사에 나오기도 했지만 낙찰되지 않았다. 독일 정부도 취득시효 30년이 지났다는 이유로 개인 소유물에 대해 개입하지 못한다며 수수방관했다. 작품 가격대는 230만 달러로 추정된다.

이에 독일 출신 에이케 슈미트Eike Schmidt가 우피치 미술관장이 되면서 반환 운동을 본격적으로 전개했다. 팔라티나 미술관이 있는 피티 궁을 책임진 슈미트는 2019년 1월부터 환수 활동을 시작하면서 '꽃병' 그림이 있었던 원래 자리에 흑백 사진을 붙여두고 이탈리아어, 영어, 독일어로 "도난당함"이라고 써 붙였다.

슈미트는 성명에서 그림 도난과 관련해 "제2차 세계대전과 나치 공포의 상처가 아직도 치유되지 않았다. 독일은 우리 미술관에 작품을 반환할 도덕적 의무가 있고, 나는 되도록 빨리 나치가 약탈한 다른 작품과 함께 이 작품이 돌아오기를 희망한다"라고 밝혔다.

에이케 슈미트 우피치 미술관장이 '도난당함'이라고 써 붙인 하위쉼의 정물화 '꽃병' 흑백 사진을 걸고 있다. 그림은 2019년 돌아왔다.

결국 그림은 원래의 위치로 회복되었다. 2019년 7월 19일, 문제의 그림은 공식적인 절차를 거쳐 미술관으로 돌아왔다. 슈미트의 환수 노력은 6개월 만에 결실을 보았다. 하이코 마스 독일 외무장관이 그림을 피렌체에서 엔조 모아베로 밀라네시 이탈리아 외무장관에게 반환했다.

시효를 이유로 팔짱만 끼고 있던 독일 정부가 개입하면서 75년 만에 반환된 것으로, 나치 전시 약탈품에 대해 취득시효 제한을 철폐하라는 목소리가 국제사회에서 힘을 더했다. 슈미트는 "마침내 작품이 돌아왔다. 그 싸움은 험난했다"라면서도 독일 정부에 감사를 표했다(<우피치 미술관 매거진>, 2019년 7월 19일자 기사).

네페르티티를 지켜라

▌독일 국보가 된 전설의 이집트 미녀 '네페르티티' 운명

연합군의 '기념물, 예술품, 기록물 지원부대MFAA' 요원 패트릭 켈러허Patrick Kelleher 대위는 독일 서부 비스바덴 중앙 수집품 저장소를 감독하는 책임을 진 무뚝뚝한 월터 파머 대위에게 지분거리는 것을 좋아했다. 1945년 12월 크리스마스, 파머는 수집소에 있는 문화재와 예술품이 손상되지 않게 잘 포장한 상자들을 열지 말라는 명령을 내리고서는 잠시 떠났다.

그러나 켈러허는 저녁 파티에 예술 애호가 친구들을 불렀고, 한 상자를 열었더니 이집트 조각 가운데 가장 유명한 네페르티티Nefertiti, BC

클레오파트라와 함께 이집트의 전설적 미녀로 꼽히는
네페르티티 흉상(베를린 신박물관 소장)

네페르티티 남편인 파라오 아크나톤 흉상
(카이로 이집트박물관 소장)

1370?~BC 1330?[05] 흉상이 나왔다. 그녀는 클레오파트라와 함께 이집트의 전설적인 미녀로 꼽힌다. 흉상은 BC 1345년경에 제작된 것으로 추정된다.

3300여 년간 온전했던 그녀의 흉상이 이번 전쟁의 피난 과정에서 전혀 훼손되지 않고 무사한 것을 본 이들이 너무 기쁜 나머지 흉상 위에서 잔을 들고 축배를 나누었다. 조금 떨어진 옆에는 헝가리 국민이 700여

05 네페르티티는 고대 이집트 제18왕조의 왕 아크나톤(Akhnaton, 재위 BC 1379~BC 1362)의 부인으로 왕비이지만, 이집트를 남편과 공동으로 다스렸다든가 남편 사후 이집트를 통치했기에 파라오로도 볼 수 있다. 생전에 부인 네페르티티를 내쳤던 아크나톤의 조각상은 이집트박물관을 지키고 있다.

년간 국보 1호처럼 아낀 '성 이슈트반 왕관Szent István király'[06]도 있었다.

마을에서 돌아온 파머 대위가 이 모습을 보고는 동료 장교가 내린 명령을 지키지 않은 것을 심하게 질책했다. 파머는 그러나 네페르티티 흉상은 이미 반환 논란의 중심에 서 있는 것을 알고 있었다.

▌왕궁 주소지가 너무나 자주 바뀐 네페르티티

'미인이 오다'는 뜻의 네페르티티는 1912년 12월 이집트 카이로에서 150킬로미터 남쪽 유적지인 투트메스 공방工房에서 긴 잠에서 깨어난 직후 납치되어 배를 타고 바다를 건넜다. 독일의 고고학자 루트비히 보르하르트가 발굴해 잡동사니 속에 숨겨 몰래 반출했던 것이다. 이후 보르하르트는 발굴 후원자였던 유대계 독일 기업인 제임스 시몬James Simon, 1851~1932에게 네페르티티 흉상을 선물로 주면서 1913년부터 독일에 체류하게 되었다. 네페르티티는 시몬 저택에 머물다 다른 발굴 예술품과 함께 베를린 박물관으로 갔다가 도굴과 반환 논란에 잠시 모습을 감추었다.

네페르티티 발굴 후원자인
유대계 독일인 제임스 시몬

1920년 베를린 박물관에 영구 기증되었고, 1923년 일반에 모습을 드러내다가 1924년 베를린 이집트박물관에 공개되었다. 네페르티

06 헝가리 '건국의 아버지' 이슈트반 1세(975?~1038)의 왕관을 일컫는다. 제2차 세계대전 종전 무렵, 헝가리군이 소련군에게 약탈당할 우려가 있다는 이유로 이 왕관을 미군에게 맡겼다. 그러나 헝가리가 소련의 위성국이 된 냉전 시절 미국이 돌려주지 않다가 1978년 카터 행정부 때 반환했다.

티의 흉상은 자태를 드러내자마자 아름다움의 아이콘으로 금세 유명해졌다. 왼쪽 눈이 미완성이지만 너무나 사실적이어서 고대 이집트 여왕이 여전히 살아 있다며 큰 화제를 불러일으켰다. 부활한 네페르티티는 1939년 전쟁이 일어나 박물관이 휴관될 때까지 베를린 신박물관Neues을 궁궐로 삼았다. 그녀의 흉상은 '10대 약탈 유물'에 그리스의 엘긴 마블스Elgin Marbles, 람세스 미라 등과 나란히 올랐다(<타임>, 2009년 3월 5일자 기사).

1939년 제2차 세계대전 발발과 함께 베를린 박물관이 폐쇄되면서 안전을 위해 모든 소장품이 분산되었다. 네페르티티 흉상은 프로이센 정부 은행 금고에 피신되어 있다가 1941년 가을 베를린 끝단의 대공포탑 벙커로 자리를 옮기면서 곡절 많은 이동이 본격화되었다. 한때 그녀의 흉상이 자리를 지켰던 베를린 신박물관은 1943년 영국 공군의 포격으로 내부가 훤히 보일 정도로 파괴되었다. 1945년 3월 6일 이 흉상은 독일 중부 메르커스 소금 광산으로 다시 이동했다.

1945년 4월 미국 육군이 발견한 네페르티티 흉상은 MFAA 부대로 인계되었다. 프랑크푸르트에 있는 라이히스 은행 금고로 옮겨졌다가 8월에 배를 타고 마인강과 라인강을 따라 미군의 중앙수집소가 있는 비스바덴으로 이동했다.

네페르티티 흉상을 살펴보는 MFAA 요원 케네스 C.린시 (워싱턴 D.C. 국립미술관 기록보관소)

미국이 네페르티티를 관리하게 되자 이집트 정부는 반환을 강력하게 요청했다. 하지만 미국은 이집트에 새 독일 정부와 이 문제를 논의하라며 이 흉상을 서독 정부에 넘겼다.

네페르티티 흉상은 비스바덴 박물관에서 1946년부터 10년간 일반인에게 공개되었다가 1956년 서베를린으로 넘어가 다렘Dahlem 미술관에 전시되었다. 동독은 1946년 초부터 네페르티티 흉상을 전쟁 발발 이전에 있던 곳인 동베를린으로 반환하라고 요구했지만, 서독은 이를 무시했다. 1967년 흉상은 서베를린 교외인 샤를로텐부르크에 있는 이집트 박물관에 자리를 잡고 2005년까지 있다가 베를린 구박물관Altes으로 옮겨갔다. 2009년 10월 베를린 신박물관이 재개관하면서 70년 만에 원래 자리로 돌아왔다.

네페르티티가 머나먼 이국땅 독일에서 제대로 된 왕궁을 마련하지 못하고 옮겨 다닌 상황을 보면 독일이 주장하는 대로 자국 문화의 일부이거나 국보로서 제대로 대우했느냐에 대해서는 의문을 제기하지 않을 수 없다.

네페르티티를 소재로 한 1989년 독일 우표

이집트의 반환 요구에 독일은 "네페르티티는 이미 독일 문화의 일부가 되었다"라며 꿈쩍도 하지 않는다. 그녀의 흉상은 엽서로, 또 얼굴은 1989년 독일에서 우표로 제작될 정도로 사랑을 받았다.

이집트의 문화재 환수 운동 단체인 '네페르티티 여행Nefertiti travels'의 연대기에 따르면, 1989년 호스니 무바라크 전 이집트 대통령은 "네페르티티는 베를린에 있는 최고의 이집트 대사"라고 말하기도 했다.

끊임없이 주소지가 바뀌기는 했지만, 네페르티티가 독일에서 가장 유명한 이집트 출신 여성이자 고대 이집트 예술의 우수성을 증명하는 홍보대사인 것만은 분명하다.

이집트의 끊임없는 반환 요구에도 꿈쩍 않는 독일

네페르티티 흉상처럼 전쟁 전에 독일이 보유한 다른 나라 출신의 유명 유물의 운명은 약간씩 엇갈린다. 전쟁 후 MFAA의 손에 들어갔던 네페르티티 흉상은 이집트의 반환 요구를 물리치고 서독으로 반환되었다. 반면 소련 전리품 부대가 약탈한 '트로이 보물'은 독일로도, 출신국인 터키로도 반환되지 않았고, 소련을 계승한 러시아가 자국의 컬렉션으로 선언했다. 역시 오늘날 터키 땅에서 제국주의 독일이 가져온 '페르가몬 제단'은 소련 전리품 부대가 가져갔다가 동독을 위성국가로 계속 붙잡아두려는 '외교적 당근'으로 반환했다. '제우스 신단'으로도 불리는 페르가몬 제단은 통일 이후에 독일 문화재가 되었다.

독일 박물관에 전시 중인 네페르티티 흉상은 100년도 되지 않은 위작이라는 의혹이 한때 제기되었다. 고대 이집트인들이 경외했던 파라오의 왼쪽 눈을 완성하지 않았다든가, 최초의 과학적 보고서가 발굴 후 11년 만에 나왔다는 점이 그 정황으로 거론되었다. 또 일부에서는 진품은 히틀러가 개인 소장으로 가져갔다거나 제2차 세계대전 중에 파괴되고, 복제품을 전시하고 있다는 이야기가 돌았고 이에 관한 기사가 대대적으로 보도되기도 했다.

그러나 베를린 샤리테 병원에서 2009년 네페르티티 흉상을 의료용 컴퓨터로 정밀 촬영해 분석한 결과 흉상은 석회석으로 만들었고, 얼굴은 벽토로 만들었다는 사실이 밝혀졌다. 내부의 석회석이 3300년 전의 것으로 밝혀지면서 이러한 진위 논란이 사라졌다(미국 〈abc〉 뉴스 2009년 4월 3일자 기사).

이러한 네페르티티 흉상에 대해 이집트의 환수 노력은 끊이지 않고 있다. 전 이집트 문화재청장 자히 하와스Zahi Hawass는 반드시 환수해야 할 유물 다섯 가지 가운데 하나로 네페르티티 흉상을 꼽으면서 2005년부터 유네스코에 반환에 개입해달라고 요청하는 등 회복 운동을 본격화했다.

2009년 당시 버락 오바마 미국 대통령과 함께 피라미드와 스핑크스를 둘러보는 자히 하와스(왼쪽)

2007년 네페르티티 흉상이 환수되지 않으면 독일에서 이집트 유물 전시를 금지하겠다고 위협하고, 전 세계에 독일 박물관에 대해 유물 대여를 금지하자고 촉구했지만 효과가 없었다. 그는 2012년 가자 대피라미드 인근에서 새로운 대이집트 박물관 개관에 맞춰 네페르티티 흉상을 대여 형식으로 초청하면서 '네페르티티 여행'이라는 환수 운동을 전개했다. 하와스는 또 베른트 노이만 독일 문화부 장관에게 반드시 되돌려주겠다며 대여를 부탁하는 공개 서한도 보냈다. 그러나 독일은 그녀가 한번 이집트로 들어가면 영영 돌아오지 못할 거라며 전혀 응하지 않았다(<더 타임스The Times>, 2009년 10월 20일자 기사).

반환 운동이 힘을 받지 못한 것과 관련해 하와스는 "네페르티티 흉상이 고대 이집트의 약탈 유물로 받아들이지 않기 때문"이라고 말했다(<내셔널 지오그래픽>, 2007년 4월 8일자 기사).

이집트에서 유물의 반출 허가 제도가 도입된 것은 네페르티티가 출국한 지 17년 뒤인 1929년부터다. 그렇다고 네페르티티, 그녀가 당시 이집트 정부의 공식 허가를 받아 여권을 들고 당당하게 독일로 간 것은 더더욱 아니다.

3

소련의 트로피 여단

“보이는 대로 가져와라” 소련의 ‘트로피 여단’

나치에 기습당한 소련, “국민 불안, 미술품 대피 안 돼”

1941년 6월 22일, 나치 독일군이 소련 국경선을 기습적으로 넘었다. 갑작스러운 침공은 평범한 소비에트 연방공화국(소련) 국민뿐 아니라 국가 지도자들에게도 큰 충격이었다. 아돌프 히틀러와 마찬가지로 20세기 최악의 독재자인 이오시프 스탈린Joseph Stalin, 1879~1953은 나치 독일과 맺은 독소불가침조약과 히틀러를 믿었고, “조만간 공격이 있을 것 같다”라는 수많은 경고를 무시했다. 전쟁 첫날 새벽 4시, 독일 공군이 오늘날 우크라이나의 수도인 키예프를 공습했다. 이어 나치 탱크가 줄지어 소련 영토로 점점 더 깊이 쳐들어

이오시프 스탈린

왔다. 전쟁 발발 첫 며칠 동안 소련군은 전혀 준비되지 않았다.

나치의 기습 공격에 소련은 놀랐고, 혼란스러워 미술관 컬렉션 대피는 주요 관심사가 아니었다. 때때로 대피시키기는 했지만, 매우 비효율적이었다. 나치군이 키예프의 문턱에 들어섰을 때 지방 관료들은 미술관과 박물관 직원들에게 금속으로 만든 것을 먼저 대피시키라고 명령했다. 그 결과 미적 가치나 중요성이 거의 없는 19세기 청동 촛대들은 대피했지만, 르네상스 시대의 그림들은 미처 대피하지 못했다. 또 컬렉션을 대대적으로 대피시키지 않은 것은 소련 공산당 관료와 군부의 강압적인 조치에 따른 것으로, 국민에게 전쟁 상황이 그렇게 절망적인 상태가 아니라는 것을 보여주고자 미술품 대피를 금지했다.

오늘날 상트페테르부르크인 당시 레닌그라드[07] 외곽 핀란드만의 휴양 도시 페테르고프Petergof[08] 컬렉션은 나무 상자에 포장되어 이동할 준비를 갖추었다. 하지만 비밀경찰인 국가보안위원회KGB의 전신 내무인민위원회NKVD 장교들이 미술관 직원들을 향해 '패배주의자'라고 비난하면서 "용맹한 볼셰비키 적군(赤軍, 소련 정규군)이 적에게 항복하리라고 생각하느냐"라며 질책했다. 이에 대피가 중단된 수많은 미술관 컬렉션은

07 제정 러시아 시절에 '페트로그라드(Petrograd)'로 불리다가 소련을 세운 레닌이 사망하자 그를 기려 1924년부터 도시 이름을 레닌그라드(Leningrad)로 바꾸었다. 소련이 무너진 이후인 1991년 상트페테르부르크(Sankt-Peterburg)로 다시 변경되었다. 1917년 10월 혁명 이후 수도가 모스크바로 바뀌었지만 여전히 '문화 수도'로 불린다.

08 페테르고프는 오늘날 페트로드보레츠(Petrodvorets)로 불린다. 핀란드만에 접한 이곳에 표트르 대제가 1715년부터 궁전을 짓기 시작하면서 왕족과 귀족의 궁전과 별장 수십 동이 들어서 있었지만 제2차 세계대전 때 크게 파괴되었다.

상트페테르부르크 위치도

나치가 점령한 영토에 그대로 남았다.

반면, 나치는 전쟁 첫날부터 히틀러가 오스트리아 린츠에 세우려는 총통미술관을 장식하기 위해 소련 미술관을 털어갈 준비가 되어 있었다. 1941년 여름부터 히틀러가 신뢰하는 총통미술관의 컬렉션 수집 책임자인 한스 포제는 레닌그라드 컬렉션 전문가인 폰 홀스트를 택해 소련 미술관들의 소장품을 선별해 가져갔다.

그해 10월, 나치 약탈 부대 로젠베르크 제국사령부ERR 수장 알프레트 로젠베르크는 히틀러에게 폰 홀스트를 자신의 휘하에 두도록 요구하는 서한을 보냈다. 당시 소련에서 약탈한 문화 예술품을 베를린으로 이동하는 책임을 맡은 ERR가 약탈과 운반의 효율성을 높이기 위해서였다.

▌'슬라브 문화'를 파괴한 나치, 커튼도 바닥도 떼어가

레닌그라드는 점령당하지 않았지만, 그 외곽에 있던 유명 황제의 별궁들은 나치에게 점령되어 약탈당하고 파괴되었다. 예카테리나 2세Ekaterina II, 1729~1796의 궁전 컬렉션은 모두 강탈되었다. 나치는 벽에 붙어 있는 목제 장식과 중국산 비단 커튼도 떼어내 가져갔다. 정교하게 장식된 마룻바닥도 해체해서 싣고 갔다. 알렉산드르 1세의 궁전은 오래된 가구와 프랑스어로 된 서적 7000~8000권, 러시아어로 적힌 원고와 서적 5000권이 강탈되었다.

예카테리나 2세 궁전의 호박방(1917년 모습)

약탈되지 않은 문화재와 예술품은 무차별적으로 파괴되었다. 게르만족 우월주의에 빠진 나치는 슬라브Slavs 문화를 증오했고, 더욱 잔학하게 대했다. 슬라브 민족은 원시적이며, 제3제국을 위해 고된 노동에나 적합하다고 여겼다. 슬라브 문화를 열등하다고 믿었던 나치는 이를 체계적으로 파괴하면서 거의 보존하지 않았다. 소련을 침략한 나치 독일은 러시아 정교회에 불을 지르고, 박물관과 미술관 427곳, 도서관 약 4000곳을 약탈하고 1억 1000만 권의 도서를 불태웠다. 약탈한 작품들은 히틀러가 계획했던 총통미술관의 벽을 장식할 예정이었다.

차이콥스키 박물관 내부

게르만적이지는 않지만 '열등한' 슬라브 문화에도 너무나 좋은 것들이 많았다. 예컨대 모스크바에서 레닌그라드로 가는 길목에 있는 도시 클린의 차이콥스키 박물관과 그 소장품은 모두 우수했지만 너무나 슬라브적이어서 나치에게는 보존할 가치가 없었다. 박물관 컬렉션은 약탈당하거나 불태워졌고, 건물은 군용 차량 정비소로 사용되었다.

러시아 황제들의 피서지로 별궁들이 모여 있는 '황제의 도시' 차르스코예 셀로Tsarskoye Selo의 예배당은 차고로 바뀌었고, 예카테리나 2세가 아들 파벨 1세에게 선물한 러시아 고전주의 건축의 걸작인 파블롭스크는 마구간으로 쓰였다. 1944년 소련군이 되찾았을 때 대궁전은 폐허가 되어 있었다. 예카테리나 궁전에 있는 세계 8대 불가사의로 꼽히는 호박방의 내부 장식물이 나치에게 약탈당했다고 러시아는 여전히 믿고 있다.

이런 상실된 컬렉션 대다수는 온전하게 카탈로그로 복원할 수 없다. 긴급했던 당시 도난 물건을 책으로 엮거나 통계를 낼 수 없어 그 전모를 파악하기 어렵지만, 성상과 그림, 공예품 등이 부지기수로 약탈당하면서 사회주의 종주국이라는 국가적 자부심이 여지없이 훼손되었다.

소련도 약탈 부대 운영… 약탈 목록 작성도

1942년 11월 2일 소련 최고인민회의 상임위원회 명령으로 인민위원회 산하에 '독일 파시스트 침략자 및 공범이 저지른 범죄 확인과 조사를 위한 국가 특별위원회ChGK'가 설치되었다. 전쟁 기간 소련이 입은 피해를 평가하고, 전쟁 범죄자들을 처벌하고 피해를 보상받기 위한 것이 설립 목적이었다. 국가 기구인 특별위원회 자체 자료에 따르면 이 위원회에 참가한 정규 조직원은 3만 2000여 명이었고, 한창 시절에는 민간인 700만 명이 자료와 증거 수집에 참여했다. 위원회가 낸 보고서 27건은 전후

뉘른베르크 재판과 일본 전범 재판에서 소련 측의 기소 증거 자료로 활용되었다. 보고서는 1943년 6월 28일 처음 발간되었고, 1945년 9월 18일 발간이 마지막이었다.

특별위원회 조사에 따르면, 나치와 전쟁을 치르는 4년 동안 사라졌거나 파괴 또는 훼손된 미술관 물품은 56만 4723점에 이른다. 전쟁이 막바지로 향하자 특별위원회는 소련 전문가들에게 약탈당한 회화, 조각, 공예품 목록 작성과 함께 등가等價의 독일 컬렉션 목록을 만들라는 명령을 내렸다.

1945년 2월 25일, 소련방위위원회는 유럽에서 귀중품을 훔쳐 가져오기 위한 '독일특별위원회'를 설립했다. 독일특별위원회는 유명 문화 및 예술 기관 종사자들인 미술, 미술사, 극장, 공예 등의 전문가들로 구성되었다. 이들은 민간인이었고, 임무는 비밀리에 진행되었다. 연합군의 의심을 받지 않게 군복을 입었고, 정규군 속에 섞였다.

이들이 소련의 전리품 부대인 '트로피 여단Trophy Brigades'으로, 점령지에서 귀중품은 무엇이든지 소련으로 가져갔다. 나치 독일이 무너진 지 수개월 만에 소련 점령지인 독일 동쪽으로 수천 명이 넘어와 작품들을 마구 모아 모스크바로 보냈다. 물론 소련에 가장 절실하게 필요한 점령지의 산업 시설도 독일의 재무장을 막는다는 구실로 뜯어갔다.

스탈린도 세계미술관 구상, 약탈품으로 채울 계획

1945년 소련 적군이 베를린에 들이닥쳤다. 이들은 점령지의 미술관 소장품이 풍부한 것을 발견했다. 미국과 영국의 공습에 대비해 나치가 대피소에 숨겨둔 컬렉션도 찾아냈다. 가장 중요한 수집 대상은 산업 시설과 전략 물자들로, 이런 것을 소련으로 옮기는 것이었지만 예술품도 그 대상이었다. 트로피 부대가 약탈한 주요 대상물은 미적 가치가 거의 없는 청동 제품으로, 나중에 모스크바에서 다 녹여버렸다.

처음에 소련은 약탈당한 예술품에 대해 나치 독일 미술관으로부터 같은 가치의 예술품으로 보상받고자 했다. 수많은 작품이 파괴되거나 약탈당했기에 2급 예술품을 훔치는 것은 의미가 없다는 결정에 따른 것이었다(〈아트뉴스Artnews〉, 2007년 11월 1일자 기사). 소련 전문가들이 작성한 등가리스트에는 독일뿐만 아니라 오스트리아, 헝가리, 루마니아, 이탈리아에 있는 작품이 포함되었고, 대다수는 뮌헨, 베를린, 드레스덴, 라이프치히, 함부르크와 같은 대도시 미술관 소장품이었다. 최종적으로 이 등가물의 가치는 1940년대 중반 가치로 7058만 달러로 추산되었다. 이 계산법에 따르면 독일에 있는 라파엘로의 '시스티나 성모Sistine Madonna'는 200만 달러, 최고가는 '페르가몬 제단Pergamon Altar'으로 750만 달러, 가장 싼 것은 베를린에 있는 이집트 컬렉션의 칼로 200달러로 평가했다.

**'이고르 그라바르 초상화'.
보리스 쿠스토디예브의 1916년 작
(상트페테르부르크 미술관 소장)**

특별위원회에서 활동한 유명 화가이자 미술사학자 이고르 그라바르Igor Grabar, 1871~1960는 등가 교환에서, 북유럽 대표적

소련이 약탈했다가 반환한 라파엘로의 1513~1514년 작품 '시스티나 성모'(드레스덴 미술관 소장)

르네상스 화가인 독일 출생의 한스 발둥 그린Hans Baldung Grien, 1484?~ 1545의 작품 한 점은 '아들' 루카스 크라나흐Lucas Cranach der Jüngere, 1515~1586 그림 한 점과 가치가 같다는 식으로 등급을 매겼다.

등가 교환은 합당한 것처럼 보였지만, 가치를 알아보기가 쉽지 않다는 점에서 문제가 있었다. 복잡하고 어려운 등가 약탈 난제에 대해 소련은 간단한 해결책을 생각해냈다.

“모든 것을 다 가져오라.”

소련은 단순히 상실한 것을 대체하는 차원을 넘어 ‘처벌’의 형태로 모든 문화재를 가져오는 것으로 정책을 바꾸었다. 스탈린도 히틀러처럼 약탈 예술품으로 가득 채우는 미술관을 구상했다. 모스크바에 ‘세계미술관World Museum of Art’을 설립하려는 구상이었다고 러시아 미술사학자 콘스탄틴 아킨샤Konstantin Akinsha와 그리고리 코즐로프Grigorii Kozlov의 공저 『아름다운 약탈: 소비에트의 유럽 예술품 탈취Beautiful loot: The Soviet plunder of Europe's art treasures』(1995)에서 밝히고 있다. 이런 구상은 히틀러가 린츠에 세우려던 총통미술관 계획과 비교할 만하다. 군대를 동원한 전시 약탈품으로 미술관 컬렉션을 구축하겠다고 생각한 것은 나치 독일의 히틀러와 소련의 스탈린의 공통점이다. 이들은 모두 20세기 가장 괴물 같은 전체주의 정권이라는 면에서도 같다.

“러시아의 수많은 빼어난 예술품을 파괴하거나 약탈한 독일 파시스트 야만인들은 그들의 범죄에 책임을 져야 한다. 추축국 미술관은 놀라운 대작들로 가득한데 이는 보상으로써 소련으로 가져와야 한다. 추축국 귀중품을 모두 한곳에 모아 러시아의 영광을 보여줄 수 있는 완벽한 기념물 역할을 할 수 있어야 한다.”

위의 글은 러시아 현대사 문서보관센터 자료에 실린 세계미술관 설립 취지이다. 소비에트의 초대형 미술관 설립 구상은 그들이 추구한 정치

이념인 마르크스주의 관점이 아니라 다분히 민족주의적이다. 침략자들에게 맞서 국민이 단합해 싸워 이겼다는 점을 강조하려는 의도다. 다행히 세계미술관은 총통미술관과 마찬가지로 설립되지 않았다.

노다지를 발견한 '트로피 여단', 모두 모스크바로 이동

트로피 여단은 점령지에서 발견한 귀중품은 무엇이든지 소련으로 옮겼다. 주요 이동 수단은 기차였지만 선박과 항공기도 동원했다. 1945년 모스크바에 있는 푸시킨Pushkin 미술관은 작품이 든 상자를 무려 500개나 받았다. 작품이 너무 많아 처리할 수 없었던 푸시킨 미술관은 레닌그라드에 있는 국립 에르미타주Hermitage 미술관으로 상자들을 보냈다. 1946년 상반기 독일 도서관에서 약탈한 도서와 기록물 등 1만 2500상자와 함께 가져온 귀중품들은 모스크바에 있는 국립역사박물관과 에르미타주 미술관뿐만 아니라 멀리 중앙아시아 투르크메니스탄과 타지키스탄까지 보내졌다.

소련 전리품 부대는 베를린 동물원 대피소에서 포장된 예술품 상자들을 대거 발견했다. 나무 상자에는 히틀러 개인 컬렉션에서 나온 프랑

푸시킨 미술관(왼쪽)과 에르미타주 미술관

스 화가 르누아르Auguste Renoir, 1841~1919의 1876년 작품 '계단에 선 여성Woman on a Stairway', 드가의 '산책', 쿠르베, 디에고 벨라스케스Diego Velázquez, 1599~1660 등의 작품 수십 점이 나왔다.

시멘스 컬렉션에는 마네의 '검은 옷의 두 여인'을 비롯해 들라크루아Eugène Delacroix, 1798~1863의 꽃 그림, 스위스 태생의 상징주의 화가 페르디낭 호들러Ferdinand Hodler, 1853~1918가 그린 누드화 등이 있었다. 프랑스 사실주의 풍자화가 오노레 도미에Honor Daumier, 1808~1879가 1850~1853년에 그린 '세탁부The Laundress'와 '혁명', 고야의 여성 초상화, 쿠르베의 풍경화, 드가의 발레리나가 공습 대피소에서 발견되었다.

세 개의 상자에는 베를린 '선사 및 초기 역사박물관'에서 나온 고고학 보물이 가득했다. 베를린 북쪽 에베르스발데의 BC 6세기 유물, 콧부스 AD 5세기 유물 등이었다. 한 상자에는 구박물관Altes에서 나온 보석으로 가득 차 있었다. 이곳에서 발견된 상자들은 모스크바로 이동했고, 대다수는 여전히 소련을 계승한 러시아에 남아 있다.

전쟁 기간 많은 독일 미술관은 소장품들을 꼭꼭 숨겼다. 1945년 대공습이 시작되자 대다수 걸작들을 박물관 지하창고나 대피소 및 동굴 등으로 옮겼다. 트로피 여단은 소비에트 적군의 진격에 맞춰 숨겨진 예술품을 찾아다녔다. 이들이 활동을 시작한 지 얼마 지나지 않아 호엔발트 마을의 지하 대피소에서 대규모 컬렉션을 발견했는데, 이 소장품들이 처음으로 독일에서 소련으로 이동한 중요 예술품들이다. 이어 수개월 동안 트로피 여단의 이와 비슷한 탐색이 계속 이어졌다. 전리품 부대

01

02

01 도미에의 1850~1853년 작품 '세탁부'
(푸시킨 미술관 소장)

02 르누아르의 '계단에 선 여성'
(에르미타주 미술관 소장)

는 소련 점령지의 미술관과 개인 소장품들을 싹쓸이했다. 250만 점의 예술품과 1000만 권의 도서와 원고를 가져갔다. 여기에는 대가의 작품, 구텐베르크Johannes Gutenberg, 1397~1468가 인쇄한 성경들, 메로빙거 왕조Merovinger dynasty, 5~8세기 프랑크 왕국 최초의 왕조의 보물과 같은 국가적 자부심의 유물도 싹 가져갔다.

냉전의 서막

소련의 비밀 약탈은 연합군 불신의 시작

소련이 전리품 부대, 즉 트로피 여단을 창설한 목적은 미국, 영국, 프랑스 등 다른 연합군뿐만 아니라 소련도 참여하는 연합군통제위원회ACC의 목적과 배치된다. 나치 약탈품이 발견되면 ACC는 예술품을 합법적 소유자나 그 국가에게 반환했다. 그러나 소련은 트로피 여단 임무가 연합군의 목표와 달라 비밀리에 운영했다.

1945년 독일 드레스덴에서 가져온 미술품 상자들을 내리는 러시아 사람들 (출처: 러시아 푸시킨 미술관)

트로피 여단의 활동이 연합국에 알려지자 소련 적군은 드레스덴에서 예술품을 모아 모스크바로 실어 나르는 작업에 박차를 가했다. 나치가 약탈한 컬렉션을 찾아 모아 반환하던 연합군 MFAA는 나치가 소련에서 약탈한 것을 되돌려주었기에 독일에 남은 소련 문화재는 거의 없었다. 그러나 소련은 자신들이 약탈한 예술품이 나치 독일의 재산인지, 개인 소장품인지에 상관없이 가져감으로써 논란을 일으켰다. 적군이 약탈한 예술품 상당수는 나치의 약탈품이었고, 곧 홀로코스트 희생자들의 유물이었다.

전쟁 기간 소련이 계속해서 그리고 의도적으로 점령지에서 저지른 문화재 약탈 행위를 같은 승전국인 미국과 영국, 프랑스에 숨겼다는 것은 전쟁이 끝나기도 전에 두 진영이 서로 불신했다는 것을 보여준다. 전리품 부대를 비밀리에 운영한 것은 소비에트가 서방 국가들을 공개적이지는 않지만, 적으로 간주했다는 의미다. 냉전은 제2차 세계대전이 끝나기도 전에 서막이 올랐다.

소련 정부는 처음에는 전리품으로 획득한 대규모 문화재 및 예술품 확보 사실을 비밀로 유지했지만, 1946년 스탈린이 소련 영향권에서 공산주의와 사회주의 정당을 단합할 목적으로 이 정책을 바꾸었다. 소련은 점령한 다른 나라들을 '괴뢰 국가'로 두면서 동독과 폴란드 같은 위성국가는 소련에 반환 목소리를 내지 못했다.

소련의 '구조' 선전 그리고 드레스덴 컬렉션의 반환

1950년대 초기부터 소련은 동유럽 괴뢰 국가들과 소통하면서 동독에는 드레스덴 미술관에서 약탈한 걸작을 포함해 전리품으로 획득한 예술품 반환 문제를 논의했다. 이와 동시에 소련 정부는 약탈한 예술품을 나치 독일이 동굴에 처박아 썩혔다고 비난하면서 반쯤 훼손된 작품들을 소련

1955년 '드레스덴 미술관의 걸작' 전시회를 보려고 줄서 기다리는 모스크바 시민들 (출처: 러시아 푸시킨 미술관)

군이 '구조했다'라는 식으로 선전했다.

연장선에서 승전 10주년이던 1955년 푸시킨 미술관은 드레스덴에서 구출한 걸작 전시회를 열었다. 개막식에서 니콜라이 미하일로프 당시 문화부 장관은 "걸작들은 한 번은 용맹한 적군이 나치로부터, 또 한 번은 미술관 복원 전문가에게 훼손 위기에서 두 번 구조되었다"라고 자화자찬했다. 전시회가 끝난 다음 작품들은 동독으로 반환되었고, 동독의 베를린에서 처음 전시회가 열렸다. 그런 다음 드레스덴으로 반환되었다. 소련이 구조했다고 하지만 복원 작품의 상태는 조악했다고 한다.

1957년 소련과 동독은 「소비에트 연방에 일시 보관된 동독 문화재에 관하여」라는 포고령을 채택하고, 소련이 동독에서 훔쳐간 문화재와 독일이 소련에서 약탈한 예술품의 반환을 촉진하기 위한 위원회를 꾸렸다.

소련 문화부의 공식 집계에 따르면, 261만 4874점의 예술품이 전리품으로 소련에 들어와 전역으로 흩어졌다. 걸작을 구조했다는 신화를 이어가기 위해 소련 미술관들은 상태가 매우 열악한, 독일에서 강탈한 예술품 복원 프로젝트를 수행하느라 골머리를 앓았다. 반면에 동독은 소련에 반환할 만한 것이 거의 남아 있지 않았다.

1959년까지 동독에 반환된 예술품은 156만 9176점이었다. '페르가몬 제단'이 포함되었지만, 트로이 보물은 제외되었다. 여전히 100만 점 이상이 소련에 전리품으로 남았지만, 1960년 소련은 예술품 반환은 그만하겠다는 결정을 내렸다. 예술품 존재를 알리고 반환함으로써 생기는 이득과 비밀리에 서방과의 외교적 협상 도구로 사용하면서 챙길 수 있는 이익을 저울질한 결과로 보인다. 특히 서방과의 협상 카드로 사용하기 위한 것이란 관측에 무게가 실린다. 동시에 소련 정부는 국가 기밀로 분류하면서 전리품으로서의 문화재와 예술품이 존재한다는 사실을 부정하기 시작했다.

그 이후에는 반환도 과거의 떠들썩하게 한 것과는 달리 조용하게 진행되었다. 1967년 다시 한번 반환이 이루어졌다. 이번에는 드레스덴에서 가져온 예술품 수십 점을 소련이 동독에 조용하게 돌려주었다. 마지막 반환이 이루어진 1986년까지 이런 식으로 처리했다. 그런 과정에서 전리품으로 획득한 예술품을 비밀리에 보관하는 창고가 소련에 있다는 폭로가 나왔고, 1991년 10월 니콜라이 구벤코 문화부 장관이 이를 인정했다. 하지만 트로이 보물에 관한 질문에는 행방을 모른다고 잡아뗐다.

소련이 무너진 지 몇 년이 흐른 1995년 초, 모스크바에 있는 푸시킨 미술관과 상트페테르부르크에 있는 에르미타주 미술관은 서방에서 실종된 작품을 엄선하여 경쟁적으로 전시회를 열었다. 푸시킨 미술관은 전시회를 열면서 나치에 대한 러시아의 승리와 초토화된 지역에서 작품 보존을 의미한다는 뜻으로 '두 번 구조'라고 이름 붙였다. 전시회 시기는 러시아가 나치 독일에 싸워 승리한 50주년에 맞춘 것으로, 우연은 아

엘 그레코의 1597~1607년경 작품
'세례자 요한'(샌프란시스코 미술관 소장)

마네의 1879~1890년경 작품
'로지타 모리의 초상화'
(푸시킨 미술관 소장)

니다. 푸시킨 미술관은 그리스에서 태어난 스페인 화가 엘 그레코El Greco, 1541~1614의 '세례자 요한John the Baptist'과 마네Edouard Manet, 1832~1883의 1879년에서 1890년경의 작품 '로지타 모리의 초상화Portrait of Rosita Maury'를 비롯해 아버지 루카스 크라나흐, 베로네세, 드가, 도미에, 르누아르, 틴토레토, 고야의 작품과 스케치 등 63점을 전시했다.

몇 주 뒤에 에르미타주는 전시회에서 모네, 고갱, 세잔, 르누아르, 반 고흐 등 인상파와 후기 인상파 74점을 선보였다. 많은 전시 작품은 개인 소장품에서 약탈한 그림이라 그동안 일반 대중에게 한 번도 공개되지 않았던 것들이었다. 이에 〈뉴욕타임스〉는 1995년 3월 30일자 기사에서 전시회를 약탈 문화재와 관련해 갈지자 행보를 한 러시아가 정직

르누아르의 1880년 작품 '국화와 일본 부채'(푸시킨 미술관 소장)

성을 보인 큰 도약이라고 평가했다. 특히 푸시킨 미술관이 전시한 고야의 '카니발'과 르누아르의 '국화와 일본 부채Bouquet of Chrysanthemums and a Japanese Fan' 두 점은 나치에 살해된 유대계 헝가리인 소유의 작품이라 비판이 집중되었다. 러시아는 가해자와 피해자의 차이를 구별하지 않았고, 그 작품들을 어떻게 확보했는지를 설명하지 못해 비난 세례를 받았다. 그럼에도 러시아 큐레이터들은 전시회 성공에 한껏 들떴다.

다음 해인 1996년 푸시킨 미술관은 트로이 최후의 왕 프리아모스의 이름을 딴 보석전을 열었다. 독일의 고고학자 하인리히 슐리만Heinrich Schliemann, 1822~1890이 오늘날 터키에서 발굴한 청동기 유물 260점을 선보인 것으로, 전시회가 열렸을 때 독일과 터키가 동시에 유물의 반환을 요구했다. 물론 러시아는 어느 측의 요구도 들어줄 의향이 없었다.

1998년 4월 보리스 옐친 대통령은 종전 이후 독일에서 러시아로 넘어온 모든 문화재는 법적으로 러시아 국가 재산이라고 규정하는 법률에 서명했다. 즉 러시아 정부의 허락 없이는 다른 나라나 원래 합법적인 소장자에게 반환하지 않겠다고 선언한 것이다. 이듬해 러시아 헌법재판소는 이 법률이 합헌이라고 지지했지만, 과거 나치 희생자가 소유했던 예술품에 대해서는 예외라며 회복의 길을 반쯤 열어놓았다.

회복의 '판도라 상자' 드레스드너 카탈로그 발견

2005년 독일과 러시아는 문화재와 예술품에 관한 협업을 강화하기 위해 '독일-러시아 문화 대화'를 출범시켰다. 이 조직에는 독일 미술관과 박물관 80여 곳과 푸시킨, 에르미타주와 모스크바 국가 기록물 보관소도 참여해 전쟁으로 파손되거나 위치를 이탈한 도서와 예술품을 복원하는 작업을 하고 있다. 실제로 이런 작업에는 상당한 과학 지식이 필요하다. 작품의 조각들이 러시아와 독일 전역의 미술관으로 흩어져 있어 전문가들이 작품을 파악해 외국 파트너들과 협업을 통해 적합하게 복원하고 출처를 밝히는 식으로 작업이 진행된다. 현재까지 이들은 훼손된 작품 1만 점 이상을 확인했고, 복원한 작품은 베를린 보데Bode 미술관이 소장한 비잔틴 작품과 조각품 수백 점을 포함해 상당수에 이른다.

출처가 확인된 복원 작품은 개인 소장가들에게 반환하기도 했고, 러시아에서 처음으로 크라나흐 전시회가 열리는 등 협업 전시회도 마련했다. 연구자와 역사학자들이 기록물과 역사의 파편들을 재조합하면서 미래를 짜고 있다.

그러나 국가 차원의 협상은 교착 상태에 빠져 있다. 예컨대 2013년 상트페테르부르크의 한 전시회 개막식에 앙겔라 메르켈 독일 총리가 참석해 연설하기로 한 일정이 갑자기 취소되었다. 블라디미르 푸틴 러시아 대통령도 참석하는 개막 행사에서 메르켈 총리가 연설에서 작품 반환을 요구할 것으로 알려지면서 러시아는 연설을 취소시켰다.

그 후로 반환 문제는 거의 언급되지 않고 있다. 그러나 최근 이러한 문제는 국가가 해결해야 한다는 틀에서 벗어나 비정부 문화 외교를 통해 해결하자는 흐름이 대세라고 브레멘대학 동유럽학 연구센터 소장인 볼프강 아이히베데Wolfgang Eichwede 교수는 지적한다. 그는 해결책으로 러시아 미술관은 그곳 소장품에 대해 더욱 투명해야 하고, 독일 정부는 이를 북돋우기 위해 공동 전시회 자금을 더 많이 지원해야 한다고 제안한다.

최근 푸시킨 미술관에서 그렐카 연구팀은 이른바 온전한 상태의 '드레스드너 카탈로그Dresdner catalogue'를 찾아냈다(<<아폴로Apollo매거진>, 2020년 1월 6일자 기사). 이는 히틀러의 총통미술관에 전시하고자 계획했던 예술

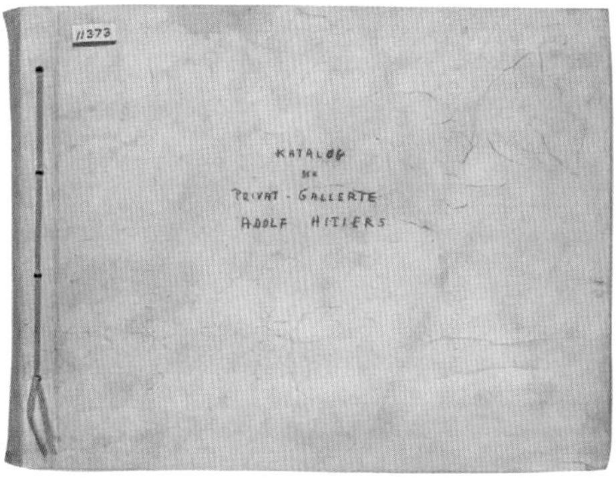

히틀러 예술품 카탈로그 표지(왼쪽)와 카탈로그 일부(출처: 미 의회 도서관)

품 1만 점의 색인 카드로, 약탈자들이 작성해 히틀러에게 보고한 앨범 형식의 자료다. 여기에는 작품 사진과 작가, 출처와 약탈 일시 등이 전쟁 기간임에도 꼼꼼하게 기록되어 있다. 상당수는 홀로코스트 희생자들의 소유물로, 출처에 관한 새로운 정보들을 제공할 수 있어 이목을 끈다. 이런 비밀을 품은 드레스드너 카탈로그를 러시아 정부가 공개하면 그동안 주인을 찾지 못한 수많은 작품의 회복을 위한 역사적이고 획기적인 '판도라 상자'가 될 것으로 기대한다.

소련 정부, 문화재 반환을 외교적 도구로 삼아

독일과 러시아는 정부 차원의 반환 문제는 난관에 부딪쳤지만, 사설 미술관과 개인들은 잃어버린 예술품을 맞바꾸거나 되찾아오곤 했다. 2001년 푸틴 대통령과 게르하르트 슈뢰더 독일 총리가 만났을 당시 평범한 러시아인 티무르 티메르불라토프는 파디우스 크리스토퍼가 그린 그림 한 점을 선의로 반환했다. 제2차 세계대전 이전에 드레스덴 미술관에 있었던 이 작품은 전쟁 동안에 사라졌다가 1992년 그가 구입한 것이다. 드레스덴 그림들은 트로피 여단뿐 아니라 개인들에게 도난당했을 가능성도 강력히 시사한다.

드레스덴 미술관은 또 러시아 국민의 선의로 그림 세 점을 돌려받은 적도 있다. 17세기 중반 화가 피터르 뮐리에르Pieter Mulier, 1610~1659의 '해변에서', 17세기 후반 게리트 룬덴스Gerrit Lundens, 1622~1686의 '무릎 위의 소녀', 막스 슬레포크트Max Slevogt, 1868~1932의 '붉은 수염의 기도자'였다. 이런 반환은 개인의 친절과 선의에 따른 것이라 한계가 뚜렷하다. 문화재와 예술품의 회복을 위해서는 두 나라의 외교적 노력으로 상호 이해를 높일 필요가 있다.

2000년 브레멘Bremen 미술관은 러시아 예카테리나 궁전과 협상했다. 100점 이상의 그림을 피렌체 모자이크 한 장과 호박방에서 나온 18세기 밤나무 서랍장 한 점과 맞바꾸었다. 그해 우크라이나가 베를린 음악 아카데미에 바흐 가문의 기록물 창고에서 나온 악보 원곡을 포함한 기록물들을 돌려주었다. 또 지난 10여 년간 독일과 오스트리아 도서관은 3만 권 안팎의 도서를 원래 소유자나 그 후손들에게 반환하거나 교환한 것으로 전문가들은 추정한다.

우크라이나 키예프의 미하일롭스키 즐라토베르히 성당Mikhailovskij Zlatoverhij Cathedral은 2001년 러시아로부터 12세기 프레스코 벽화 조각들을 돌려받았다. 이는 나치가 키예프에서 약탈한 것을 트로피 여단이 다시 약탈해 1953년부터 에르미타주에 보관했던 것들이다. 우크라이나가 소비에트 연방에서 독립했지만, 러시아의 관심 국가로 떠올랐기에 환수할 수 있었다. 동독이 100만 점 이상을 돌려받았던 반면, 우크라이나가 소련의 일원일 때 이런 문화재를 돌려받지 못한 것은 소련이 문화재 반환을 외교적 도구로 삼은 명백한 증거다. 전후 75년이 흘렀지만, 소비에트 연방공화국 적군이 나치 독일에서 빼앗아간 100만 점 이상이 여전히 오늘날의 수도 모스크바와 과거 제정 러시아의 수도 상트페테르부르크에 보관되어 있다.

러시아, 트로이 보물 반환 거부

러시아가 반환 거부한 '트로이 보물'

고고학자 하인리히 슐리만

호메로스의 장편 서사시 『일리아스Ilias』에 등장하는 BC 13세기경에 일어난 것으로 추정되는 트로이 전쟁은 단순한 전설이 아니라 실제로 일어난 사건이라고 믿었던 독일 아마추어 고고학자인 하인리히 슐리만은 1873년 고대국가 트로이 도시가 있었다고 추정되는 히사를리크Hissarlik 언덕을 발굴했다. 오늘날 터키 다르다넬스 해협과 접한 이곳에서 그는 다량의 금, 은, 청동, 토기를 찾아냈다.

발굴품 가운데 가장 유명한 것은 금으로 만든 두 개의 왕관으로 여왕이나 공주가 썼던 것으로 추정된다. 슐리만은 별다른 근거도 없이 트로이 마지막 왕의 이름을 따 '프리아모스 보물Priam's Treasure'이라고 불렀다. 그는 나중에 발굴 유물을 베를린으로 밀반출했고, 종종 '트로이 보물Trojan Gold'이라 칭했다. 이후 1881년 독일 정부에 그 보물을 기증했다. 베를린 박물관은

터키의 트로이 보물과 페르가몬 제단 발굴 위치도

영구 전시하겠다고 약속한 뒤 트로이 보물들을 제2차 세계대전 발발 직전까지 약 60년 동안 전시했다. 고고학자들은 후속 연구를 통해 슐리만의 발굴품이 트로이 전쟁 발생보다 1000년가량 더 앞선다고 결론을 내렸다.

놀랍게도 당시 슐리만은 트로이 보물을 제정 러시아 정부에 제공하겠다고 제안했지만, 러시아가 에르미타주 미술관에 전시하지 않겠다고 답하면서 슐리만은 이 제의를 거두어들였던 적이 있었다. 그러나 소련 트로피 여단은 이를 기억하고, 트로이 보물을 약탈 대상 목록 최상단에 올려놓았다.

트로이 보물 가운데 큰 왕관 (푸시킨 미술관 소장)

슐리만 부인 소비아가 머리와 목에 두른 트로이 보물들

독일은 제2차 세계대전이 발발한 1939년, 트로이 보물을 세 개의 상자에 담아 '선사 및 초기 역사박물관' 지하창고에 보관하다가 1941년 좀 더 안전한 프로이센 은행 금고로 옮겼다. 그래도 불안했던 박물관은 그해 하반기, 신축된 대공포탑 플라크트룸Flakturm이 설치된 베를린 동물원 대피소로 옮겼다. 트로이 보물들은 베를린 박물관의

베를린 동물원 대공포탑 플라크트루름 (1945년 5월)

많은 예술품과 함께 1945년까지 동물원 대피소에 숨겨져 있었다.

1945년 2월, 동물원과 탑에 남아 있는 모든 예술품을 소련 적군이 가져가지 못하도록 영국군과 미국군의 점령지인 엘베강 서쪽으로 이전하라는 명령이 내려왔다. 이 명령에 따라 대다수는 옮겼지만, 트로이 보물은 움직이기에 너무 위험하다는 이유로 옮기지 않았다. 미국 시카고에 있는 드폴DePaul 대학의 〈예술, 기술 및 지식 재산권 법 저널〉 2004년 가을호에 따르면, 히틀러가 죽자 유물을 잃어버릴 수밖에 없다는 사실을 깨달은 선사 및 초기 역사박물관 관장이자 열렬한 나치 추종자인 빌헬름 운페어자크트Wilhelm Unverzagt, 1892~1971는 트로이 보물이 흩어져서는 안 된다고, 새로운 관리 당국이 도착할 때까지 지키겠다며 그 곁을 떠나지 않았다. 그런 그가 소련 장교에게 트로이 보물을 순순히 넘겨준 것은 지금까지 논란이 되고 있다.

푸시킨 미술관이 소장한 트로이의 보물들

1945년 5월 26일 트로이 보물은 세 개의 상자에 담겨 트럭에 실려 사라졌다. 약탈품 대부분이 기차로 이동하는 것과는 달리 트로이 보물은 6월 30일 모스크바행 항공기로 이동하는 특급대우를 받았다. 열흘 뒤 푸시킨 미술관에 도착했다. 하지만 소련은 오랫동안 이 사실을 밝히지 않았고, 독일은 전쟁이 끝난 뒤 백방으로 트로이 유물을 찾았으나 허사였다.

종전 후 50년이 흐른 1995년에야 그 행방이 구체적으로 드러났다. 러시아 미술사학자 아킨샤 그리고 코즐로프가 지은 『아름다운 약탈』에서 푸시킨 미술관이 보관하고 있음을 폭로하자 러시아는 마지못해 트로이 보물을 소장하고 있다는 사실을 인정했다. 당시 트로이 보물은 푸시킨 미술관 안내 사무소 뒤쪽에 커튼으로 가려진 철문 뒤 금고에 숨겨져 있었다.

독일-러시아가 벌인 '제2의 트로이 전쟁'

독일은 트로이 보물을 포함해 소련이 가져간 예술품들에 대해 "고대 문화재는 독일 박물관에서 영구적으로 전시되었고, 독일인의 문화생활에 심대한 영향을 끼쳤다"라며 "독일 국민의 문화 정체성이자 역사"라고 반환을 요구했다. 독일은 또 러시아가 이 문화재들을 전시하지도 않았고, 러시아인에게는 문화적, 미적 가치가 없을 뿐만 아니라 적절하게 관리하지도 못하고 있다고 주장했다. 미카엘 노만 전 독일 문화부 장관은 "많은 독일 문화재가 러시아 수장고에서 상자에 담긴 채 썩고 있다"며 날을 세웠다.

독일의 반환 주장에 대해 러시아는 전리품으로서 예술품을 계속 가지고 있어야 한다고 맞대응하고 있다. 독일이 반환 문제를 제기하자마자 많은 러시아인, 특히 보수적이며 민족주의적인 단체들은 "러시아 국민은 나치 침공으로 당했던 고통과 사망자 약 3000만 명에 대한 보상으로 독일 문화재를 계속 보유해야 한다"고 강조했다. 러시아에서는 인명 피해는 문화재 상실과는 비교할 수 없다는 정서가 지배적이었다. 독일과 러시아의 이 같은 반환 공방을 언론들은 '제2의 트로이 전쟁'이라고 부르기도 한다.

에르미타주 미술관에 있는 슐리만의 트로이 보물 일부가 1998~1999년에 전시되었다. 운페어자크트의 바람과는 달리 트로이 유물은 러시아에서 분산되었다. 황금 왕관은 여전히 푸시킨 미술관에 있었고, 1996년 짧은 기간에만 전시되자 독일이 반환을 주장했다. 물론 터키도 반환 목소리를 높였다. 터키는 발굴 당시 슐리만으로부터 발굴품 절반가량을 받았으니 분쟁이 해결되었다는 시각이 우세하지만, 그래도 되돌려달라고 주장했다.

이에 1999년 당시 푸시킨 미술관장인 이리나 안토노바Irina Antonova, 1922~2020는 "트로이 보물은 러시아에 남아 있을 것"이라며 양측의 반환 주장을 일축했다. 2000년 푸시킨 미술관은 공식적으로 트로이 보물을 영구 소장품이라고 선언했다. 푸시킨 미술관 부관장 타탸나 포타포바Tatyana Potapova는 트로이 보물을 공개적으로 전시하지 않은 것과 관련해 "미술관은 독일의 반환 요구 때문이 아니라 공간이 부족해 영구 전시하는 데 오랜 시간이 걸렸다"라고 변명했다. 2001년 슈뢰더 정부 이후 독일은 러시아 정부와 반환 협상을 계속 추진하고 있다.

트로피 여단이 트로이 보물을 가져간 것이 절도이든, 전리품이든 어떻든 간에 대다수 학자는 소련이 1907년의 헤이그 협약을 위반한 상태라는 것에 동의한다. 헤이그 협약은 군사 점령 중에 반출한 것은 약탈에 해당하며 반환해야 한다고 규정하고 있다. 하지만 러시아 정부는 전혀 다른 윤리적 계산법을 적용했다. "러시아 마을 30곳이 지상에서 완전히 사라졌고, 미술관 수백 곳이 약탈되거나 재로 변했다." 옐친 대통령 시절 문화부 장관인 예브게니 시도로프는 1995년 〈AFP통신〉에 "누가 이런 손실을 배상할 것인가"라고 반문하면서 이젠 소련을 계승한 러시아 소유물이라는 목소리를 높였다.

독일의 반환 요구에 러시아가 응한다면 트로이 보물 발굴만큼이나 역사적인 사건으로 기록될 것이다. 수십 년의 세월이 흐르면서 이런 보관은 또 다른 의미를 지닌다. 프랑크 그렐카Frank Grelka 비아드리나 유럽대학 유럽역사학 교수는 "나치 독일로부터 약탈한 예술 전리품들은 소련의 문화유산으로 '획득'된 일부이자 제국주의 이후 러시아 국가 정체성을 설명하는 열쇠"라며 "국가는 이런 상징성을 배제하지 않는다"라고 주장한다. 그의 발언은 약탈물은 반환한다는 국제적 원칙과는 달리 러시아 정부를 대변하듯 전리품 획득과 반환 거부의 정당성을 강변한다. 러시아는, 약탈품 100만 점 이상을 계속 붙잡고 있는 것이 국가적 자긍심을 되살리기보다 약탈 대국이라는 오명을 계속 뒤집어쓰는 것은 아닌지 살펴볼 일이다.

트로이 보물과 다른 운명, 돌아간 페르가몬 제단

소련이 약탈 대상에서 최고가로 평가한 '페르가몬 제단Pergamon Altar'은 BC 180년 전후에 조성된 고대 그리스 대리석 조각이다. 페르가몬은 오늘날 에게해 인근 터키에 위치한 베르가마 지역으로, 그리스의 알렉산드로스 대왕Aléxandros III, BC 356~BC 323 사후에 영토 등이 분할되면서 세워진 페르가몬 왕국의 수도다. 그리스 영향을 받은 도시였지만 기원전 2세기 로마에 복속되었다. '페르가몬 제단'은 웅장한 이오니아식 기둥, 그리스 신들과 티탄 간의 전투를 묘사한 부조가 빼어난 인류 문화재다. 제단은 고대 후기에 기독교가 퍼지면서 그 기능을 상실했다. 부조가 새겨진 돌 조각(판넬)은 수백 개에 이른다. 그 구조물 가운데 큰 것은 너비 35미터, 높이 33미터에 이른다.

페르가몬 제단 부조 일부

복원 중인 페르가몬 제단

1878년, 독일이 발굴하여 베를린으로 반출했다. 1901년부터 베를린 페르가몬 박물관에서 전시되다가 1939년 전쟁이 일어나자 박물관이 문을 닫았다. 1941년 부조들은 해체되었고, 전쟁 말기 베를린 동물원 대피소에 보관되어 있었다. 제단을 해체할 때 독일은 40명이 달려들어 4주가 걸렸다. 하지만 소련 적군의 탈취는 전광석화였다.

소련군은 영국군과 미국군이 동물원이 위치한 베를린 지역을 관리할 것이라는 사실을 접하는 순간 시간이 촉박하다는 것을 알았다. 1945년 소련군 300여 명이 달려들어 단 이틀 만에 해체했다. 대리석 조각들은 베를린에서 나온 수많은 다른 작품들과 같은 운명으로 기차에 실려 레닌그라드로 향했다. 소련군이 페르가몬 제단을 서둘러 싣고 간 것은 자신들의 행위가 ACC의 방침과는 충돌한다는 것을 알고 있었기 때문이다. 레닌그라드 에르미타주 미술관이 1958년까지 보관하고 있었다.

소련에서 베를린으로 돌아온 페르가몬 제단의 복원 작업을 벌이고 있다. (출처: 독일 연방 기록보관소)

'제우스 대제단', '제우스 신단'으로도 불리는 페르가몬 제단은 1958년 가을 소련을 떠나기 전에 모스크바 등에서 전시되었다. 이후 소련은 페르가몬 제단과 드레스덴 미술관에 걸려 있었던 그림 1000여 점을 선의의 표시로 동독 정부에 '기증'했다. 베를린의 페르가몬 박물관은 2023년 개관 예정으로 개·보수에 들어간 상태다.

트로이 보물이나 페르가몬 제단은 독일이 오늘날 터키 지역에서 발굴해 가져갔다가 소련에 약탈당했지만, 독일로 반환되기까지 그 운명이 갈렸다. 이집트에서 온 절세 미녀 네페르티티의 흉상은 연합군, 즉 MFAA가 발견하여 서독으로 돌아갔다. 인류 공동의 유물을 반환하는 데에도 냉전의 정치 이념이 작용했던 것을 알 수 있다. 고대 그리스인이 조성한 이 석조물을 그리스의 앙숙인 터키가 반환을 요구하는 것도 역사의 아이러니다.

▌창문 너머 보듯… 천사 그림의 '시스티나 성모'

소련이 약탈 대상으로 삼은 목록에서 최고급에 오른 또 한 점은 '시스티나 성모'로 이탈리아 르네상스 대가 라파엘로Laffaello, 1483~1520가 1513년에 그린 명화다. 그림은 대전 직전까지 드레스덴 미술관 벽을 장식하고 있었다.

소비에트 적군이 1945년 5월 드레스덴에 도착했고, 앞서 그해 2월 영국과 미국의 대공습으로 도시는 크게 파괴되었다. 트로피 여단이 드레스덴 바로 서쪽 그로스 코타 마을로 가는 도중 축축한 터널에 멈춰 서 있는 기차 객차를 수색하다가 나무 상자를 발견했다. 상자에 온도계가 달려 있어 범상치 않다고 생각해 열어보니 '시스티나 성모'가 나왔다.

'시스티나 성모'는 원래 교황 율리우스 2세Julius II, 재위 1503~1513의 분묘를 장식하기 위해 그린 작품이다. 성모 마리아 아래에 있는 날개 달린 두 천사가 천진난만한 표정으로 창밖을 내다보듯 세상을 보는 모습은 우표, 엽서, 티셔츠 등에 등장할 정도로 유명하다.

라파엘로의 '시스티나 성모'의 천사 그림(드레스덴 미술관 소장)

전리품 부대는 그로스 코타에서 발견한 대가의 걸작들을 약탈했다. 이곳에서 네덜란드의 대가 렘브란트가 1635년에 그린 '가니메데의 납치abduction of Ganymede', 렘브란트가 아내와 함께한 자화상 '사스키아와 함께 있는 자화상Self-Portrait with Saskia', 이탈리아 화가 조르조네Giorgione, 1477?~1510의 1508년 작품 '잠자는 비너스The Sleeping Venus', 유명 화가 티치아노Vecellio Tiziano, 1488?~1576가 1561년경에 그린 '부채를 든 소녀'로도 불리는 '흰옷 입은 여성의 초상화Young Woman in White', 스페인 화가 호세 데 리베라José de Ribera, 1591~1652의 1641년 작품 '성녀 아그네스Saint Agnes' 등 400여 점이 발견되었다.

그로스 코타에서 발견한 예술품들은 스탈린이 국가적으로 중요하다고 평가할 만큼 트로피 여단에는 대단한 성과였다. '시스티나 성모'를 비롯한 일부 그림은 스탈린이 사망하고 전쟁이 끝난 지 10년 뒤인 1955년

01 02
03

01 소련이 동독에 반환한 렘브란트의 1635년작 '가니메데의 납치'(드레스덴 미술관 소장)

02 렘브란트가 아내와 함께한 유일한 자화상인 1636년 작 '사스키아와 함께 있는 자화상'(에르미타주 미술관 소장)

03 조르조네의 1508년 작 '잠자는 비너스'(드레스덴 미술관 소장)

'소비에트와 동독 국민과의 우의를 강화한다'는 명목으로 동독에 반환되었다.

드레스덴에서 발견된 두 번째로 중요한 창고는 베젠슈타인Weesenstein 성으로, 렘브란트의 동판화 40여 점과 19세기 독일 그림 등 500점의 작품이 나왔다. 세 번째 보물 창고는 드레스덴 근처의 낡은 헛간과 환기가 되지 않는 어둡고 축축한 광산으로, 트로피 여단은 이곳에서 일부 작품이 훼손된 채 있는 것을 발견했다. 이곳에서 발견된 작품은 티치아노, 렘브란트, 보티첼리의 작품이었다.

트로피 여단은 드레스덴에서 발견한 예술품들을 스탈린에게 보고했고, 스탈린은 급전으로 드레스덴의 예술품을 운송하는 것은 "국가적으로 중요하다"라고 선언했다. 스탈린의 급전은 다음과 같다.

> "트로피 여단이 준비한 화물을 모스크바로 수송하는 데 필요한 지원을 제공하라. (중략) 화물은 국가적으로 중요하다는 것을 기억하라. 필요한 보안 요원을 제공하라. 결과를 보고하라. 스탈린."

'금융 왕가'도 피할 수 없었던 약탈 그리고 회복

▌나치 약탈의 표적 첫 번째, 로스차일드 컬렉션

전쟁 전, 유럽을 금융으로 지배하는 데 성공한 유대인 가문 로스차일드

독일 프랑크푸트 유대인 거리의 로스차일드 종가 입구

로스차일드 가문 문장

Rothschild[09]도 나치 약탈을 피할 수 없었다. 프랑스에 살던 로스차일드 가문의 컬렉션은 히틀러와 괴링의 것으로 분류되어 약탈되었지만 결국 연합군 MFAA가 고스란히 되찾아 반환했다.

나치가 표적으로 삼은 그 집안을 간략하게 살펴보면 독일 프랑크푸르트 유대인 거리 게토에 살던 마이어 암셸 로트실트Mayer Amschel Rothschild, 1744~1812가 그곳에 은행을 세워 부를 축적했다. 중세 이후 유대인 남성은 직업 선택이 제한적이었고, 토지를 사거나 공직에 취업도 할 수 없었기에 전당업이나 대부업을 전통적인 직업으로 삼아야 하는 불가피한 측면이 강했다.

---

09 로스차일드는 '붉은 문패'라는 뜻에서 비롯되었다. Rothschild의 독일식 발음은 '로트실트', 프랑스식은 '로쉴드'로 읽히지만 다섯 아들이 유럽 각국에 은행을 설립하면서 가문이 국제화된 이후 보편적으로 알려진 영어식 발음인 '로스차일드'로 한다. 과거 유럽에 살던 유대인은 법적으로 성(姓)을 가질 수 없다가 나폴레옹 침공으로 유대인에 대한 차별이 완화되면서 로스차일드를 가문의 명칭으로 사용한다. 로스차일드 가문의 문패는 실제로는 초록색이었다고 한다.

로스차일드 가계도(시조는 '로트실트'로 표기)

마이어는 프랑크푸르트 인근 신성로마제국의 제후국인 헤센카셀 제후인 빌헬름 공公의 재정을 담당하는 상인으로 임명되면서 금융업 기반을 확고히 다졌다. 그는 다섯 아들을 통해 유럽 각국의 주요 도시에 금융 네트워크를 구축했다. 맏아들 암셸 마이어 폰 로스차일드Amschel Mayer von Rothschild, 1773~1855 남작은 부친의 근거지인 프랑크푸르트를 물려받았다. 둘째 잘로몬Salomon, 1774~1855(이하 마이어 폰 로스차일드 생략)은 오스트리아 빈에서, 셋째 네이선Nathan, 1777~1836은 영국 런던에서, 넷째 카를Carl, 1788~1855은 이탈리아 나폴리에서, 다섯째 아들 제임스James, 1792~1866 남작은 프랑스 파리에서 각각 은행을 설립했다. 로스차일드가家는 유럽 전역을 연결하는 거대한 국제 네트워크 구축에 성공하면서 금융 왕가를 일궜다. 또한 정계 진출 제약의 한을 달래듯 풍부한 자금을 바탕으로 열성적인 예술 수집가이자 든든한 후원자가 되었다.

나치가 혐오한 유대계이자 경제적으로 부유한 로스차일드 가문은 나치의 공적公敵이 되지 않을 수 없었다. 나치가 1938년 3월 12일 오스트리아를 병합倂合한 '안슐루스Anschluss' 직후인 3월 30일 나치와 오스트리아 박물관 직원들이 잘로몬의 후손인 알폰스Alphonse, 1878~1942와 그의 동생 루이스Louis, 1882~1955의 저택에 들이닥쳐 모조리 가져갔다. 알폰스의 궁궐 같은 집에서 예술품 3444점, 루이스 저택에서 919점과 동전 및 메달, 문서 다수를 털어갔다. 병합 이후 로스차일드의 빈 가문이 나치의 사실상 첫 번째 약탈의 본보기가 된 것이다.

전쟁 기간 약탈된 로스차일드 컬렉션은 옮겨 다니다 1944년까지 잘츠부르크 인근 알타우제 소금 광산에 숨겨졌다. 전쟁이 끝난 뒤 이 컬렉션을 미군이 발견해 오스트리아 정부에 반환했다. 가문의 컬렉션 상자에는 '알폰스 로스차일드'를 줄인 'AR'과 '루이스 로스차일드'를 줄인 'LR'이 그대로 붙어 있었다. 작품 대다수는 그대로였지만, 공예품 등 상당수는 빈에 있는 국영 경매장 도로테움을 통해 팔려 나가면서 행방불명된 상태이다(〈월스트리트저널〉, 1999년 7월 6일자 기사).

로스차일드 후손 인질, 석방 몸값 사상 최고액인 4500억 원

나치가 빈에 들어왔을 때 알폰스 부부는 영국 런던에 머물고 있어 체포를 면했고 1940년 미국 뉴욕으로 이주했다. 그러나 가문의 빈 은행 업무를 총괄하던 동생 루이스는 1938년 3월 나치 비밀경찰 게슈타포에 끌려가 구속되었다. 나치는 경제 위기의 희생양으로 유대인과 로스차일드 가문을 본보기로 삼을 작정이었다. 그러나 그는 구속된 지 1년여 만인

1939년 7월, 천문학적인 몸값을 지불하고 석방되었다가 미국으로 탈출했다.

루이스의 몸값 협상에는 히틀러의 각료들과 루이스의 파리와 런던 친구들이 나섰고, 역시 친구인 영국 윈저 공이 그 보증을 섰다. 윈저 공은 사랑을 위해 영국 국왕 자리를 버린 에드워드 8세Edward VIII, 재위 1936. 1.~1936. 12.다. 로스차일드 가문이 나치에 지불한 그의 몸값은 2100만 달러였다. 개인에 대한 사상 최대의 인질 몸값이었다. 인플레이션을 감안해 1939년의 2100만 달러를 2020년 기준으로 환산하면 3억 8546만 달러에 이른다. 우리 돈으로 4500억 원이 넘는다. 〈뉴욕타임스〉는 1955년 1월 16일자 루이스 부음 기사에서 역대 최고의 몸값이라고 평했다.

The New York Times

SUNDAY, JANUARY 16, 1955

Baron Louis de Rothschild Dies; Freed by Nazis for $21 Million

Former Vienna Banker Held Prisoner in '38-'39 During Ransom Negotiations

Baron Louis de Rothschild, for whose freedom the Nazis obtained what is believed to be history's highest ransom, died yesterday morning of a heart attack as he was about to swim in Montego Bay, Jamaica, B. W. I. His age was 72.

The baron's home, since 1940, had been in South Royalton, Vt. He had arrived in Jamaica on a holiday Wednesday.

One-time head of the Vienna bank and the Austrian branch of the family of international bankers, Baron de Rothschild suffered grave misfortune twice.

When the Nazis annexed Austria in March, 1938, he was taken into custody and held until May, 1939, as a prisoner of the secret

루이스 로스차일드의 석방을 위해 나치에 역대 최고의 몸값을 지불했다는 <뉴욕타임스> 1955년 1월 16일자 기사

1942년 알폰스가 사망하자 부인 클라리스Clarice de Rothschild, 1894~1967는 전후 오스트리아 정부로부터 재산을 돌려받기 위한 투쟁을 시작했다. 사실 전후 오스트리아에서 빼앗긴 재산의 반환을 주장하는 유대인은 거의 없었다. 그 이유는 오스트리아에 사는 유대인 약 3분의 1인 6만 5000여 명이 사망했고, 남은 유대인 대다수는 망명했기 때문이다.

가문의 컬렉션 회복이라는 막중한 책임을 떤 클라리스는 전후, 대다수 유대인이 그랬듯 반反유대주의가 사라지지 않고 스멀거리는 오스트리아에 살고 싶지 않았다. 그러나 중요 문화재의 해외 반출을 금지하는 오스트리아 법령 때문에 클라리스는 가문의 컬렉션을 포기하고 쉽게 떠날 수도 없었다.

오스트리아 정부는 전쟁 희생자들의 예술품 해외 반출을 허가하지 않았을뿐더러, 되레 망명하려는 유대인들의 예술품을 노렸다. 오스트리아 미술관에 기증하는 조건으로 해외 반출 허가서가 나왔으며, 로스차일드 가문도 예외는 아니었다. 클라리스는 오스트리아 미술관에 250점을 '기증당'하고서 나머지 예술품을 미국행 이삿짐 배에 실을 수 있었다. 클라리스의 딸 베티나Bettina, 1924~2012는 "당시 우리가 가진 유일한 자산은 예술품뿐이었고, 엄마와 삼촌 루이스는 오스트리아 정부 조치에 매우 실망했다"라고 회상했다.

시간이 흐름에 따라 예술품 획득의 정당성에 대한 일반인들의 인식이 바뀌고, 사회 분위기가 취득의 정당성을 강조하기 시작했다. 이에 오스트리아 정부는 국가 회복법(반환법)을 제정해 많은 유대인에게서 강제로 기증받은 예술품들을 돌려주었다. 이에 베티나도 1999년 강제 기증한 예술품 224점 3200만 달러 상당을 돌려받았다. 베티나는 돌려받은 상당수 작품과 로스차일드 가문의 기록, 보석류 등 186점을 훗날 미국 보스턴 미술관MFA에 기증했다.

베티나의 기증품 가운데 영국 초상화가 조지 롬니George Romney,

1734~1802의 1802년경 작품 '엠마 하트의 초상화Portrait of Emma Hart'가 최고가로 추정된다. 롬니가 100번 이상 앉혀 그렸던 '해밀턴 부인Lady

베티나가 보스턴 미술관에 기증한 유물들(왼쪽)과 아르 데코 브로치(보스턴 미술관 소장)

영국 초상화가 롬니의 1802년경 작품 '엠마 하트의 초상화'(보스턴 미술관 소장)

Hamilton' 하트1765~1815는 미술 모델 역사에서 전설적인 정부情婦로, 영국 전쟁 영웅 넬슨Horatio Nelson, 1758~1805 제독과의 스캔들로도 유명하다(<뉴욕타임스>, 2015년 2월 22일자 기사).

등가 교환한 로스차일드 '실록', 러시아도 반환 주목

금융 왕국 로스차일드 가문은 소련 트로피 여단이 약탈한 '왕가 실록'인 기록물을 러시아로부터 다소 특이하게 환수했다. 이 기록물은 1769년 빈에서 사업하던 잘로몬 계보의 은행 가문에 속했지만 오스트리아가 나치 독일에 병합된 직후 로스차일드 은행과 저택 그리고 예술품뿐만 아니라 가족의 세부 기록물도 빼앗았다. 압수된 문서들은 예술품과 같이 대피되지 않고, 게슈타포가 베를린 창고로 빼돌렸다가 연합군의 공습이 강화되자 폴란드 서남부 바우브지흐 성으로 옮겼다.

이 기록물은 가족사로 볼 때 신앙적 중요성이 있지만, 폴란드를 점령한 소련 전리품 부대가 이 기록물들을 다시 약탈해 모스크바로 가져갔다. 1993년과 1999년 29개의 문서 상자에 담긴 419개의 파일이 잇따라

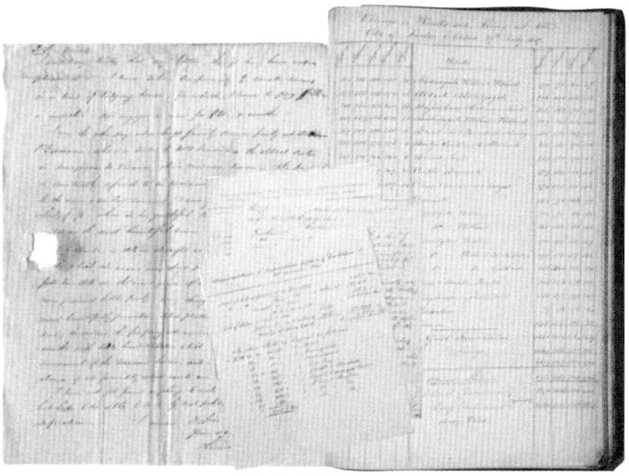

러시아에서 되찾은 로스차일드가 문서들

발견되면서 로스차일드 가문은 러시아 정부에 비밀리에 반환을 요청했다. 소련과 그 뒤를 이은 러시아 정부는 약 4만 건의 문서가 들어 있는 이 기록물을 비록 예술품은 아니지만 문화재 수준으로 분류해 엄격히 관리했다.

드폴대학의 〈예술, 기술 및 지식 재산권 법 저널〉 2004년 가을호에 따르면, 이 기록물들은 가문의 역사에서 의미가 매우 깊다. 1840년대 잘로몬과 그 후손들이 모은 기록으로, 로스차일드 가문의 역사에서 족보 이상의 중요 문서들이라 할 수 있다. 여기에는 로스차일드 가문이 운영하는 사업체의 지리적 범위를 개괄한 해외 네트워크 문서가 포함되어 있다.

프랑크푸르트와 빈 가문은 함께 사업했으며, 스웨덴과 중부 유럽, 이탈리아까지 뻗어 은행업을 함께 했음을 보여준다. 오스트리아, 헝가리, 러시아, 스페인에서 철도 사업과 이탈리아에서 전기사업, 아제르바이잔 수도 바쿠에서 석유 거래와 광산업에도 진출했다. 은행으로서 대출해준 정부는 오스트리아, 헝가리, 벨기에, 네덜란드, 프랑스, 독일, 스웨덴, 보스니아, 헤르체고비나, 일본이 포함되어 있다. 유럽의 국왕과 군주들에게 개인적으로 대출해준 기록도 남아 있다.

제정 러시아 개혁 군주 알렉산드르 2세

로스차일드가는 러시아에 기록물 반환을 은밀히 타진하면서 반환 협상에 잘 응하게 하려고 반환의 등가물을 수소문했다. 그 결과 농노제 폐지, 군사 및 교육 개혁을 주도한 제정 러시아 '개혁 군주' 알렉산드르 2세Aleksandr II, 1818~1881

제정 러시아 황제 알렉산드르 2세가 연인 예카테리나 돌고루코바에게 보낸 연애편지의 일부

가 1866년부터 14년 동안 연인 예카테리나 돌고루코바Yekaterína Dolgorúkova, 1847~1922 황후에게 쓴 연애편지 등 1만 2000건과 그녀가 보낸 답신 1435통이 크리스티 경매에 나온 것을 발견하고, 교환할 등가물로 사들였다.

차르 알렉산드르 2세가 암살당함으로써 개혁이 좌초된 러시아는 결국 혁명의 길로 들어섰다. 상트페테르부르크에서 그가 1881년 3월 1일 폭탄 테러로 암살당할 때 피를 흘린 곳에 그 유명한 '그리스도 부활의 성당'이 세워졌다. 이 성당을 '피의 사원'이라 부를 정도로 러시아에서는 알렉산드르 2세를 각별하게 여긴다.

로스차일드 문서들을 보관하고 있다는 사실이 알려진 지 거의 10년 만인 2002년 6월 러시아는 모스크바에 있는 국립군사문서고에서 로스차일드 가문의 문서 상자 29개를 꺼내주고 황제의 연애편지 등을 받으면서 '교환' 형식으로 회복이 이루어졌다. 돌려받은 문헌들은 런던에 있는 로스차일드 문서보관소로 들어갔다. 로스차일드 가문이 이중으로 약탈당한 기록물을 되찾은 방식은 등가 교환의 형식이었지만, 소련을 계승한 러시아가 새로 출범한 법에 따라 독일을 제외한 다른 국가나 개인에게 반환하기는 처음이어서 그 의미가 크다(〈텔레그래프Telegraph〉, 2001년 5월 19일자 기사).

3부

계속되는 약탈 후유증

1

모나리자 구출 특급 비밀작전

"모나리자를 지켜라" 루브르의 특급 비밀작전

▌루브르의 특명, "모나리자를 빼앗기지 마라"

루브르박물관 '최고의 스타' '모나리자Mona Lisa'는 어떻게 나치 약탈의 마수를 피했을까. 루브르박물관이 소장한 작품 34만여 점 가운데 단연 최고로 꼽히는 모나리자는 히틀러의 '머스트 해브 리스트Must have List' 최상단에 있었다. 거장 레오나르도 다 빈치Leonardo da Vinci, 1452~1519가 1503~1506년에 그린 모나리자는 서울시민과 비슷한 규모인 연간 970만 명이 찾는다.

제2차 세계대전 당시 세계에서 가장 비싼 그림인 모나리자를 히틀러가 약탈하지 못한 데는 자크 조자르Jacques Jaujard, 1895~1967의 활약이 대

프란체스코 멜치의 1515~1517년 작 '다 빈치 초상화'(영국 왕실 소장)와 루브르박물관(오른쪽)

루브르박물관 부관장
자크 조자르

단했다. 그는 1938년 스페인 내전 당시 마드리드의 프라도 미술관 컬렉션을 스위스로 대피시켜 대량 파괴의 위기에서 구하기도 했다.

독일이 1938년 3월 오스트리아를 병합하자 국립루브르박물관 부관장이었던 조자르는 전쟁을 피할 수 없다는 것을 예감했다. 나치가 프랑스를 침략하고, 폭격과 약탈, 절도 등으로 문화재의 대량 파괴가 뒤따르리라고 확신했다.

그는 루브르의 회화관 큐레이터 르네 위그René Huyghe와 함께 그림만 3600점에 이르는 소장 예술품을 거의 모두 분산시키기로 비밀 계획을 짰다. 모나리자와 같은 보통의 크기뿐만 아니라 대작도 포함되어 있다. 4000년 이상된 고대 이집트 걸작 '앉아 있는 필기사The Seated Scribe'도 그 대상이었다. 프랑스 낭만주의 화가 테오도르 제리코Jean-Louis-André-Théodore Géricault, 1791~1824의 '메두사호의 뗏목Le radeau de la Méduse'은 크기가 가로 716센티미터에 세로 491센티미터로 엄청난 대작이었지만, 피난하지 않을 수 없었다.

01

02

01 고대 이집트 소상
'앉아 있는 필기사'
(루브르박물관 소장)

02 테오도르 제리코의
'메두사호의 뗏목'
(루브르박물관 소장)

1939년 8월 25일 독일과 소비에트 연방이 불가침조약을 발표하자 조자르는 서두르기 시작했다. 그는 루브르를 수리한다는 핑계로 3일간 휴관하면서 계획대로 치밀한 실행에 들어갔다. 루브르 직원과 인부, 학생을 동원해 되도록 그림은 액자에서 떼어내고, 조각은 나무 상자에 담았다. 사흘 만에 200여 명이 그림 3600점과 조각, 예술품, 고대 유물 등을 상자에 넣어 포장했다.

작품에는 모두 대피 우선순위를 알리는 표시가 붙어 있었다. 노란색 점은 대다수 컬렉션에, 녹색 점은 중요한 작품에 붙였다. 빨간색 점은 세계적 보호 대상으로 위대한 유물에 붙였다. 모나리자는 루브르가 소장한 컬렉션 가운데 유일하게 빨간색 점 세 개가 붙었다.

▌빨간색 점 세 개를 붙인 모나리자, '구급차'로 후송

사흘 뒤인 1939년 8월 28일, 트럭 203대가 동원되어 고대 유물 1000상자, 회화 268상자 등 모두 1862개의 나무 상자를 싣고 중서부 지방 르와르 계곡에 있는 '샹보르Chambord 성'으로 갔다. 샹보르 성에는 예술품을 안전하게 보관할 공간이 있었다. 제리코가 1818~1819년에 그린 '메두사호의 뗏목' 같은 거대한 작품은 액자에서 떼어내기에는 그림이 너무 약해서 액자를 수직으로 세우고 커다란 담요로 덮어 운반해야 했고, 이를 위해 트레일러가 동원되기도 했다. 모나리자는 충격을 흡수하고자 빨강 벨벳으로 가득 채운 상자에 담겼다. 모나리자는 최대한 안전하게 운반하려고 들것으로 옮겨 구급차로 이동하는 특별대우를 받았다.

조자르는 약탈을 막기 위해 모나리자가 든 상자에 암시를 전혀 남기지 않았다. 대신 그는 그림들에 코드를 부여했다. 그는 직원들에게 어떤 상자에 대작이 들어 있는지를 자신에게 알리도록 했고, 나중에 상자에 빨간색으로 코드 'LP0'라는 식으로 써두었다. LP는 루브르 회화Louvre Paintings를, 숫자는 일련번호를 의미한다. 모나리자는 루브르의 다른 컬렉션과 함께 샹보르 성에 안전하게 도착했다. 그러나 달걀을 한 바구니에 담아둘 수 없듯 이곳에서 작품들은 다시 분류되어 시골 지역의 다른 성, 미술관, 수도원 등으로 나누어 보관되었다.

고대 그리스 조각상 '사모트라케의 니케'
(루브르박물관 소장)

나흘 뒤인 1939년 9월 1일 독일이 폴란드를 침공했다. 그리고 이틀 뒤인 9월 3일, 프랑스가 나치 독일에 전쟁을 선포하자 조자르는 마지막 작품을 대피시켰다. '사모트라케의 승리의 여신Winged Victory of Samothrace' 일명 '사모트라케의 니케Nike of Samothrace'로 널리 알려진 무게 3톤의 고대 그리스 조각상은 기중기와 루브르 직원들의 헌신적인 노력으로 트럭에 안전하게 실을 수 있었다.

1939년 11월 모나리자는 진격해 들어오는 나치 독일군의 손에 닿지 않도록 하고자 샹보르 성에서 다시 서북쪽에 있는 '루비니Louvigny 성'으로 옮겨갔다. 모나리자는 다시 들것에 얹혀 이번에는 장갑차를 타고 이동했다. 장갑차에 실린 모나리자 상자는 이동하는 동안 습도를 일정하기 유지하기 위해 밀폐했다. 만일의 사태에 대비하여 이동하는 동안 모나리자와 함께 있었던 큐레이터는 공기가 통하지 않아서 질식할 뻔했다고 훗날 보고했다(<멘탈 플로스Mental Floss>, 2016년 8월 25일자 기사).

조자르와 박물관 직원들은 프랑스 문화재가 나치나 나치 괴뢰정부인 비시 정권의 손에 들어가는 것을 막기 위해 위험을 무릅쓰며 헌신했다. 물론 프랑스 레지스탕스와 직간접으로 접촉하며 루브르박물관 소장품을 분산 보관한 성에는 연합군의 폭격을 받지 않도록 조치했다. 모나리자는 대혼란의 소용돌이 속에서 몇 차례 더 이동했다.

1940년 6월, 프랑스의 항복이 다가오고, 벨기에와 네덜란드의 피난민이 홍수처럼 밀려들어 프랑스의 북부에서는 남쪽으로 향하는 도로가 막혔다. 루브르 작품들은 다시 독일이 점령한 북부에서 벗어나 비시 괴뢰정권의 '자유 지대'로 알려진 남쪽으로 이동했다. 모나리자는 '록디외Loc-Dieu 수도원'으로 옮겨갔다. 이 수도원은 과거 백년전쟁[01] 때 1409년에 불탔으나 1470년에 복원하면서 미래의 재난에 대비해 요새로 만든 안전지대였다. 모나리자를 운반하는 사람들은 이동할 때마다 그 위치를 암호로 보고했다.

1940년 8월 16일, 히틀러가 임명한 프랑스 예술품 수집 책임자인 프란츠 폰 볼프-메테르니히Franz von Wolff-Metternich 백작이 루브르박물관

01 1337년부터 1453년까지 왕위 계승권과 유럽 일부 지역 지배권을 두고 영국 왕국과 프랑스 왕국이 벌인 전쟁이다.

에 도착해보니 텅 비어 있어 안도했다고 조자르가 생전에 회고했다. 메테르니히 백작은 다른 많은 귀족과 마찬가지로 나치 당원이 아니었고, 프랑스 예술품을 비밀리에 지키려는 조자르를 도왔다. 예술품을 지키는 데 협력자가 된 이들의 이야기는 2015년 영화 '프랑코포니아Francofonia'에 소개되기도 했다. 전쟁 후에 평화가 찾아온 1952년, 메테르니히는 조자르의 추천으로 드골 대통령으로부터 프랑스 최고 훈장인 레지옹 도뇌르Légion d'honneur를 받았다(〈아트 뉴스 페이퍼〉, 2016년 5월 31일자 기사).

프랑스 남부에 위치한 록디외 수도원은 모나리자와 다른 대작을 보호하기에 좋은 선택지처럼 보였다. 하지만 미술품을 보호하던 이들은 습기 찬 환경이 작품에 해를 끼칠 것이라고 우려해 4개월 만에 다시 이삿짐을 챙겼다. 모나리자와 그 친구들은 다시 더 남쪽으로 내려가 툴루즈에서 북쪽으로 53킬로미터 떨어진 몽토방에 있는 '앵그르Ingres 미술관'에 자리 잡았다. 모나리자는 이곳에 1940년 10월 3일 도착해 2년 넘게 머물렀다. 그곳에 재앙이 두 번 닥쳤다. 1941년 12월 느슨해진 건물 천장 들보가 루브르 작품들이 보관된 방으로 내려앉았지만, 다행히 모나리자는 다치지 않았다. 1942년 8월에는 폭우로 앵그르 미술관에 물이 들어차 그림 69점이 젖었지만 모나리자는 수마를 피했다.

루브르로 돌아온 날, 소금 광산에서 발견된 모나리자

1943년 초, 조자르는 앵그르 미술관도 안전하지 않다는 것을 알고 걱정했다. 독일이 1942년 11월 자유 지대를 침략했고, 미술관은 타른강에 설치된 교량과 너무 가까웠다. 이 교량은 전쟁이 격해지면 폭격 표적이 될 것이고, 자칫 오폭에 미술관이 파괴되면 작품들이 영원히 사라질 수 있기 때문이다. 결국 그녀는 1943년 2월 전시의 마지막 은신처인 프랑스 남서쪽 '몽탈Montal 성'으로 대피했다. 이때 모나리자가 몽탈 성으로 가지 않고 행방불명되었다고 주장하는 사람들도 있다.

1944년 8월 25일 연합군은 파리를 해방시켰고, 이듬해인 1945년 5월 8일 독일이 무조건 항복하면서 유럽에서 제2차 세계대전은 끝났다.

박물관은 전쟁 중에 혹독한 상황을 겪었다. 나치가 루브르박물관 문을 열었으나 질 낮은 작품들만 걸려 있을 뿐, 거의 텅텅 비어 있었다. 또 파리 등에서 약탈한 개인 컬렉션을 독일로 운반하기 전에 상자에 담아 보관하는 창고로 전락했다. 루브르는 1945~1946년 보수공사를 거쳐 화랑들을 완성하는 대로 개장했다. 모나리자, 그녀는 마침내 1945년 6월 16일 본래의 집으로 돌아왔다. 모나리자의 전시 대피 여정이 끝나는 순간이었다.

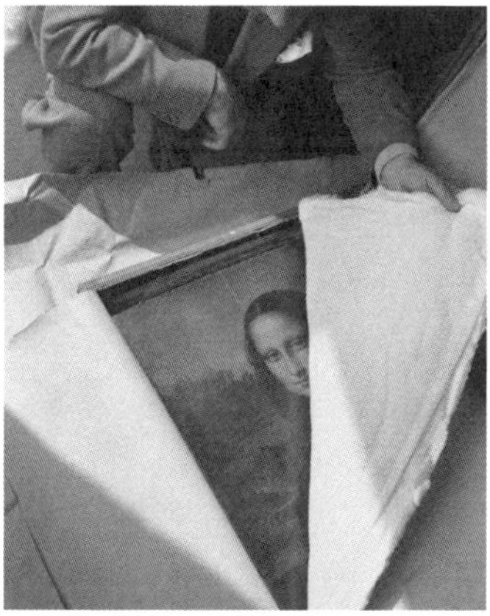

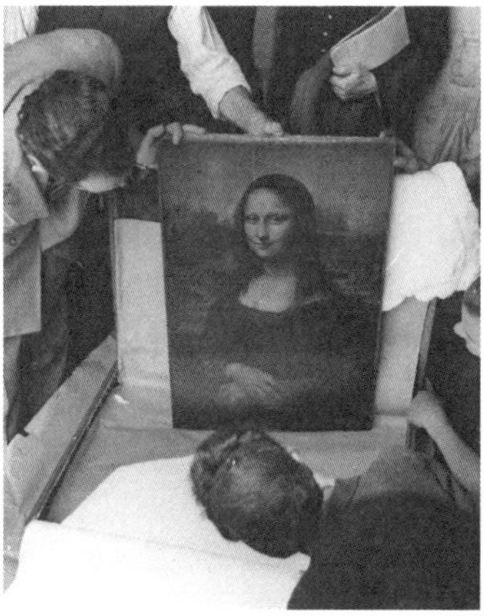

종전 후 루브르박물관으로 돌아온 모나리자의 포장지를 뜯는 모습 (출처: 루브르박물관)

모나리자가 루브르로 귀환한 그날, 공교롭게도 1000여 킬로미터 떨어진 오스트리아 알타우제 소금 광산에서 또 한 점의 모나리자가 연합군 '기념물, 예술품, 기록물 지원부대MFAA,' 즉 모뉴먼츠 맨에게 발견되었다. 알타우제 소금 광산 인근의 한 오스트리아 미술관 큐레이터는 "파리에서 온 모나리자는 나치가 광산에 보관한, 유럽 전역에서 약탈한 문화 예술품 상자들 속에 있었다"라고 증언했다.

미국의 권위 있는 국립인문재단NEH이 2007년 모뉴먼츠 맨 재단에 예술 구조의 공로로 메달을 수여하면서 "모뉴먼츠 맨이 다 빈치의 '최후의 만찬'을 보호할 방어벽을 쌓고, 모나리자를 포함해 루브르에 있는 모든 것을 포장해 상자에 담아 프랑스 전역으로 대피시키는 역할을 했다"라고 밝혔다.

그러나 후속 연구에서 알타우제 소금 광산에서 모나리자가 발견된 것

제2차 세계대전 기간 모나리자 이동 개념도

은 사실이지만, 모뉴먼츠 맨이 '최후의 만찬'과 루브르를 구한 것은 사실이 아닌 것으로 확인되었다.

그렇다면 알타우제 소금 광산에서 모나리자가 나왔다는데 대체 무슨 말인가? 기록에 따르면 소금 광산에서 발견된 모나리자는 "소유권을 주장하는 사람이 없어unclaimed", 연합군이 1950년 루브르에 보냈다. 돌아온 모나리자는 MFAA의 반환 리스트에 "MNR265"로 적혀 있다. 그러나 루브르에는 이보다 5년 앞서 진품이 돌아왔다. 그리고 MFAA가 보낸 작품도 루브르에 있다.

전시 기간 암호로 위치 알린 모나리자는 나치 '미끼'

모나리자, 이 작품이 전쟁 기간에 정확히 어디에 있었고, 어떻게 돌아왔는지와 관련한 이야기는 서로 모순될뿐더러 충돌한다. 전문가들은 전쟁에서 피난하던 이 작품은 1942년 몽토방에서 사라졌다고 추측한다. 루브르에서 출발해 프랑스 전역을 돌아다닌 모나리자는 고품질의 복제품, 즉 가짜이며, 작품이 이동할 때마다 행방을 알린 암호는 사실 나치 독일을 끌어들이기 위한 미끼라는 설명을 덧붙인다. 명작 약탈에 혈안이 된 나치는 모나리자를 끊임없이 노릴 터이니 가짜 모나리자를 내주어 추적을 차단하려던 고도의 계산이었다는 것이다. 조자르의 의도대로 1942년에 가짜 모나리자가 나치에 강탈당했고, 이것이 결국 알타우제 소금 광산으로 보내졌다는 것이다(<가디언>, 2013년 11월 12일자 기사).

그렇다면 진품 모나리자는 어디에 있었을까. 진품 모나리자는 피난 초기부터 파리에서 떠나지 않고 깊숙한 은신처에 있었다고 미국 미술 역사학자 노아 차니Noah Charney가 주장한다. 루브르는 모나리자의 전쟁 기간 행적에 대해 입을 꾹 닫고 있고, 모나리자는 미소로 그 답을 대신한다.

스페인 프라도 미술관 소장의 '모나리자'

그러나 분명한 점은 많은 이들이 6년 동안 모나리자를 프랑스 안에서 지키려고 노력했고, 그 결과 오늘날 루브르의 2층 드농관Pavillon Denon 방탄유리 상자 속의 '모나리자'가 다 빈치가 500년 전에 그린 진품이라는 데 의심하는 사람은 거의 없다. 그리고 MFAA가 보낸 모나리자는 1950년대부터 루브르 박물관장실 밖에 걸려 있다.

영국 아이즐워스의 '모나리자'

실제로 모나리자에는 진품 같은 복제품이 많다. 세계 유명 미술관은 나름대로 모나리자를 소장하고, 전시하고 있다. 스페인 프라도 미술관의 모나리자, 다 빈치의 제자 살라이Salai가 그린 모나리자, 모나리자의 복사본이거나 초기 형태로 추정되는 아이즐워스Isleworth 모나리자,[02] 러시아 상트페

러시아 에르미타주
미술관 소장의 '모나리자'

02 1914년 영국 런던의 서쪽 아이즐워스에서 발견된 모나리자로, 루브르의 진품 모나리자보다 좀 더 크고 젊다. 모나리자 재단에서 탄소 연대 측정법에 따라 연구한 결과 1410년에서 1455년에 완성된 것으로, 루브르의 모나리자보다 젊다. 그러나 일부 미술사 전문가는 1400년대 초기에는 캔버스 사용이 도입되지 않았다며 탄소 연대 측정법 결과를 회의적으로 보기도 한다.

테르부르크의 에르미타주 미술관이 소장한 모나리자가 일란성 쌍둥이라고 할 만큼 닮았다.

모나리자와 헷갈린 누드 자매 '모나 바나'

모나리자는 이탈리아 피렌체의 부호 프란체스코 델 조콘도의 셋째 부인(당시 24세)을 그린 미완성 상태의 초상화다. 그녀는 1911년 절도 사건을 겪으면서 세계적인 명사 반열에 올랐다. 당시 한창 발전하던 활자 매체들이 "신비하게 사라졌다"라거나 "현대의 가장 대담한 도둑"이라는 식으로 보도하면서 그녀의 명성은 유럽을 넘어 전 세계로 뻗어 나갔다.

미완성 상태인 다 빈치의 모나리자

절도는 대낮에 발생했다. 1911년 8월 21일, 박물관이 문을 닫는 월요일이었다. 절도범은 전날 루브르에서 나가지 않고 화장실에 숨어 밤을 새웠다. 코트와 깨끗한 하얀 셔츠를 입은 그는 루브르의 르네상스 전시실 '살롱 카레Salon Carré'에 들어갔다. 벽에 걸린 모나리자의 나무 액자를 떼어내 코트를 벗어 그림에 둘렀다. 그러곤 모나리자를 감싼 코트를 옆구리에 끼고 파리 시내로 걸어 나왔다.

다 빈치의 16세기 명작 모나리자가 그 신비한 미소와 함께 사라진 것을 알아차리는 데는 26시간이 걸렸다. 다 빈치가 이 명화를 그린 것은

1506년이지만 피렌체 르네상스 최고의 걸작으로 인식하기 시작한 것은 19세기 들어서였다.

절도 사건의 첫 보도에서 미국 일간지 〈워싱턴포스트〉가 모나리자 대신 '누드 모나리자'로 알려진 목탄 스케치화 '모나 바나Monna Vanna'를 잘못 게재할 정도로 널리 알려지지 않았다. 도난 당시 이 작품 가치가 500만 달러라고 보도했던 〈워싱턴포스트〉는 며칠 뒤 사진의 오보를 바로잡았다. 확인이 어려웠던 시기이기는 하지만 〈워싱턴포스트〉가 당당하게

누드 모나리자 '모나 바나'
(콩데 미술관 소장)

밝힌 오보의 주인공 모나 바나도 모나리자를 그리기 위한 준비 과정에서 다 빈치가 그렸다는 주장과 그의 제자들이 그린 모나리자의 누드 복제화라는 주장이 팽팽히 맞서고 있다. 110년 전 500만 달러는 현재 가치로 얼마나 될까. 절도 사건이 모나리자에 대한 일반인의 인식과 평가를

THE WASHINGTON POST: WEDNESDAY, AUGUST 23, 1911.

SCHOOL PLAT NOT LOST

Officials Deny Report Regarding Normal Plans.

WORK TO BE STARTED TODAY

Mix-Up in Drawings for Buildings, Due to Misunderstanding Between Municipal Architect Ashford and Surveyor Hasen, Finally Straightened Out—Was Cause of Delay.

The original drawings of the proposed normal training school at Eleventh and Harvard streets northwest are not missing from the files of the District building, as has been reported. Snowden Ashford, municipal architect, and Capt. Mark Brooke, assistant engineer commissioner, said yesterday that the plat has been in their office since it was turned in by Surveyor Hasen.

PRICELESS ART TREASURE GONE.

ATWOOD NEARS GOAL

Aviator May Reach New York Today or Tomorrow.

COVERS 95 MILES IN DARK

Air a Dead Calm, He Says, as He Lands Near Fort Plain, N. Y., After Flight From Belle Isle—May Better International Distance Record Before Night. Utica Has Impromptu Demonstration.

Fort Plain, N. Y., Aug. 22.—Another remarkable spin through the air on his aeroplane flight from St. Louis to New York, brought Harry N. Atwood, from Belle Isle, 5 miles west of Syracuse, to Fort Plain late this afternoon, and landed him 95 miles nearer his destination.

ATWOOD'S NINT

FLY A MILE A

College Park Avia High Rate of

MACHINE CARRIES

<워싱턴포스트>가 1911년 8월 23일자에 모나리자로 잘못 게재한 '모나 바나'

바꿨다(<워싱턴 포스트>, 2019년 11월 28일자 기사).

아무튼 박물관 후원자이자 아마추어 화가가 1911년 8월 22일 '라 조콘다'를 연구하기 위해 살롱 카레에 들어왔을 때 벽의 그 자리가 비어 있음을 발견했다. 루브르가 작품 촬영을 위해 그림을 가져가곤 했기에 경비원도 그렇게 생각했다. 그리고 몇 시간 뒤 비상이 걸렸다.

그날 저녁 경찰이 절도 사건을 발표했다. 경찰은 범인이 48시간 이내에 몸값을 요구할 것이라며 기다렸지만 이틀이 지나도록 아무 연락이 없었다. 그리고 2년에 걸쳐 수사를 하는 동안 경찰은 모나리자 이미지 6500장을 뿌렸고, 4만 프랑의 현상금을 내걸었다. 루브르는 모나리자가 걸려 있던 벽을 비워 두었고, 사람들은 호기심에 이를 보러왔다.

1913년 절도에서 회복한 모나리자를 살펴보는 조반니 포지(오른쪽) (출처: 우피치 미술관)

한편 이탈리아에서 'V. 레오나르드V. Leonard'라는 인물이 모나리자 소유를 암시하면서 매매를 타진하려고 골동품 거래상과 접촉했다. 그 골동상은 조반니 포지 우피치 미술관장에게 알렸고, 포지가 1913년 12월 밀라노에서 문제의 인물을 만난 자리에서 그림이 진품임을 확인하고 안전한 보관을 위해 그림을 맡겨 달라고 설득했다. 그러면서 이탈리아 경찰과 접촉했다. 모나리자를 되찾는 데 큰 역할을 한 포지는 제2차 세계대전이 발발했을 때 우피치와 피티 미술관 등 피렌체에 있던 작품들을 옮겨 나치 약탈에서 구하는 데도 혁혁한 공로를 세운 인물이다.

마침내 범인이 잡혔다. 잡고 보니 루브르박물관에서 인부로 일했던 이탈리아인 화가 지망생 빈센초 페루자Vincenzo Peruggia, 1881~1925였다. 그는 재판에서 모나리자가 처음 있었던 이탈리아로 돌려주고 싶은 애국심에서 절도를 저질렀다고 말했다. 빈센초의 이런 주장과는 달리 그는 훔친 모나리자를 이탈리아 정부에 반납하지 않았다. 페루자는 징역 1년 15일 형을 선고받았으나 이탈리아에서 국가적 영웅이자 애국자로 인식되면서 복역 7개월 만에 풀려났다. 페루자는 유럽의 문화재와 예술품을 대대적으로 약탈했던 나폴레옹이 모나리자를 납치해간 것으로 잘못 알고 있었다(〈워싱턴포스트〉, 2019년 10월 20일자 기사).

1947년 10월 6일 '모나리자'를 루브르박물관에 다시 걸고 있다.

모나리자는 다 빈치와 함께 이탈리아를 떠난 1516년부터 프랑스에 계속 머물렀다. 화가 지망생에게 납치된 모나리자가 다시 프랑스로 되돌아가기 전인 1913년 12월 피렌체 우피치 미술관을 비롯한 이탈리아 여러 도시에서 순회 전시되는 등 짧게 여행했다. 그리고 1914년 1월 루브르로 돌아가자 세계적인 명성을 얻었다. 제2차 세계대전 때도 프랑스를 떠나지 않았던 모나리자는 외교 사절로서 미국과 일본, 러시아를 평화롭게 방문한 적이 있다.

루브르박물관에서 관람객들이 가장 많이 하는 질문.

"모나리자, 어디 있어요?"

2

한국전쟁 때 해외로 피난 간 문화재

우리 문화재를 지켜라

사흘 만에 점령된 서울, 의인들이 지킨 문화재

우리 문화재와 예술품들은 파괴와 약탈의 전쟁에서 어떻게 위기를 넘겼을까. 냉전이 한창이던 1950년 6월 북한의 기습 공격에 서울은 단 사흘 만에 인민군에게 점령되었다. 당시 이승만 대통령을 비롯한 정부 고위 인사들은 피난하기에 급급했고, 우리 문화재와 유물의 안위는 고스란히 박물관 직원들이 떠안아야 했다.

물론 국내에서 가장 오래된 신라 동종을 지켜낸 오대산 상원사의 방한암1876~1951 스님이나 해인사 포격을 거부해 『팔만대장경』을 구한 '빨간 마후라' 김영환1921~1954 장군, 지리산 화엄사를 살린 차일혁1920~1958 경무관과 같은 문화재 의인들도 있었지만, 우리 문화재를 지키는 데는 박물관 직원들의 헌신이 지대했다.

전쟁 직후 북한의 내각 직속 '물질문화유물조사보존위원회'가 국립박물관의 소장품과 간송 전형필澗松 全鎣弼, 1906~1962의 컬렉션을 북한으로 옮기려 했다. 그러나 박물관 직원들이 유물 포장에 지연작전을 펼치는 사이 전세가 뒤바뀌면서 북한군들은 모든 유물을 내팽개치고 북으로 달아났다. 이들의 지연작전은 전쟁에서 목숨을 건 싸움이었다고 김재원金載元, 1909~1990 국립박물관 초대 관장이 저서 『경복궁 야화』(탐구당, 1991)에서 털어놓았다.

국립박물관이 1962년 공개한 한국전쟁 피해 현황을 보면 경복궁 만춘전에 보관하던 도자기와 의상 등 3000여 점이 1950년 9월 24일 폭격으로 멸실되거나 훼손되는 등 피해 소장품이 무려 7109점에 이른다. 당시 만춘전이 처참하게 훼손된 참상이 사진으로 전한다. 반면 당시 부산으로 피난한 국립박물관 소장품 256상자 1만 21점, 덕수궁 미술관 소장품 174상자 8862점으로 약 1만 9000점은 박물관 직원들이 굶주림과 두려움 속에 목숨을 건 보호 덕분에 오늘 우리가 다시 만날 수 있다.

1950년 한국전쟁 당시 미처 피난 가지 못했던 유물이 파괴된 경복궁 만춘전과 유물 진열실 (출처: 국립중앙박물관)

한국 첫 미술 전문기자 이구열이 전한 긴박했던 박물관

전쟁 통에 긴박했던 당시 국립박물관 서울 본관의 모습을 한국 최초의 미술 전문기자 이구열李龜烈, 1932~2020 선생은 『한국문화재 비화』(한국미술출판사, 1973)에서 생생하게 전하고 있다.

『한국문화재 비화』는 그가 〈서울신문〉 기자로 활동하던 1972년 5월 22일부터 11월 7일까지 100회에 걸친 특별기획 시리즈 기사 '문화재 비화'를 묶어낸 책이다. 다음은 한국전쟁 당시 문화재 보호와 관련된 화급했던 상황을 기사에서 인용한 내용이다.

한국 첫 미술 전문기자
이구열

문화재 秘話

>1<

프롤로그 ①

「컬추럴·애세츠」를 번역…한국선 60년대에 등장

'문화재 비화' 연재 첫 기사
(<서울신문> 1972년 5월 22일자 6면)

북한 공산군이 38선을 넘어 전격적으로 남침을 감행한 1950년 6월 25일은 전쟁 도발자가 치밀하게 계산한 일요일이어서 국립박물관(지금의 경복궁 학·예술원 건물)엔 책임 있는 직원이 아무도 출근하지 않았다. 김재원 관장이 그의 사택으로 급히 달려온 박물관 연구원 최순우(崔淳雨, 이하 이름의 한자 표기 생략) 씨로부터 사태의 위급함을 안 것은 그날 오후였다. 서울 거리는 벌써 완전히 불안과 공포에 싸여 있었고, 스피커에서는 외출 혹은 휴가 장병의 즉시 귀대를 독촉하는 급박한 목소리가 거듭 울리고 있었다.

26일 아침, 모두 불안스럽게 출근한 박물관 직원들은 정확한 전황을 알 길이 없는 채 만약에 대비한 비상조치를 서둘렀다. 진열장에서 모든 유물과 미술품들을 꺼내 안전한 창고 속에 격납格納했다. 어떤 상황 아래에서도 박물관 소장의 국가 문화재들을 보호해야 하는 것이 그들의 최대 임무였다.(중략)

28일, 공산군이 마침내 서울에 들어오고, 박물관은 고립되고 말았다. 박물관 직원 가운데 유물 보호를 포기하고 혼자 전란을 피해 남쪽으로 탈출한 사람은 하나도 없었다. 김 관장 이하 모든 직원은 경복궁 안의 관사官舍를 중심으로 모여 전세의 귀추를 초조하게 지켜볼 뿐 어찌할 방도가 없었다.

7월 5일께였다. 북에서 온 이른바 물질문화조사보존위원회의 서울 지구 책임자라는 김 모가 박물관을 접수한다고 찾아왔다. 그는 뒤켠의 관사에서 직원들을 불러내어 유물 보호를 계속 맡도록 말할 뿐 당장은 별다른 행동이 없었다. 김 관장만 관사에 연금당한 상태였다. 6.25로 정체를 드러낸 공산당원 하나가 박물관에도 있었다. 사진실에 근무하던 김영욱이었다. 그가 박물관 책임자로서 상부 공산당 조직과 연락을 취하고 있었다. 그러나 그는 사상 성분이 비교적 온건한 사람이었다. 그 때문에 박물관 직원들은 다소 마음을 놓을 수 있었다.

8월에 들어서자 B-29의 실지失地 서울 폭격이 매일같이 계속되었다. 그러나 도심지나 고궁古宮은 피했기 때문에 박물관 창고의 유물은 안

전했다.(중략)

그러던 어느 날, 박물관에 김 모가 다시 나타나 전세戰勢의 악화를 뜻하는 유물 소개疎開를 위한 준비에 착수하라는 심각한 지시를 해왔다. 북으로 실어가려는 건지, 아니면 서울 안의 다른 안전한 곳으로 이동시키겠다는 건지 알 수 없었으나 "빨리 모든 유물을 포장하라"고 그는 독촉했다. 그러나 수만 점의 박물관 물건을 모두 포장하여 신속히 이동시킨다는 것은 불가능한 일이었다. 도저히 움직일 수 없는 큰 철조鐵造와 석조石造 미술품은 그대로 두고, 중요하고 작은 것만 수천 점이 포장되었다. 그것들은 일단 경복궁에서 덕수궁 미술관의 더 완벽한 지하창고로 옮겨졌다. 덕수궁 미술관(당시 관장은 이규필) 소장의 미술품들도 중요한 것은 역시 모두 포장되어 지하창고로 내려와 있었다.

밤마다 종묘 경내에 땅굴을 팠던 박물관 직원들

그리고 며칠이 지났을 때, 공산당 관계 책임자들은 덕수궁도 불안했음인지 이번엔 종묘宗廟 경내의 숲속에 땅굴을 파도록 박물관과 미술관 직원들을 동원했다. 이곳으로 성북동의 간송미술관 소장품을 포함한 기타 민간 소장품들을 모두 옮겨올 계획이었다. 밤마다 땅굴 파는 작업이 강행되었다. 그러나 이 작업은 유엔군의 극적인 인천 상륙과 서울 수복의 임박으로 중단되고, 공산군과 공산당 조직은 서울 시가전市街戰 대비와 북으로의 후퇴를 서두르느라고 갈팡질팡이었다.

9월 20일, 한국군 해병대를 선두로 한 유엔군이 드디어 한강을 건너 서울 탈환의 마지막 공격을 가하고 있었다. 그때 경복궁 뒤뜰의 박물관

관사에서는 김재원 관장이 급히 영어로 된 신분증을 만들어 직원들에게 나누어주고 있었다.

드디어 박물관이 위치한 경복궁에도 포탄이 떨어지고 있었다. 중앙청이 불붙고, 몇 채의 고건물古建物이 날아갔다. 남쪽에서 쫓겨 온 공산군의 일부가 궁 안으로 밀어닥쳐서는 개인호個人壕를 파고 지뢰를 매설하는 등 서울에서의 마지막 저항과 시가전에 임하려 하고 있었다.

박물관 직원들은 무서운 포화砲火 속을 뚫고 경복궁을 빠져나와 유물이 있는 덕수궁으로 가서 모이기로 했다. 3개월간의 공산 치하에서 박물관 책임당원으로 등장했던 김영욱은 한 직원에게 "나는 북으로 떠납니다. 같이 가자곤 않겠습니다"는 말을 남기곤 사라져 갔다.

덕수궁 미술관 지하창고에 모두 무사히 모인 박물관 직원들은 각자 최후의 안전처를 선택하여 미술관 건물과 옆의 석조전石造殿 지하실 금고 같은 곳으로 들어가 숨었다. 석조전에 포탄 하나가 명중하여 불길이 치솟았다. 유물이 보관돼 있는 미술관 건물이 불붙지 않은 것만이 천행이었다. 최악의 공포 속에서 며칠이 지나갔다.

9월 26일, 유엔군은 마침내 서울을 완전 탈환했다. 유물과 박물관 직원들은 극적으로 모두 무사했다. 이홍필 학예감이 석조전이 불탈 때 동료 직원의 안전을 확인하려고 밖으로 나왔다가 가까이에서 작렬한 포탄의 파편을 이마에 맞는 부상당했을 뿐이었다.(중략)

정부가 중공군의 개입 기미를 발표한 것은 서울이 수복된 지 20일 후인 10월 17일이었다. 국립박물관에선 평양박물관 접수 문제를 숙의하던 참이었다. 중공군 개입으로 인한 예측할 수 없는 불안한 정세를 주목한 김재원 관장은 백낙준 문교부 장관을 은밀히 만나 국립박물관과 덕수궁 미술관 소장의 문화재를 남쪽의 안전지역으로 소개疎開하는 대책이 긴급하다는 점을 협의했다. 백 장관도 그 중요성을 금세 깨달았다. 그는 그 즉시 이 대통령에게 가서 설명했다. 이 대통령은 누구보다도 문화재의 인식이 높았었다.

"극비로 속히 서울을 떠나게 하라. 부산의 안전처로 모두 운반하되, 민심이 동요치 않도록 절대 비밀을 유지하라. 그리고 운반 도중의 보호에 최선을 다하되, 모든 기관이 협력하라."

크네즈(왼쪽)와
김재원 초대 박물관장

대통령의 긴급 비밀지령이었다. 미국 대사관에도 협력을 요청했다. 먼젓번엔 상황이 너무 급박했던 나머지 국가 문화재의 철수작전을 펼 겨를이 없었지만, 만약에 대처하는 이번 비밀 소개계획엔 시간적 여유가 있었다. 미국 대사관에선 크네즈 문정관[03]이 최대의 협력으로 트럭을 마련해주고, 유엔군 작전열차 속에 특별 화차도 주선했다.

서울 유린한 중공군에 앞서 부산으로 피난 간 유물들

10월 말, 국립박물관은 비밀 간부회의를 갖고 부산으로의 유물 운반계

---

03 유진 크네즈(Eugene I. Knez, 1916~2010): 전 부산 미국공보원장. 미국 인디애나주 클린턴에서 태어난 그는 제2차 세계대전에 참전했다. 한국과 인연을 맺은 것은 대위 신분이던 1945년 11월 서울 미군정청에 배속되면서다. 『한 이방인의 한국 사랑』을 펴낼 정도로 한국 사랑이 깊었다. 한국 정부는 1995년 한국전쟁 때 한국 문화재 수호의 공을 기려 은관문화훈장을 수여했다.

획을 착수했다. 김 관장과 소수의 간부 직원들만이 진행시킨 비밀 작업이었다. 덕수궁 미술관 지하창고에 그대로 보호돼 있던 박물관과 미술관 소장품들은 밤중에 트럭에 실려 서울역으로 운반돼 갔다.

서울역에서 군용열차의 특별 화차에 실린 박물관과 미술관 유물들이 아무도 모르게 부산으로 출발한 것은 11월 4일이었다. 예측했던 대로 중공군의 개입이 치열해지기 시작한 때였다. 약 1주일 만에 부산에 도착한 1차 소개 유물들은 사전에 연락이 되어 급히 안전 창고로 개조한 미 공보관 건물(6.25 당시에는 대사관에서 사용했다) 차고에 격납되었다. 유물과 행동을 같이한 사람은 김재원 관장 외 김원용, 최순우, 최영희 등 박물관 간부들뿐이었다. 이들은 1.4후퇴 때까지 3차에 걸쳐 박물관과 미술관 유물을 무사히 부산으로 운반하는 데 성공했다. 중요한 물건은 거의 서울을 떠나고 있었다. 그러나 아직도 남은 물건은 있었다. 서역西域 벽화[04]와 같은 큰 덩어리의 귀중한 유물이었다.

인해전술로 유엔군을 위협한 중공군이 재차 서울을 유린했을 때에도 박물관에 남아 있던 유물엔 큰 피해가 없었다. 이번엔 북으로 실어 가려고 한 증거가 뚜렷했으나 기동력의 부족과 유엔의 폭격으로 인한 위험 때문에 결국 뜻을 이룰 수가 없었던 것 같았다.

1951년 3월 14일, 유엔군은 서울을 다시 탈환하고, 다음 날엔 정부 선

04 중앙아시아 오늘날 신장 위구르 지역인 투르판시 베제클리크 석굴 제33굴에 있던 10~12세기 벽화로, 두 상인이 공양물을 쟁반에 담아 부처에게 바치는 그림이다. 일본인 오타니 고즈이가 1902~1914년 수집한 유물로 조선총독부에 넘어가면서 현재 1500여 점이 국립중앙박물관에 보관되어 있다.

서역 벽화
(국립중앙박물관 소장)

발대가 서울로 올라왔다. 부산에 내려가 있던 박물관과 미술관에선 이번에도 미국 대사관에 협조를 요청하여 서울에 남아 있는 물건의 각별한 보호조치를 강구했다.

미국 대사관이 이기붕 서울특별시장을 위해 내준 비행기에 국립박물관의 선발대로서 최순우 연구관이 편승하여 서울에 올라온 것은 3월 29일의 일이었다. (중략)

박물관 직원으로서 혼자 서울에 올라온 최 연구관은 이번에도 피난을 가지 못하고 숨어 지내던 나이 많은 수위 한 사람을 겨우 찾아내어 박물관에 남아 있던 서역 벽화를 위시한 물건들의 포장과 부산으로의 4차, 5차 운반에 도움을 받았을 뿐이었다. 중공군이 다시 구파발까지 육박해 오는 춘계공세春季攻勢의 위협을 무릅쓴 임무수행이었다.

2차 서울 수복 후의 두 차례에 걸친 나머지 유물의 부산 이동으로 국립박물관과 덕수궁 미술관 소장품은 거의 완벽하게 보호되었다. 부산의

부산 임시정부청사에서 재포장된 국립박물관 소장품 상자들(1956년 부산대학교에서 촬영, 이준구 전 국립중앙박물관 학예연구관 제공)

미국 대사관 차고를 임시 창고로 빌렸던 유물상자들은 뒤에 경남 도지사의 주선으로 부산 시내의 한 약품회사 창고인 4층 콘크리트 건물로 모두 옮겨져 보호되다가 휴전과 함께 서서히 서울로 돌아왔다.

6.25 동란 중에도 국립박물관과 미술관 소장의 국보와 기타 미술문화재들은 그처럼 완벽하게 보호되었지만 개인 소장품과 지방 사찰寺刹의 건물과 국보급 유물 중엔 적절한 대책이 없었던 탓으로 영원히 사라지고 혹은 행방불명이 된 것이 있었다.

6.25 전쟁 피해를 고스란히 전하는 월정사 범종(국립춘천박물관 보관)

실제로 신라의 종은 출토된 지 2년 만에 전쟁 와중에 처참하게 파괴되었다. 1948년 11월 강원도 강릉군 신서면 미천리(현재의 양양군 서림리) 신림원터에서 새로운 신라 종이 발견되었다. 종 안쪽 명문에 신라 애장왕 5년(서기 804년) 제작된 것으로 새겨져 있었다. 발견 이듬해 11월 오대산 월정사로 옮겨 종을 보관했다. 하지만 1951년 중공군 개입 이후 전황이 불리해지자 산사를 태워버리는 작전으로 월정사가 불타면서 이 종도 처참하게 훼손되었다.

▌"역사의 정통성 지켜라" 미국으로 분산된 한국 문화재

당시의 긴박했던 상황을 보여주는 또 다른 대목이 있다. 이승만 정부는 남쪽으로 피난 가면서 한국은행에 보관 중이던 금괴를 미국의 민간 은행인 '뱅크오브아메리카Bank of America'로 옮겼다. 이때 국립박물관 경주분관이 소장하던 금관총 금관(국보 제87호), 승마토우, 경주를 벗어나면 소리가 나지 않는다는 옥피리 등을 비롯한 유물 139점도 그 편으로 미국에 보냈다.

1950년 미국으로 대피한 5세기 신라 금관총 금관 (국립경주박물관 소장)

1950년 7월의 급박했던 유물 대피 상황을 담은 「소개유물목록철疎開遺物目錄綴」이 전하고 있다. 「소개유물목록철」에 따르면, 1950년 7월 24일 경상북도지사 조재천으로부터 유물 반출을 권고하는 소개장을 받은 국방부 제3국장 김일환 대령이 7월 25일 경주분관장 최순봉에게 제출하고, 그에게서 유물 15점을 인수한다. 또 이틀 뒤인 7월 27일 김일환 대령이 다시 경주분관을 찾아가 유물 124점을 인수한다. 김 대령은 모두 139점의 유물을 대구로 이송해 최순주 재무부 장관에게 인계했다.

국립박물관 서울 본관, 부여, 공주의 박물관을 빼앗긴 정부로서는 낙동강 전투 상황에 따라 경주를 빼앗길 경우 국립박물관의 모든 소장 문화재를 북한에 내주는 결과, 즉 문화와 역사의 정통성이 넘어간다는 의미여서 그 조치가 주목할 만하다. 미국으로 보낸 문화재와 유물 139점은 뱅크오브아메리카의 샌프란시스코 지점에 보관되었다(<박물관신문>, '국립박물관아카이브 기행, 15호, 33호' 기사).

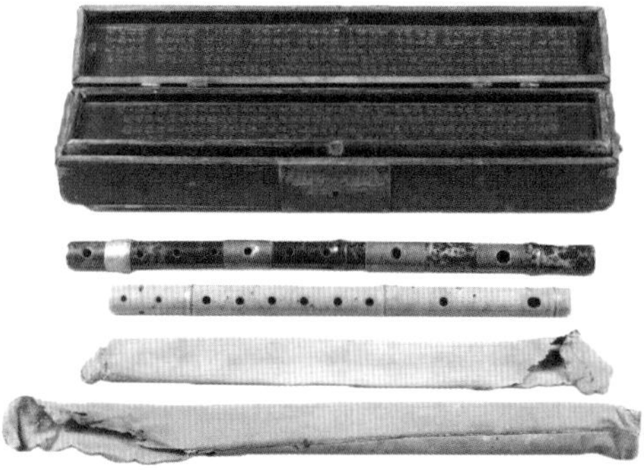

1950년 미국으로 대피한 옥피리(국립경주박물관 소장)

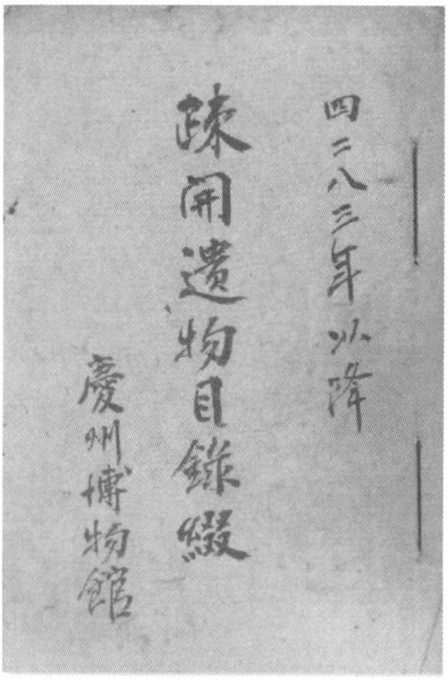

「소개유물목록철」 표지
(국립중앙박물관 소장)

서울 국립박물관 유물을 부산으로 옮긴
「소개품 목록」(국립중앙박물관 소장)

중공군의 개입과 1.4 후퇴로 전세가 또다시 역전되면서 부산으로 피난 간 문화재의 안전이 불안하다는 인식 때문에 이 문화재들을 국외의 안전한 장소로 옮기고, 그중에서 중요 문화재를 미국에서 전시하자는 논의가 진행되었다.

그러나 한국 문화재를 약탈한다는 공산 진영의 흑색선전을 의식한 미국 정부는 주저했다. 또 해외에 분산하는 것은 전쟁 위협으로부터 한국 문화재를 안전하게 지킬 수 있겠지만 야당이 한국의 문화 정체성을 대표하는 중요 문화재 전량을 다른 나라로 옮기겠다는 정부 구상에 제동을 걸고 나섰다. 게다가 전선이 중부전선에서 고착화되면서 문화재의 국외 분산 필요성도 크게 낮아졌다.

이런 우여곡절 끝에 휴전이 이루어지고 몇 년 뒤인 1957년 12월 14일부터 18개월간 미국의 주요 8개 도시에서 '한국 국보전'이란 이름으로 한국 문화재 첫 순회 전시회가 열렸다. 미국에서 전시회를 열기 이전에 국립박물관에서 특별전이 열렸다. 국내 전시를 마친 184점은 서울에서 철도로 부산에 도착, 미해군 함정으로 태평양을 건넜다. 전쟁 초기 미국으로 피난 간 금관총 금관 등 국립박물관 경주분관 소장품 가운데 13건도 여기에 합류, 모두 197건이 선보였다.

미국 〈워싱턴포스트〉는 1957년 12월 15일자 일요판에서 전시회 기사를 크게 보도했다. 전시회는 수도 워싱턴의 국립미술관, 뉴욕 메트로폴리탄, 보스턴, 시애틀, 미니애폴리스, 샌프란시스코, LA, 호놀룰루 미술관 등에서 열려 모두 16만 7000여 명의 관람객을 유치하면서 5000년 역사를 과시했다.

<워싱턴포스트> 1957년 12월 15일자에 소개된 전시회 기사

3

폴란드, 베를링카 반환 거부

독일 국보 '베를링카'를 인질로 잡은 폴란드

▌'전후 인질'이 된 독일 국보, 폴란드 반환 거부

독일 언론은 이들을 '마지막 전쟁 포로'라고 일컫는다. 그 포로는 독일을 대표하는 괴테, 루터, 베토벤, 바흐, 실러 등 철학자, 음악가, 시인, 소설가 등이다. 이들의 수기 원고와 악보 등 50만 건 이상을 폴란드가 소장하면서 독일 반환을 거부하고 있다. 독일 국가國歌와 유명 저작물의 초판본 등 독일 문화와 지성의 정수로, 가히 국보급이다.

폴란드는 이런 것들이 베를린에서 온 것이라 하여 '베를링카Berlinka 컬렉션'이라 한다. 제2차 세계대전이 한창이던 1942년 9월, 독일 당국은 연합국의 공습에서 보호하고자 베를린에 있는 국립프로이센도서관 컬렉션을 여러 곳에 분산해 대피시켜 놓았다. 그 대피처 가운데 동부 프로

'캄파냐의 괴테,' 요한 하인리히 빌헬름 티슈바인의 1787년 작품 (슈타델 미술관 소장)

'괴테의 초상화,' 요제프 칼 슈틸러의 1828년 작(뮌헨 노이에 피나코테크 미술관 소장)

이센인 니더 슐레지엔에 있는 그뤼사우(오늘날 폴란드 크제슈프) 수도원에도 상자 500개를 옮겨 숨겨두었다(<뉴욕타임스>, 1995년 4월 25일자 기사).

독일 땅에 숨겼는데, 전쟁 후 폴란드 땅이 되다

전쟁이 끝나고 1945년 8월 포츠담 협정으로 독일과 폴란드의 국경선을 정한 '오데르-나이세 선Oder-Neisse line'에 따라 그뤼사우가 포함된 독일 동부지역이 폴란드 땅으로 결정되었다. 전후 이곳에 있던 컬렉션을 비밀리에 고스란히 확보한 폴란드 정부는 양도 어마어마하지만, 독일의 대표적 고급 문화유산이었기에 깜짝 놀랐다.

뜻밖에 횡재한 폴란드는 1945년 겨울부터 1946년 사이 경찰을 동원해 이 컬렉션을 남부에 위치한 과거 폴란드 왕국의 수도이자 문화예술 중심지인 크라쿠프로 옮겼다. 그러고는 냉전이 한창이던 시기, 폴란드는 독일은 물론, 약탈을 우려해 공산주의 종주국 소련에도 입을 굳게 다

베를링카 컬렉션 이동 경로

야기엘론스키대학 도서관

물었다. 폴란드는 1965년 동독 정부와 프로이센 도서관의 대규모 컬렉션 반환에 합의했지만, 베를링카 컬렉션은 유서 깊은 야기엘론스키Jagielloński 대학[05] 도서관에 옮겨두고는 극비에 부쳤다.

그러던 1977년, 사라진 줄 알았던 모차르트의 '마술 피리' 악보 원본과 베토벤의 제9번 교향곡 '합창' 등 악보 7장을 폴란드 공산당 제1서기 에드바르트 기에레크Edward Gierek가 동독 파트너인 에리히 호네커Erich

05 1364년 설립된 야기엘론스키대학은 코페르니쿠스, 교황 요한 바오로 2세가 수학하는 등 중부 유럽에서 체코의 프라하 카렐대학(1348년 개교)에 이어 두 번째로 오래된 대학이다.

'베토벤 초상화'(요제프 칼 슈틸러의 1820년 작품, 본 베토벤 하우스 소장)와
베토벤의 제9번 교향곡 악보 원본 일부(오른쪽)

Honecker 서기장에게 선물로 주면서 세상을 깜짝 놀라게 했다. 전쟁이 끝난 지 30년이 넘었고, 수도원에 보관했던 악보와 원고들이 폴란드가 보관한다는 소문이 나돌았지만 나타나지 않으면서 독일 당국은 폭격에 영원히 사라진 것으로 생각했기 때문이다. 하지만 동독이 받은 선물은 빙산의 일각이었을 뿐이다.

베를링카 가치, '수백억 달러 악보 한곳에서 볼 유일한 컬렉션'

베를링카 컬렉션의 가치는 어떻게 될까. '천재 작곡가' 펠릭스 멘델스존Felix Mendelssohn, 1809~1847의 '봄의 노래Im Frühling' 원본 악보 한 장이 2020년 7월 소더비 경매에 나왔다. 가격대를 소더비는 2만 5000달러에서 3만 달러 사이로 추정했다. 래리 토드Larry Todd 미국 듀크대학 음악학 교수는 멘델스존의 빼어난 손글씨를 격찬하면서 "멘델스존의 수기 악보 자체가 바로 예술품"이라며 "그의 손글씨는 아주 놀랍다"라고 평가한다(<월스트리트저널>, 2020년 7월 26일자 기사).

펠릭스 멘델스존의 '봄의 노래' 악보(소더비 제공)

'바흐 초상화,' 엘리아스 고트로브 하우스만의 1748년 작품 (라이프치히 바흐 박물관 소장)

베를링카에는 베토벤이 휙휙 갈겨쓴 교향곡과 모차르트가 또박또박 쓴 오페라 등 대가의 악보 원본 400여 장이 더 있다. 바흐, 슈베르트, 브람스, 슈만, 하이든, 파가니니, 부소니, 케루비니, 텔레만 등의 악보 원곡도 포함되어 있다.

음악학자들은 베를링카에 대해 수백억 달러의 가치가 있는 악보들을 한 곳에서 볼 수 있는 유일한 컬렉션이라고 평가한다. 수백억 달러는 한국 돈으로 환산하면 수십조 원에 이른다. 300년 이상 된 그림, 괴테의 글, 중세시대까지 거슬러 올라가는 수기 원고와 도서 수천 권이 포함되어 있다. 그림 형제Brüder Grimm가 손으로 쓴 메모와 독일어 사전의 필사본, 루터, 칼뱅, 괴테, 실러, 헤겔과 헤르더 등을 포함한 친필 서명 등 50만 건이 넘는다. 독일 문화와 예술, 지성의 정체성을 이룬 정수들이다.

독일 언론들은 베를링카를 '독일의 마지막 전쟁 포로'라고도 평한다(<프랑크푸르트 알게마이네 차이퉁>, 2007년 7월 26일자). 이와 관련하여 크쥐시토프 자모르스키Krzystof Zamorski 전 야기엘론스키대학 도서관장은 "우리가 베를링카 컬렉션을 독일과 교환하려 한다면 쉽지 않다"라며 "도대체 어떤 물건과 교환할 수 있을까? 가장 좋은 방법은 여기에 그대로 두면서 모두가 접근할 수 있게 하는 것"이라고 주장한다. 포로 교환을 사실상 거부한 것이다.

야기엘론스키대학 도서관은 현재 일반에 공개하지 않고 있으며, 연구자들과 대학원생들만 베를링카 컬렉션에 접근할 수 있다. 이와 관련해 자모르스키는 "가장 중요한 것은 컬렉션을 공개하고, 전 세계 사람들이 접근할 수 있도록 해야 한다"라고 주장했다.

반면, 독일 정부는 폴란드가 1907년의 「헤이그협약」 제56조 위반 상태를 지속하고 있다고 주장하지만, 폴란드는 그 컬렉션은 약탈한 것이 아니고 전쟁이 끝나고 폴란드 땅에 남아 있는 것이라고 맞대응한다. 전시 약탈과 반환에 대해 규정하고 있는 「헤이그협약」에 따라 베를링카 컬렉션이 전시 약탈품이라는 독일의 주장에 폴란드는 약탈품이 아니라고 맞받아친 것이다.

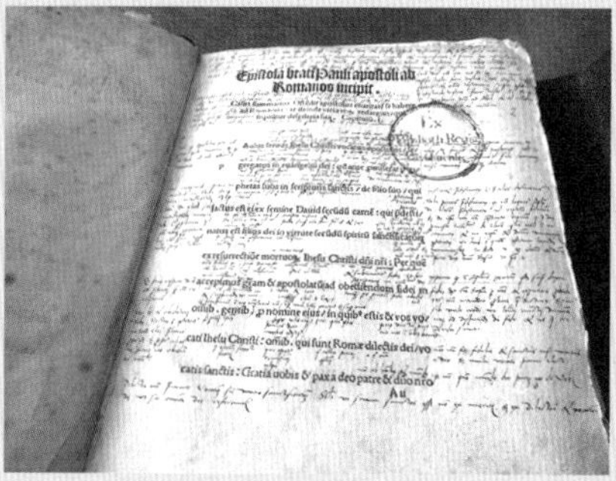

01 02

04 03

01 그림 형제의 1854년판 『독일어 사전』 표지

02 '마르틴 루터 초상화,' '아버지' 루카스 크라나흐의 1529년 작
(아우크스부르크 성 안나 교회 소장)

03 종교 개혁가 루터가 '95개 논제' 발표 전해인 1515~1516년에 쓴 친필 문서
(폴란드 야기엘론스키대학 도서관 소장)

04 1550년경 '칼뱅의 초상화,' 작가 미상
(네덜란드 성 캐서린 콘벤트 미술관 소장)

2000년 폴란드는 논란이 된 컬렉션의 소유권을 다루는 '폴란드-독일 재단'을 설립하자는 구상을 내놓았으나 독일 정부는 이를 거부했다. 독일은 베를링카를 무조건 반환하라고 요구하지만, 폴란드는 이를 일축하면서 되레 독일이 제2차 세계대전에서 약탈한 폴란드 문화 예술품을 돌려달라고 반격한다. 전쟁 기간 예술품 약탈로 악명 높았던 나치의 후유증이 계속되는 가운데, 독일은 문화재를 회수하지 못한 나라의 고통을 체감하고 있다.

독일 "소유권의 문제", 폴란드 "인류 공동 유산"

포츠담 협정으로 독일은 과거 동부지역에 대한 관할권을 상실하는 대신 폴란드가 이 지역에 대한 주권과 함께 베를링카 컬렉션의 소유권을 확보했다고 폴란드 정부는 주장한다.

베를링카 컬렉션 반환과 관련해 폴란드 국내 분위기는 반대가 강경하다. 하원 다수당인 우파 '법과 정의당PiS' 대표인 야로슬라프 카친스키Jaroslaw Kaczynski는 "폴란드는 전쟁에 대해 법적으로, 도덕적으로 책임져야 할 의무가 없다"라면서 폴란드가 전쟁으로 고통을 받았으니 오히려 배상을 받아야 한다고 주장한다. 마테우시 모라비에츠키Mateusz Morawiecki 총리는 자신이 집권하는 동안 제2차 세계대전 유대인 생존자에게 보상하지 않겠다고 밝혔다(<독일의 소리(DW)>, 2020년 1월 27일자 기사). 정치인의 주장이야 상황에 따라 변할 수 있다고 하지만, 이들의 주장에는 폴란드 국민 정서가 반영되어 있어 사안의 복잡성을 더하고 있다.

이런 주장의 배경에는 나치 점령 6년 동안 최악의 유혈 사태로 폴란드 국민 600만 명이 희생된 데서 비롯된다. 나치가 파괴한 폴란드 문화재의 가치는 2007년 기준으로 최소 200억 달러에 이른다고 폴란드 측은 강조한다. 약탈 문화재는 돌려받을 수 있지만, 한번 파괴된 문화재는 원상회복이 불가능하기에 그 손실이 더 크고 뼈아프다는 것이 폴란드 측의 논리다. 최근에는 강대국 전유물이던 문화재 약탈국의 논리에 폴란드도 가세했다.

"인류 모두가 공유해야 하는 문화유산은 개별 국가를 뛰어넘는다."

그러나 독일 정부는 "악보와 원고들은 전쟁에서 보호하고자 당시 독일 땅에 두었던 것이고, 소유주는 베를린의 프로이센 도서관이며, 소유권의 문제"라며 "만약 누군가가 다른 사람의 물건을 가지고 있으면, 그 가치를 이야기할 것이 아니라 원래 자리로 반환, 즉 회복을 이야기해야 한다"라고 강조한다. 독일은 또 폴란드 국민의 감정은 이해하지만, 폴란드의 손실에 대해 독일이 1950년대 후반까지 보상했고, 폴란드는 추가 보상에 대한 모든 권한을 포기했다고 주장한다.

마지막으로 독일의 통일을 인정한 '통일조약'(동·서독과 미국, 영국, 프랑스, 러시아가 참여한 2+4조약)에 따라 폴란드와 국경선 논란 및 배상 문제가 해결되었다고 말한다. 1991년 독일과 폴란드가 체결한 우호조약은 양국 의회에서 각각 비준되었다. 통일 독일은 동독이나 서독이 맺은 과거 모든 국제협약을 그대로 계승한다고 강조하면서 동독 정부와 폴란드가 맺은 1965년 반환 합의 이행을 압박했다(<슈피겔>, 2007년 8월 8일자 기사).

이렇듯 베를링카 논란의 와중인 2014년 독일은 폴란드가 약탈당한 18

프란체스코 과르디의 1770년대 걸작 '궁정 계단'(바르샤바 미술관 소장)

세기 베네치아 풍경화 대가 프란체스코 과르디Francesco Guardi, 1712~1793의 걸작 '궁정 계단Palace Stairs'을 반환했다(<BBC>, 2014년 3월 31일자 기사). 작품은 1925년 국립 바르샤바 미술관이 매입해 걸어두었지만, 나치 점령 기간인 1939~1945년에 사라진 것이라고 미술관은 밝혔다.

독일은 이런 선의를 통해 베를링카 반환 협상이 진행되기를 희망하고 있다. 과르디 작품 반환이 독일의 의도대로 베를링카 컬렉션 환수로 이어지는 희망의 계단이 될지는 두고볼 일이지만 독일이 전후 문화 예술품의 반환 정책이 실패했다고 믿지 않기를 바랄 뿐이다.

한편, 야기엘론스키대학에서 흘러나온 다수의 인쇄 판본이 경매에 나온 적이 있어 1999년부터 사용자의 조건이 강화되었다. 무엇보다 중요한 것은 전쟁 참화와 수백 년 세월을 견딘 악보와 원고들이 분실이든, 세월에 의한 훼손이든, 약탈이든 다시는 사라져서는 안 될 인류의 보물이라는 점이다.

현상금 1000억 원이 걸린 그림

폴란드가 현상금 1000억 원 내건 약탈품

폴란드 외무부가 제2차 세계대전 때 자국에서 사라진 가장 유명한 작품 가운데 하나인 '젊은이의 초상화Ritratto di giovane uomo'가 위치를 밝힐 수 없는 은행 금고에서 발견되었다고 2012년 8월 1일 느닷없이 발표하자 세계 미술계의 관심이 집중되었다. 폴란드 외무부 대변인은 이 그림이 폴란드로 결국 돌아올 것이라고 확신한다고 밝혔다.

라파엘로의 23세 무렵 '자화상'
(우피치 미술관 소장)

'화가의 왕자'로 불리는 라파엘로가 1513~1514년에 그린 '젊은이의 초상화'는 전쟁 때 증발한 최고 명성의 작품 가운데 한 점이다.

라파엘로가 결코 확인해준 적은 없지만, 작품은 작가의 젊은 시절 자화상로 여겨진다. 상류층 남성을 묘사하고, 똑바로 앉은 자세 하며 호화로운 옷을 걸치고, 형태는 레오나르도 다 빈치의 영향으로 부드럽다. 고대 운동선수와 창을 든 고전 영웅 조각상 '도리포로스Doryphoros'와 로마 북쪽인 프리마 포르타에서 발굴된 아우구스투스Augustus 황제 조각상에 근거한 인간 비율을 대표하는 작품으로, 라파엘로의 학구적 접근으로 설명되는 작품이다.

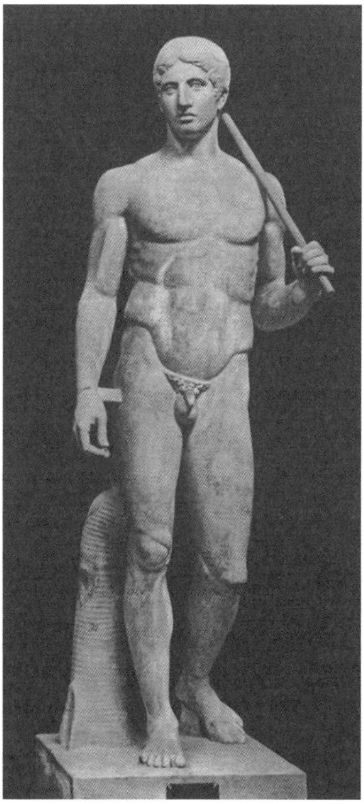

고대 그리스 조각가 폴리클레이토스의
'도리포로스' 청동 원본을 딴 로마 대리석 조각상
(아테네 국립고고학박물관 소장)

프리마 포르타에서 발굴된
아우구스투스 황제 조각상
(바티카노 미술관 소장)

라파엘로의 1514년 작 '젊은이의 초상화'. 행방불명된 작품으로 흑백 사진을 바탕으로 복원

젊은이는 1500년대 초기 이탈리아 상류층을 대표한다. 호화로운 털 코트 색상은 그의 뒤에 깔린 무늬 양탄자와 대비를 이룬다. 많은 학자는 청년의 이런 자세를 매우 자신감 있는 형태의 표현이라고 본다. 작품 오른쪽 창문을 통해 푸르른 나무와 수풀이 보이고, 그 너머로 마을과 교회의 모습이 어렴풋하게 보인다. 흰 건물은 희미한 푸른 하늘빛에 아련하다. 라파엘로의 조용하면서도 자신감 넘치는 특징을 잘 보여준다. 현재 작품은 사라지고 흑백 사진만 남아 있다. 사진을 바탕으로 컬러로 복원해본 것이다(<데일리 아트 매거진Daily Art Magazine>, 2019년 12월 19일자 기사).

그림은 계몽주의 시대 폴란드 왕족으로 정치가이자 수집가인 아담 예지 차르토리스키Adam Jerzy Czartoryski, 1770~1861가 1798년 이탈리아에서 구입했다. 그는 이 그림을 다 빈치의 '흰족제비를 안은 여인Lady with an Ermine', 로마 시대의 예술품들과 함께 폴란드로 가져왔다. 작품들은 차르토리스키 왕가 박물관에 전시되었다.

아담 예지 차르토리스키

1939년 나치 침공이 다가왔다는 소식을 접하자 가문의 수장인 아우구스틴 유제프 차르토리스키는 박물관에서 여러 귀중품들과 함께 초상화를 바르샤바 동남쪽 우크라이나와 가까운 시에니야바에 있는 개인 별장에 숨겼다. 그러나 불행히도, 작품들은 숨긴 지 2주 만에 나치의 악명 높은 비밀경찰 게슈타포에 의해 발견되어 약탈당했다. 약탈된 대표 작품은 '젊은이의 초상화', '흰족제비를 안은 여인', 그리고 렘브란트의 1638년 작품 '선한 사마리아인이 있는 풍경Landscape with the Good Samaritan' 등으로, 히틀러 개인 미술관에 걸기 위해 독일로 보내졌다.

히틀러가 눈독 들인 작품, 폴란드 총독이 빼돌려

그러나 히틀러가 임명한 폴란드 총독 한스 프랑크Hans Frank, 1900~1946가 1945년 1월 개인 목적으로 이 작품들을 독일에서 되가져와 자신의 사무실이 있는 크라쿠프의 중심지인 바벨 성으로 보냈다. 이것이 '젊은이의 초상화'의 마지막 행적이었다.

1월 하순 독일이 소련의 침공에 대비해 그림을 분산할 때 프랑크는 문

01

02

01 다 빈치의 1489년경 작품
'흰족제비를 안은 여인'
(차르토리스키 박물관 소장)

02 렘브란트의 1638년 작품
'선한 사마리아인이 있는 풍경'
(차르토르스키 박물관 소장)

MFAA 요원들이 1946년 4월 30일 폴란드 크라쿠프에서 다 빈치가 그린
'흰족제비를 안은 여인'을 폴란드 측에 넘겨주고 있다(출처: 모뉴먼츠 맨 재단)

제의 라파엘로 작품을 그의 고향으로 가져간 것으로 추정되지만, 공식적인 기록이나 보고서는 발견되지 않았다. 미군은 그해 5월 그를 체포했다.

다 빈치와 렘브란트 작품은 다행히 그의 고향 집에서 발견되어 폴란드로 돌아왔다. 그러나 라파엘로의 작품은 그의 고향 집에서도, 바벨 성에서도 발견되지 않았다. 그리고 1946년 프랑크는 전쟁범죄로 재판을 받고 처형되면서 '젊은이의 초상화' 행방은 미궁 속에 빠져버렸다. 제2차 세계대전 때 대작의 행방을 추적한 『유럽의 겁탈The Rape of Europa』을 쓴 역사학자 린 니콜라스Lynn H. Nicholas는 이 그림의 가치가 1억 달러 이상이라고 추정한다.

문제의 작품은 약탈당한 뒤 도난당하는 '이중 약탈'의 제물이 된 것으로 보인다. 폴란드 외무부는 이 작품은 전쟁에서 불타거나 파괴되지 않고 살아남았다며 수년간 이 예술품 소재지를 안다고 말하지만 정확한 위치는 밝히지 않았다.

2012년 이 그림이 발견되었다는 언론 보도에 폴란드 외무부가 성명을 발표하는 소동을 벌였지만 결국 오보로 밝혀졌다. 그러나 폴란드 정부는 장소를 밝힐 수 없는 은행 금고에 보관 중이라고 주장한다.

재정이 넉넉하지 않은 폴란드 정부는 2016년 후손들로부터 차르토리스키 박물관 컬렉션을 모두 1억 유로에 사들였다. 박물관 컬렉션은 원고와 도서 등 25만 건과 작품 8만 6000여 점이 포함되어 있어 시장 가치는 적게 잡아도 20억 유로 이상이다. 차르토리스키 후손들이 1억 유로를 받았다고는 하지만 사실상 정부에 기증한 것이다. 폴란드 정부가 매입한 것에는 분실 상태의 라파엘로 초상화의 소유권도 물론 포함되어 있다.

'젊은이의 초상화'는 독일, 미국, 스위스, 아니면 러시아의 개인 컬렉션에 들어가 있을 가능성도 있다. 공식적으로 확인된 것은 아무것도 없고, 그림의 행방은 여전히 오리무중이다. 폴란드 정부는 이 작품 회복에 1억 달러를 보상하겠다고 현상금 제공 의사를 밝힌 상태다. 차르토리스키 박물관은 이외에도 작품 800여 점을 분실했다고 신고해 두었다(<뉴욕타임스> 2016년 12월 29일자 기사).

라파엘로의 '젊은이의 초상화'가 있던 자리에 걸린 흑백 사진(출처: 폴란드 차르토리스키 박물관)

2014년 제작된 영화 '모뉴먼츠 맨'에서는 나치 독일이 한 광산에서 '젊은이의 초상화'에 불을 질러 훼손하는 것으로 묘사되었다. 그러나 영화 말미에 프랑크 스토키로 분장한 조지 클루니가 어두운 방에서 트루먼 대통령에게 보고하면서 스크린에 보이는 많은 그림은 여전히 되찾을 수 있다고 말하는 대목에도 이 작품이 배경으로 등장한다.

폴란드, 그단스크 컬렉션 반환 거부

폴란드가 반환을 거부하는 네덜란드 작품들

유대계 네덜란드인 미술품 거래상인 자크 구드스티커

폴란드 발트해 연안 도시 그단스크Gdansk[06] 미술관에는 나치가 유대계 네덜란드인 미술품 거래상 자크 구드스티커Jacques Goudstikker, 1897~1940에게서 약탈한 17세기 네덜란드 황금시대를 대표하는 풍경화의 대가 얀 반 호이엔Jan van Goyen, 1596~1656의 1638년 작품 '수로 옆 오두막집Huts on a Canal'을 비롯한 두 점을 보관하고 있다는 사실이 확인되었다. 이와 함께 그동안 행방불명된 것으로 여겨진 네덜란드 작품 일곱 점이 국립 그단스크 미술관이 소장하고 있다는 사실을 파악했다고 네덜란드 전문가들이 강조한다.

06 그단스크는 18세기 한자동맹 당시 폴란드의 무역 거점이었으나 폴란드가 프로이센, 러시아, 오스트리아헝가리제국에 의해 분할 점령되면서 프로이센이 합병해 단치히로 불렸다. 독일의 패전으로 끝난 제1차 세계대전 후 베르사유 조약에 따라 연합국은 이곳을 폴란드나 독일에 내주기 싫어 '단치히 자유 도시'로 만들었다. 주민 대다수가 독일계이지만, 이곳의 통신·철도·항만 사용권이 폴란드에 주어지면서 사실상 폴란드가 지배했다. 히틀러는 이곳 영토 회복을 제2차 세계대전의 빌미로 삼았다.

그단스크 미술관 큐레이터들도 네덜란드가 세계대전 당시 분실한 것으로 여겼던 호이엔의 이 두 점 외에도 네 점이 더 있다고 인정한다. 대표적으로 피테르 데 호흐Pieter de Hooch, 1629~1684와 렘브란트의 제자인 페르디난트 볼Ferdinand Bol, 1616~1680의 유화로, 이 작품들은 나치와 소련에 의한 약탈 문화재와 예술품을 추적하는 네덜란드 정부기구에 분실 작품으로 등록되어 있다. 이는 약탈 예술품이 7점이라고 주장한 네덜란드 측 연구자들과는 그림 한 점이 차이 난다.

또 그단스크 미술관에 있는 야코프 판 라위스달Jacob van Ruisdael, 1629년

호이엔의 1638년 작 '수로 옆 오두막집'(그단스크 미술관 소장)

경~1682의 풍경화 한 점은 베를린에 있던 유대인 출판업자에게서 빼앗은 것으로, 독일 학자들이 찾아냈다. 전쟁 기간 그단스크 미술관장 윌리 드로스트는 네덜란드 '올드 마스터'를 숭모한 광적인 팬으로, 이들의 작품을 열렬히 수집했다(〈뉴욕타임스〉, 2020년 1월 12일자 기사).

그단스크 미술관은 불법으로 획득한 미술품을 소장하고 있다는 비난이 국제적으로 점점 거세지자 모든 소장품에 대해 도록과 함께 책으로 출판할 계획이다. 이를 위해 현재 컬렉션의 역사와 기원, 출처 및 취득 경위에 관한 서류 작업을 하고 있다. 사실 폴란드는 전쟁 와중에 많은 그림이 불에 탔고, 미술관이 파괴되면서 기록은 사라진 상태이다. 또 폴란드에 점령군으로 들어온 소련 적군이 많은 작품을 모스크바로 옮겨 갔다는 기록들이 군데군데 남아 있다.

그단스크 미술관도 약탈품이라는 것을 확인했지만 폴란드는 호이엔의 그림 두 점 반환을 거부하고 있다. 반환과 관련해 폴란드 정부는 국제법에 근거한 정부의 공식적 절차를 통해 대응할 뿐이고, 개인은 법적 소송을 통해서 반환을 요청할 수 있다고 밝히고 있다. 이런 방침은 네덜란드 정부가 공식적으로 반환 요청을 한 적이 없고, 후손들도 반환 소송을 쉽게 제기하지 못할 것이라는 자신감에서 나온 것이다.

이에 대해 네덜란드는 반환은 국가가 아닌 개인이 법원을 통해야 한다면서도 "도움이 필요하다면, 적절한 지원을 하겠다"라며 신경전을 이어가고 있다.

▌네덜란드 작품이 폴란드에 남은 역사의 아이러니

제2차 세계대전은 '자유 도시' 단치히(Danzig, 폴란드 지명 그단스크) 반환을 주장하던 히틀러의 나치 독일군이 1939년 9월 1일 새벽 4시 44분, 군사적·전략적 가치가 거의 없는 폴란드 서부 도시 비엘룬Wieluń에 대대적으로 포격을 가하면서 공식화되었다. 폴란드 침공 이틀 뒤인 9월 3일, 영국과 프랑스는 독일에 전쟁을 선포했다. 히틀러는 그단스크를 독일로 돌려달라는 협상에 실패하면서 무력 행동을 개시했다. 독일군이 폴란드를 침공한 다음 날 그단스크 시의회는 독일 합병을 선언했다(〈BBC〉, 2019년 8월 30일자 기사).

영국과 프랑스가 독일에 전쟁을 선포한 2주 뒤인 1939년 9월 17일, 이번에는 소련 적군이 동쪽에서 폴란드를 침공했다. 폴란드는 히틀러와

제2차 세계대전 전후 폴란드 영토 변화 개념도

1939년 9월 1일 나치 폭격 직후의 폴란드 서부 도시 비엘룬(출처: 폴란드 국립문서보관소)

스탈린에 의해 양쪽에서 협공을 받는 이중 침략의 샌드위치 신세가 되었다. 하지만 제2차 세계대전이 끝난 후 그단스크는 폴란드로 귀속되었다. 이곳의 얽히고설킨 역사만큼이나 유럽에서도 나치가 약탈한 문화 예술품의 반환 문제가 복잡하다.

나치에, 소련에 '이중 약탈', 폴란드는 반환 거부

폴란드를 점령한 나치는 게르만족 우월주의에 빠져 폴란드에 있는 서부 유럽 문화재와 예술품을 약탈하고, 슬라브 문화재를 파괴했다. 소련도 침략 후 폴란드 예술품과 문화재를 약탈하고, 파괴하기는 마찬가지였다. 소련이 장악한 지역의 미술관과 공공기관의 거의 절반이 해체되어 수많은 약탈품이 모스크바 역사박물관과 반종교 중앙박물관으로 옮겨졌다.

소련의 약탈이 1947년까지 계속되면서 폴란드는 나치와 소련의 '이

중 약탈'에 신음했다. 2010년의 한 조사에 따르면, 전쟁 기간 폴란드가 파괴와 약탈로 상실한 문화유산은 전체의 75퍼센트에 이르는 것으로 추정된다. 폴란드 화가 작품 1만 1000점, 유럽 다른 국가 출신의 화가 작품 2800점, 조각 1400점, 원고 7만 5000장, 지도 2만 5000장, 1800년 이전에 출판된 도서 2만 2000권, 판화 30만 점, 예술적·역사적 가치가 있는 유물 수십만 점 등이다. 약탈되거나 파괴된 도서는 적게는 150만 권에서 많게는 2200만 권에 이르는 것으로 추정된다.

1945년 폴란드에서 나치 점령자들을 몰아낸 소련은 1989년까지 바르샤바에 고분고분한 공산정권을 수립했다. 전쟁 후, 폴란드 분실 및 훼손 예술품 신고기관이 1945년부터 1951년까지 운영되었지만, 냉전과 위성국가라는 현실 속에 약탈된 문화유산의 회복은 어려웠다. 그러나 소련이 붕괴하면서 국제질서가 바뀐 1990년대에 들어서자 상황이 변했다. 1991년 약탈품 회복을 목적으로 새로운 기구인 '국외 소재 폴란드 문화유산 정부 대표부'가 문화예술부에 설치되었다. 약탈 예술품의 위치가 파악되면 폴란드 정부는 반환을 요구했고, 거의 모든 요청은 성공적이었다.

폴란드 정부는 2001년부터 2012년 사이 환수한 30점의 중요 목록을 공개했다. 회복된 예술품들 가운데 폴란드 최고의 사실주의 화가로 꼽히는 알렉산데르 기에림스키Aleksander Gierymski, 1850~1901가 1880년에서 1881년 사이에 그린 '오렌지 바구니를 든 유대인 여성Jewess with Oranges'은 2010년 11월 독일의 한 경매회사에서 우연히 발견되었다. 남루한 옷

기에림스키 1880~1881년 작 '오렌지 바구니를 든 유대인 여성'(바르샤바 미술관 소장)

차림에 주름진 얼굴이 무기력해 보이지만 바구니에 든 노란 오렌지는 생명과 열정, 희망이 엿보인다. 이 작품은 2011년 7월 말 국립 바르샤바 미술관으로 반환되었다.

폴란드는 밝히지는 않았지만, 독일인 소장자에게 상당한 금액을 지불한 것으로 알려졌다. 폴란드는 분실한 미술품들을 온라인으로 공개하는 '상실 미술관'이라는 가상 미술관 구축을 계획하고 있다.

기상천외한 폴란드 영토 분할… 문화재 운명 갈려

폴란드의 예술품 반환 문제가 꼬인 것은 그단스크 미술관이 함축하고

1943년 테헤란 정상회담에 참석한 스탈린(왼쪽), 루스벨트, 처칠(출처: 미국 국립문서기록보관소)

있다. 제2차 세계대전이 종말로 치닫던 1943년 11월 미국, 영국, 소련 정상들이 이란의 테헤란에서 만났을 때 스탈린이 처칠과 루스벨트에게 기상천외한 제안을 내놓으면서 비롯되었다. 스탈린은 소련군이 1939년부터 장악한 폴란드 동부 영토를 전쟁 완충지대이기에 포기하지 않겠다고 고집하면서 대신 폴란드는 서부 국경을 서쪽으로 더 이동하여 소련에 빼앗긴 땅을 독일로부터 보상받으라고 제의한 것이었다.

그 결과, 폴란드는 동쪽의 커즌선Curzon line에 따라 소련과 국경선을 그으면서 동부 지역을 잃었다. 이곳은 결국 우크라이나 벨라루스 리투아니아로 독립하면서 러시아 땅도 되지 못했다. 폴란드는 서쪽으로 국경선을 250킬로미터를 옮겼고 이에 따라 보상받은 '오데르-나이세 선'이 결정되면서 독일로부터 그단스크와 함께 엄청난 넓이의 영토를 획득했다. 오데르-나이세 선은 발트해에서 오데르강과 나이세강을 따라 결정된 국경선으로, 독일은 오스트리아 병합 이전인 1937년 기준으로 국토의 4분의 1을 폴란드와 소련에 내주었다. 영토 관할권과 그 안에 남은 예술품 문제는 전후 처리 및 배상, 예술품 반환 문제와 맞물려 더욱 복잡해졌다.

네덜란드와 홀로코스트에 희생된 유대인 후손들은 폴란드 당국이 약탈된 작품들의 이력을 추적하지 않는다고 비판한다. 영국 런던에서 활동하는 비영리 민간기구로, 약탈품 회복 운동을 펼치는 유럽약탈예술품위원회Commission for Looted Art in Europe, CLAE 설립자이자 공동 의장인 앤 웨버Anne Webber는 "폴란드는 이런 작품들을 반환하려고 미술관이나 국가 또는 정치적 차원에서 노력을 기울이지 않았다"라고 단언한다.

앤 웨버
유럽약탈예술품위원회
(CFAE) 공동 의장

홀로코스트 약탈 문화재 반환에 관한 워싱턴 회의 당시 미국 국무장관 보좌관을 지낸 스튜어트 아이전스탯Stuart E. Eizenstat은 폴란드 역시 서명한 '워싱턴 원칙'[07]에 부응하는 데 실패한 국가들 가운데 한 나라라고 지목했다.

폴란드가 반환에 소극적인 이유는 제2차 세계대전의 상처에 여전히 민감하기 때문이다. 처칠과 루스벨트, 스탈린은 폴란드에 대한 독일의 배상은 현금이 아니라 물질과 기반 시설, 식량의 형태로 소련을 통해 이루어져야 한다는 것에 합의했다.

그러나 소련의 실질적인 배상은 없었다. 아르카디우스 물라르치크 폴란드 집권당 의원이자 의회 배상금 위원장은 "유대인은 보상받았지만, 나이 든 폴란드 국민은 단 1유로도 보상받지 못했다. 이런 것에 매우 신

07 미국이 1998년 12월 주도한 이 원칙의 정식 명칭은 '나치에 몰수된 예술품에 관한 워싱턴 회의 원칙'이지만 편의상 '워싱턴 원칙'으로 줄여 부른다. 워싱턴 원칙은 청구인이 박물관 소장품의 내력과 출처에 대해 약탈이라고 주장하면 박물관이 그렇지 않다는 것을 입증할 책임이 있다는 것으로 압축된다. 국가별로 사법 체계가 달라 구속력은 없고 나치 시대로 한정되어 있지만, 문화재 회복에서는 세계적으로 무시할 수 없는 원칙이 되었다. 문화 예술품의 취득 적법성을 소장자인 박물관이 불법이 아니라는 것을 입증할 책임을 지운 것이 큰 특징이다.

경이 날카롭고, 분노한다"라고 주장한다. 전후 배상과 관련해 폴란드 국민의 이런 정서가 약탈 문화재와 예술품 회복을 더욱 복잡하게 한다.

전문가들 '폴란드 문화재 반환 실무단' 구성 제안

전문가들은 폴란드가 독일에 보상 문제를 공식적으로 제기할지에는 회의적이다. 독일은, 폴란드 정부의 보상 요구는 진실이 담겨 있지만, 어느 정도는 유권자들을 향한 국내 정치 게임이라는 것도 알고 있다.

폴란드와 네덜란드 당국자들이 이미 폴란드에 있는 것으로 추적이 끝난 예술품 수십 점의 반환과 관련해 '공동 실무단'을 꾸리는 것이 시급해 보인다. 또 폴란드 데이터베이스에 접근하는 다른 국가들도 제2차 세계대전 기간 폴란드가 약탈당한 문화재와 예술품이 어떤 것이든 상관없이 돌려준다는 원칙을 폴란드에 확신시켜주는 것이 중요하다. 이는 폴란드 역시 대전 당시 예술품과 문화재 약탈의 최대 희생 국가인 까닭이다.

그단스크에 남은 나치 약탈품은 어떻게 폴란드 정부가 소유하게 되었을까. 제2차 세계대전은 나치 독일이 단치히를 점령한 채 끝났다. 앤 웨버 유럽약탈예술품위원회CLAE 공동 의장은 "독일인들은 폴란드 박물관을 약탈 예술품의 보관소로 이용했다"라고 설명한다. 베를린에 보내지 않고 단치히에 모아둔 작품들은 나치의 체제 우위를 자랑하는 무대로 삼은 것이다. 그런데 전쟁이 끝나고 1945년 포츠담 협정 결과로 단치히는 이름이 그단스크로 바뀌면서 폴란드에 귀속되었고, 그곳에 남은 작품들은 폴란드가 공산화되면서 국유화되었다.

4

구트만 가족의 회복 이야기

오락가락 회복 정책에 뭇매 맞는 네덜란드

나치에 희생된 수집가 후손의 외로운 회복 투쟁기

네덜란드 은행가이자 유명한 예술품 수집가였던 프리드리히 베른하르트 외겐 '프리츠' 구트만Friedrich Bernhard Eugen 'Fritz' Gutmann, 1886~1944은 나치 점령 기간인 1942년 자신의 컬렉션을 독일의 예술품 거래상들에게 강제로 팔아야 했다.

프리드리히 베른하르트 외겐 구트만(오른쪽)과 아들 버나드(1923년도)

그의 아버지가 1872년 드레스드너 은행을 설립할 정도로 부유했던 가문에서 성장한 프리츠 구트만은 르네상스 시대의 귀금속을 포함해 19세기 후반까지의 예술품을 많이 수집했다. 구트만은 선조가 1800년대 후반 유대교에서 기독교로 개종해 전통적인 의미의 유대인이 아니라고 생각했다. 그러나 '지배 민족은 혈통에 따라 엄격하게 정의된다'는 해괴한 이론을 주장하는 나치에겐 이런 정도의 종교적 차이는 문제가 되지 않았다.

네덜란드 정부가 보관 중인 약탈 예술품을 원래 소유자에게 돌려주는 것을 업무로 삼는 네덜란드 회복위원회Restitutiecommissie, 영문 Dutch Restitutions Committee의 2011년 4월 11일자 결정문에 따르면, 프리츠가 사실상 가택연금을 당하던 1941년 봄, 파리에서 활동하던 나치 예술품 거래상인 카를 하베르스토크가 구트만으로부터 소장품을 사기 위해 그의 저택인 네덜란드 하를럼 인근 헴스테데를 방문했다. 매매는 '강제 판매'였다. 프리츠는 많은 예술품을 강제로 팔았고, 목숨의 위협을 느껴 1942년 나치 친위대 SS 대장인 하인리히 히믈러에게 구명을 요청했다.

SS 장교들이 1943년 6월 26일 헴스테데에 와서 그와 부인 루이스를 "베를린으로 모시고 간다"면서 데리고 갔다. 그러나 이들은 체포되어 오스트리아 테레친 강제수용소로 끌려가면서 구명 요청은 실패로 끝났다. 프리츠는 테레친에서 구타를 당해 사망했다. 부인 루이스 구트만은 남편보다 조금 더 오래 살기는 했지만, 다시 아우슈비츠로 보내져 그곳 독가스실에서 생을 마감했다. 그리고 그의 컬렉션은 히틀러와 괴링에게 넘어갔다.

스위스로 시집간 딸 릴리와 영국에서 공부하던 아들은 나치의 화를 피할 수 있었다. 아들은 구트만이라는 성을 영어식 굿맨Goodman으로 바꾸었다.

전쟁이 끝난 뒤 프리츠 구트만의 두 자녀 버나드 굿맨과 릴리 구트만이 헴스테데 자택에 갔을 때 모든 예술품이 강탈당한 것을 파악하고 네덜란드와 미국, 프랑스, 독일, 영국 당국에 알리면서 회복에 나섰다.

1954~1960년까지 일부는 회수에 성공했지만, 수백여 점은 사라진 상태였다. 버나드는 1994년 미국 로스앤젤레스에서 사망할 때까지 두 아들 닉과 시몬에게 한 번도 할아버지의 컬렉션에 대해 이야기하지 않았다. 버나드의 유품을 정리하던 두 아들은 아버지가 모아두었던 서류와 편지 상자를 살펴보다가 생전에 아버지가 했던 일을 알았고, 이젠 이들이 할아버지의 유물 추적을 잇고 있다.

제2차 세계대전 발발 당시 영국 시민권자였던 버나드 굿맨은 나치가 강제로 팔게 했던 드가, 르누아르, 보티첼리 등 많은 작가의 대작을 포함한 가문의 잃어버린 재산을 되찾고자 애썼다. 하지만 전쟁이 끝난 뒤, 아버지의 잃어버린 예술품 컬렉션을 찾으려는 아들 버나드에게 1950년대 유럽은 냉담했다. 처음에는 소장자들이 과거를 들먹이거나 그들의 소유권을 문제 삼는 시도를 막으려 했다.

"미술품 거래상들, 미술관 관장들, 갤러리 주인들, 경매회사들은 물론 부유한 소장자들은 모두 하나같이 분개하면서 질문을 던졌습니다. '누구이기에 갑자기 나타나서 귀중한 그림의 소유권을 주장하느냐', '반세기 전에 이미 끝난 일이 아니냐', '법에는 취득시효가 있지 않느냐', '홀로코스트와 나치 약탈을 무시하지는 않지만, 예술 시장이 완전히 혼란해질 수 있지 않느냐'는 반응이었습니다."

예술계에 등장한 '집단 양심', 갑자기 나타난 드가

그러나 시간이 흐르고, 예술의 세계에서 회복 주장에 대한 호응이 나타나기 시작했다. 예술 세계에서도 옳은 일을 하자는 '집단 양심collective conscience'이 퍼져 나갔다. 프리츠 구트만의 손자 시몬 굿맨은 "대개 아버지는 문전박대를 당했지만, 나는 몇 곳에서는 문을 열고 들어갈 수 있었다"라고 말한다.

그는 할아버지 컬렉션을 400여 점을 확인했고, 독일과 네덜란드로부터 절반가량을 되찾았다. 특히 2002년 네덜란드 정부와의 화해 조정으로 많이 되찾았지만, 다수의 작품은 여전히 미술관과 개인 소장가들이 보관하고 있다. 또 일부 작품은 행방이 묘연하다(<타임스 오브 이스라엘>, 2015년 5월 28일자 기사).

시몬 굿맨은 1995년 10월, 뉴욕 메트로폴리탄 미술관이 발간한 1994년 전시회 카탈로그 사진의 작품 한 점이 가문의 것임을 바로 알아보았다. 에드가르 드가가 1890년에 그린 파스텔화 '굴뚝이 있는 풍경화Paysage Avec Fumée de Cheminées'로, 카탈로그에는 시카고 근처에 사는 제약업계의 억만장자 대니얼 설Daniel C. Searle의 소유로 되어 있었다. 1931년 할아버지 프리츠 구트만이 이 작품을 샀고, 1939년 안전하게 보관해 달라며 예술품 관리회사인 파리에 있는 폴 그루프에시Paul Graupe et Cie에 보낸 작품이었다.

이 작품은 1951년 스위스를 거쳐 뉴욕에 도착했고, 미국인 수집가 에밀 울프에게 팔렸다. 설은 자신이 종신회원으로 있는 시카고 아트 인스

드가의 1890년 작 '굴뚝이 있는 풍경화'(시카고 아트 인스티튜트 소장)

티튜트AIC의 조언으로 1987년 울프에게서 수십만 달러에 사들였다.

작품 이력에 독일 화상인 한스 벤드란트Hans Wendland, 1880~1965라는 이름이 눈에 띄었다. 나치 강탈 예술품 회복 전문 변호사인 윌리 코트Willi Korte는 미국 방송 〈CBS〉와의 1997년 1월 16일자 인터뷰에서 "벤드란트는 프랑스에서 나치가 약탈한 예술품을 스위스로 밀수해 판매하는 데 누구보다 책임이 크다"라고 밝히고 있다. 설의 변호사는 1987년 구매 당시 벤드란트라는 인물이 잘 알려지지 않아 그의 행적을 몰랐다고 주장했다.

독일 화상 벤드란트

그림의 현재 소유자를 확인한 굿맨 형제들은 설에게 반환을 주장했다. 이들은 "정의가 실행되는 것을 보고 싶다"라며 합법적 원래 소유자에게 돌려달라고 요구했다. 이에 대해 설은 변호사를 통해 “나치 정권의 희생자에게 동정심을 느낀다. 그러나 이번 경우에는 예술품 도난 사건과는 다르다”라며 반환 요청을 거절했다.

이에 굿맨 형제들과 설 간의 소득 없는 소통 끝에 1996년 굿맨 형제들이 뉴욕과 시카고 법원에 작품 반환 소송을 제기하면서 법정으로 넘어갔다. 이 소송은 미국에서 전시 예술품 약탈과 관련해 개인이 제기한 첫 반환 분쟁 사례여서 국제적으로 관심이 집중되었다. 그 이전에는 피탈被奪 국가가 미국의 미술관을 상대로 반환 소송을 냈다.

해결, 후손과 현재 소장자 절충, 그리고 기록

반환을 거부하는 설에 대한 비판이 커지면서 영국 런던에 있는 국립미술관은 소장품에 나치 약탈품이 있는지 알아보기 위해 모든 소장품을 조사했다. 이런 조사는 당시로서는 세계에서 처음이었다. 그 결과 독일 당국에 의해 약탈된 고흐 작품 한 점을 찾아내어 반환했다.

1998년 8월 7일 굿맨은 설에 전화했고, 몇 시간 뒤에 설은 “우리는 합의했다”라고 발표했다. 그림 소유권은 설과 굿맨의 상속자들이 공동으로 소유하기로 했다. 설이 그림에서 자신의 지분을 미국의 3대 미술관으로 꼽히는 시카고 AIC에 기증함에 따라 시카고 AIC는 구트만 후손들에게 24만 3750달러를 지불했다. 설은 그만큼의 금액을 소득세 공제를 받았다. 드가의 이 작품은 1999년 6월 11일 시카고 AIC에 전시되었다. 전시 작품 아래에는 합의한 조건에 따라 다음과 같은 설명이 붙었다.

“프리드리히, 루이스 구트만 구입, 대니얼 설 기증.”

할아버지 프리드리히 베른하르트 외겐 구트만의 유물을 추적하는 시몬 굿맨

오르페우스 시계(슈투트가르트 미술관 소장)

구트만 가문이 소유했던, 450년 전에 제작된 황금 시계인 '오르페우스 시계Orpheus Clock'도 회복했다. 2011년 독일 슈투트가르트 미술관은 르네상스 시대에 제작된 그 시계를 수십 년간 간직하다 그 가격을 지불했다. 지불과 관련하여 독일이 공식적으로 사과했다고 시몬 굿맨은 가문의 컬렉션 약탈과 회복 과정을 서술한 가문의 일대기 『오르페우스 시계』(1996년)에서 밝히고 있다. 독일의 사과는 다음과 같다.

> "우리는 귀하의 가족에 발생한 일에 유감을 표합니다. 또한 우리는 이 문제를 최소한으로나마 바르게 해결할 기회를 갖게 된 것에 감사합니다."

경매에 나타난 그림을 되찾는 행운도

거의 80년간 행방불명되어 굿맨이 추적했던, 아버지 루카스 크라나흐Lucas Cranach der Ältere, 1472~1553[08]가 1530년대에 그린 '작센 선제후 요한

08 루카스 크라나흐는 부자(父子)가 같은 이름으로 활동한 화가이기에 이름에 '아버지'와 '아들'로 표기해 구별한다. 아버지 크라나흐는 종교개혁가 루터의 친구로서 그와 가족의 초상화도 비교적 많이 그렸다. 루터가 번역한 성경에도 그의 그림이 많이 들어갔다.

'아버지' 루카스 크라나흐의 '작센 선제후 요한 프리드리히 1세의 초상화' (크리스티 제공)

1550년 아들이 그린 아버지 루카스 크라나흐 초상화(우피치 미술관 소장)

프리드리히 1세의 초상화Portrait of John Frederick I, Elector of Saxony'가 미국에서 발견되었다. 초상화 주인공 프리드리히 1세1503~1554는 신성로마제국 황제를 선출하는 막강한 권한을 가진 일곱 명의 선제후 가운데 한 명이었다. 그는 종교개혁과 루터의 열렬한 지지자였고, 비텐베르크대학 설립자 가운데 한 명으로 알려졌다.

크라나흐는 궁정화가로서 선제후 부부의 그림과 초상화도 많이 남겼다. 작품 반환에 중재 역할을 한 크리스티는 2018년 11월 10일자 자료에서 "프리드리히는 크라나흐의 최고 지원자이자 친구로 그의 초상화는 크라나흐의 가장 세련된 묘사력을 보여준다"라고 설명했다.

요한 프리드리히 1세 초상화는 1922년 하반기 프리츠 구트만의 집으로 들어갔다. 그러나 1940년 이후 프리드리히 1세 초상화의 행적이 어둠 속에 묻혔다. 후손들은 두 세대에 걸쳐 프리드리히 1세를 추적했지만 허사였다. 이들은 작품을 미국 모뉴먼츠 맨 재단과 독일 분실 예술품 재단에 분실 예술품으로 등록해두었다. 굿맨이 쓴 『오르페우스 시계』에서도 이 초상화를 포함한 작품들을 추적한다고 공개적으로 밝혔다.

뜻밖의 반전은 2014년 경매회사에서 벌어졌다. 크리스티는 "놀랍게도 이런 작품이 살아남은 것은 크라나흐의 혁신과 독특한 화풍 덕분"이라며 "과거 흑백 사진으로만 보던 그림을 다시 볼 수 있어 흥분된다"라며 작품 발견 사실을 굿맨에게 알렸다.

크리스티의 회복위원회 국제담당 이사 모니카 드곳Monica Dugot은 작품 판매 이후 "이 그림이 다시 등장한 것은 선의와 인내, 협조를 통해 우호적이고 공정한 해결책을 제시할 수 있다고 믿었기 때문"이라며 "나치의 박해와 그 후 수십 년이 흘렀지만 복잡한 회복 과정에서도 합법적 소유자가 분실 예술품을 되찾을 수 있다는 것을 보여주고 싶었다"라고 말했다.

크리스티는 이 작품을 획득했으나 나치의 손에 가족이 희생된 고통을 아는 사람이 접근해 왔기에 구트만 후손들에게 돌아갈 수 있도록 중재했다고만 밝힐 뿐 자세한 반환 과정은 소개하지 않았다. 굿맨은 "우리 가족은 이 초상화가 발견되어 너무 흥분했다. 작품을 전달한 사람과 회복할 수 있도록 중재해준 크리스티에 감사하다"라고 밝혔다.

요한 프리드리히 1세 초상화는 2014년 4월 경매에 등장해 770만 달러의 몸값을 자랑하고 새 주인을 찾아갔다.

반환 겉도는 칸딘스키

▍수백 억대 칸딘스키 그림 놓고 회복 불만 폭주

독일에서 태어난 유대계 네덜란드 예술품 수집가 요한나 마르가레테 슈테른-리프만Johanna Margarete Stern-Lippmann, 1874~1944 후손들은 2020년 2월 네덜란드 문화부에 전문가들의 '부주의한' 실수와 감수성 부족에 대한 불만 청원을 제기했다. 이 가문은 또 나치 정권 당시 분실한 '추상화 창시자' 바실리 칸딘스키Wassily Kandinsky, 1866~1944의 대작을 네덜란드가 소유하고 있으면서도 전쟁 전의 합법적 원래 소유자에게 반환하지 않는다고 주장하고 있다.

바실리 칸딘스키 (1913년경)

해당 작품은 칸딘스키가 1910년 그린 '예배당이 있는 무르나우 풍경Blick auf Murnau mit Kirche'으로, 제2차 세계대전 이전에는 슈테른-리프만 가문이 소유했다. 하지만 1951년 이후 에인트호번 시의회 소유로, 반 아베 미술관Van Abbemuseum에 전시되어 있다.

작품은 칸딘스키가 추상미술의 선구자답게 구체적인 풍경의 단순한 재현에서 벗어나 힘 있는 필치와 선명한 색채로 그가 추구하는 아름다움을 보여주고 있다.

러시아 출신으로 20세기에 가장 중요한 예술 이론가로도 꼽히는 칸딘스키의 작품은 그 가격이 엄청나다. 2017년 6월 열린 런던 소더비 경매에서 1909년 작품 '초록색 집이 있는 풍경'은 2640만 달러(당시 환율 기

칸딘스키의 1910년 작 '예배당이 있는 무르나우 풍경'(에인트호번 반 아베 미술관 소장)

준 약 301억 원)에 낙찰된 데 이어 1913년 작품 '하얀 선이 있는 그림'도 같은 경매에서 4160만 달러(약 475억 원)에 새로운 주인을 만났다. 이를 고려하면 '예배당이 있는 무르나우 풍경'이나 또 다른 회복 논란이 있는 1909년 작품인 '주택이 있는 풍경Bild mit Häusern'도 최소 수백억 원대일 것으로 추정된다.

회복 논란의 중심에 선 그림 '예배당이 있는 무르나우 풍경'의 전쟁 전 소유자인 슈테른-리프만 후손 12명은 의심스러운 환경에서 집에 있던 그림이 사라졌다며 자신들이 합법적 상속자라고 주장한다. 이들은 선조가 네덜란드를 떠날 때 작품이 가족 컬렉션에서 사라졌다고 강조한다. 슈테른-리프만은 1942년 암스테르담에서 체포되어 아우슈비츠로 보내졌고, 결국 다시는 걸어 나오지 못했지만 일부 자녀들은 전쟁 통에 살아 남았다.

요한나 마르가레테 슈테른-리프만의 후손 대표 헤스터 베르겐

그림 소유권을 주장하는 후손 가족 대표 헤스터 베르겐Hester Bergen은 가족들은 절차가 오래 지연되고, 거슬리는 질문에다 네덜란드 회복위원회의 전문가 보고서에서 사실상의 실수에 좌절한다고 말한다. 회복위원회는 홀로코스트와 관련한 상실 재산 회복을 주요 업무로 하는 네덜란드 정부 기구다.

1935년 가문의 실내 사진에 등장한 그림이 증거

베르겐은 반 아베 미술관이 2013년 자체 조사한 결과, 칸딘스키 작품이 약탈 예술품일 가능성이 짙다고 인식했을 때, 가족들은 가문의 분실 작품이라는 것을 알았다. 베르겐은 1924년 선조 할아버지 유언에서 '칸딘스키 풍경화'를 언급한 것을 찾아냈다. 그리고 미술관은 그림 뒤에 적힌 손글씨와 유언의 손글씨가 일치한다는 것도 밝혀냈다.

칸딘스키의 작품 '예배당이 있는 무르나우 풍경'이 걸린 1935년도 요한나 마르가레테 슈테른-리프만의 거실(출처: 〈더치 뉴스〉)

그러고는 2018년 당시 84세 고모에게서 베르겐은 1935년으로 거슬러 올라가는 증조모의 독일 집 거실 벽에서 문제의 그 작품이 걸려 있는 사진을 앨범에서 찾아냈다. 그는 이 사진으로 칸딘스키의 '예배당이 있는 무르나

우 풍경'을 가문이 소유한 결정적 증거로 생각했다. 베르겐은 가문에서 이 작품을 돌려받는 것은 시간문제일 뿐 증거가 부족한 것은 아니라고 확신했다(〈더치 뉴스Dutch News〉, 2020년 3월 19일자 기사).

> "이제는 그건 미술관이 이야기해야 한다는 신호였습니다. 도저히 무시할 수가 없는 결정적 증거이지요. 저를 괴롭힌 것은 오히려 미술관과 매우 잘 소통해 왔다는 점이었습니다. 실제로 미술관은 그림을 돌려주기 위해 이별 파티를 하려고 준비했습니다."

그런데 이들의 반환 청구는 회복위원회가 기각했다. 회복위원회는 2018년 1월 29일자 결정문에서 "이 가족이 이 그림을 소유했다는 점은 의심하지 않았지만, 어떻게 헤이그 미술 거래상 카를 알렉산데르 레가트Karl Alexander Legat의 손에 들어갔는지는 증명되지 않았다"라고 밝혔다. 나치 집권 기간 예술품을 약탈하고 처리한 이들의 적기 명단red flag name[09]에도 등장하는 레가트는 1951년 작품 소유주가 수수께끼의 인물인 '에이. 카우프만A. Kaufmann'이라며 미술관에 팔았다. 레가트는 이보다 앞선 1949년에도 칸딘스키 작품 한 점을 팔았다.

회복위원회는 1935년에서 1951년 사이 그림의 행적이 명확하지 않다

09 제2차 세계대전 직후 미전략정보국(OSS) 산하 예술품약탈정보부대(ALIU)가 1945~1946년 작성한 보고서에 등장하는 예술품 약탈범과 그 대리인 명단. 히틀러와 괴링, 로젠베르크 등이 나치가 점령한 지역에서 예술품을 약탈한 내역과 중개인들에 대한 합동신문 조사 보고서 등으로 구성되어 있다.

고 보았다. 또 이 가문이 종전 후인 1955년 정부가 설치한 '네덜란드 예술품 재산 재단Stichting Nederlands Kunstbezit: SNK, 영문 Netherlands Art Property Foundation[10]'에 제출한 분실 재산의 반환 신청서에 칸딘스키 그림에 대한 언급이 없었다고 주장한다. 이어 1958년과 1959년에 베를린 보상사무소WGA에 보낸 분실 예술품 명단에도 칸딘스키 그림에 대한 언급이 없었다고 덧붙인다.

이에 베르겐 가족들은 2020년 2월에 더 많은 증거를 또 다른 기관인 네덜란드 예술위원회에 제출했고, 베르겐 고모에게 더 많은 질문을 해달라고 요청했다. 베르겐은 "내가 더 많이 질문할수록 고모는 더 많이 화를 냅니다"라면서 "고모는 '이는 그림과 관련된 것이 아니라 우리를 우스꽝스럽게 만들려는 신호'로 받아들인다"라고 분위기를 전했다.

"저는 지금 에인트호번 시장과 시의원들에 맞서야 합니다. 그리고 그들은 작품의 반환 결정을 회복위원회에 넘겼다고 말하고, 회복위원회는 전문가들에게 맡겨버렸고, 전문가들은 실수에 실수를 거듭했습니다. 그러고는 아무도 결정하지 않으려 합니다. 그러는 동안 전쟁 기간에 숨어 지내다 살아남은 유일한 생존자인 고모는 더 늙어 갑니다. 제 어머니는 5년 전인 2015년 돌아가셨고, 다른 고모는 2019년 5월에 별세했지만, 그들은 사건을 계속 미루고 있습니다. 제 고모는 전쟁의 직

10 네덜란드 정부가 1945년 나치의 문화재와 예술품 약탈을 파악하고 회복하고자 설치한 기구로, 자신의 가족이 소유한 예술품을 강탈당한 사실을 아는 사람은 누구나 반환 신청서를 작성해 제출할 수 있도록 했다. SNK는 1957년에 해체되었다.

접적인 희생자입니다. 그게 저는 가장 괴롭습니다."

베르겐 가족은 네덜란드 문화부에 전문가 보고서의 오류와 판단에 걸린 시간, 편견, 그리고 홀로코스트에 가족을 잃은 상처 입은 사람들에게 회복위원회가 보인 부당한 대우에 불만을 제기하는 서한을 보냈다.

칸딘스키의 다른 작품도 반환을 거부한 위원회 '속사정'

회복위원회의 결정 논란은 이뿐만 아니다. 칸딘스키가 1909년에 그린 '주택이 있는 풍경'의 합법적 소유자로 자처한 유대계 네덜란드인 사업가이자 예술품 수집가 에마누엘 레벤슈타인Emanuel Lewenstein, 1870~1930의 후손들은 2020년 1월 그림을 돌려달라고 법원에 소송을 냈다. 앞서 회복위원회는 2018년 암스테르담 시립미술관에 걸려 있는 이 작품에 대해 미술관이 반환할 의무가 없다고 결정했다.

회복위원회의 반환 거부 결정에 대해 레벤슈타인 후손들은 편견이라고 반발하며 나섰다. 후손들은 2013년 12월부터 작품 반환을 요구해 왔다. 암스테르담 시립미술관은 문제의 칸딘스키 작품을 네덜란드가 나치에 점령된 지 5개월이 흐른 시점인 1940년 10월 경매로 확보했다. 시립미술관은 당시 160길더를 지급했으나, 레벤슈타인 후손들은 선조가 이보다 17년 전에 500길더에 샀던 작품이라며 강요로 그림을 헐값에 판 것이라고 강조했다. 레벤슈타인 후손을 대변하는 변호사들은 "미술관이 선의로 행동한 것이 아니다"라고 주장했다.

후손들이 그림을 돌려받기 위해 적극적으로 움직인 계기는 나치의 약

칸딘스키의 1909년 작품인 '주택이 있는 풍경'(암스테르담 시립미술관 소장)

탈 미술품을 원래 주인에게 돌려주자는 운동에 네덜란드 정부가 적극적으로 호응하고 나섰기 때문이다. 네덜란드는 1998년 나치 강탈 미술품을 돌려주기로 합의한 '워싱턴 원칙' 이후 2002년 변호사와 미술가, 미술사학자 등이 참여하는 회복위원회를 구성해 나치 시절에 도난당한 미술품을 원래의 합법적 소유주에게 돌려주는 작업을 시작했다. 세계적으로 이런 기구를 꾸려 운영한 나라는 네덜란드를 포함해 5개국뿐이었다.

이런 상황에서 회복위원회가 칸딘스키의 1909년 작품에 대해 반환하지 않아도 된다는 뜻밖의 결정을 내린 것이다. 회복위원회는 2018년 11월 1일자 결정문에서 "나치 시절인 1940년 10월 8~9일 암스테르담 프레드리크 뮐러 경매소에서 그림이 팔렸고, 레벤슈타인 가족들은 그림을 내놓지 않으면 어떤 운명에 처할지 충분히 인지하고 있었다"라며 어느 정도 강압적인 분위기에서 거래가 이루어졌음을 인정했다.

그러나 레벤슈타인 가족이 당시 재정적으로 어려웠다는 증거가 있다는 점과 직계 후손들이 제2차 세계대전 직후에 미술관과 좋은 관계를 유지하면서 오랫동안 그림 반환을 요구하지 않았던 점을 들어 미술관은 반환할 의무가 없다고 결정했다. 암스테르담 지방법원도 2020년 12월 회복위원회의 결정에 손을 들어주는 판결을 내렸다(<독일의 소리DW>, 2020년 12월 16일자 기사).

미국 법정으로 간 칸딘스키 그림 소유권

레벤슈타인 후손 세 명은 2017년 3월 미국 뉴욕에서 또 다른 칸딘스키 작품 '화려한 인생Das Bunte Leben'을 소유한 바이에른 란데스방크에 대해 소유권 확인 소송을 제기했다. 칸딘스키의 역작 가운데 한 점으로 꼽히는 이 작품의 가격대는, 소송을 낸 그의 후손들은 그 가치가 8000만 달러라고 믿고 있다(<가디언>, 2017년 3월 3일자 기사).

예술품 거래상이었던 레벤슈타인은 칸딘스키가 1907년 이 작품을 완성한 직후에 구입했다. 1930년, 그가 사망한 직후 부인 헤드비히Hedwig, 1875~1937가 안전하게 보관해달라며 암스테르담 미술관에 맡겼다. 전쟁 발발 직전인 1937년 그녀가 사망하면서 그림은 두 자녀에게 상속되었지만, 두 자녀는 나치의 박해를 피해 1938년과 1939년 각각 모잠비크와 뉴욕으로 피신했다.

후손들은 소장에서 "유대인 집단학살이 전개되던 네덜란드를 나치가 점령한 시기에 그림은 합법적 소유자들로부터 국제법을 위반해 탈취되었다"라며 가족들 허락 없이 1940년 경매에서 팔렸다고 주장한다. 경

바실리 칸딘스키의 '화려한 인생'(렌바흐하우스 소장)

매회사 프레드리크 뮐러가 1940년 10월에 발간한 경매 목록에 구드스티커가 소유한 작품들을 비롯해 칸딘스키 작품이 204점이 적혀 있지만 250점이 팔린 것으로 추정된다. 가격은 시중의 10~20퍼센트에 지나지 않았지만 레벤슈타인 가족은 판매 대금을 전혀 받지 못했다고 주장한다.

현재 그림은 독일 뮌헨의 렌바흐하우스 미술관에 걸려 있다. 문제의 작품을 사들여 렌바흐하우스에 대여한 바이에른 란데스방크는 성명에서 "은행은 1972년 뮌헨시의 조사 아래 칸딘스키 그림을 매입했다"고 밝혔다. 은행 측은 협상으로라도 이 문제를 해결해 그림을 계속 걸어두고 싶어 한다.

렌바흐하우스

오락가락 네덜란드의 반환 정책

▌가슴 처연한 그림이 보여준 네덜란드 반환 모순

이 작은 아이, 하얀색 옷과 하얀색 침대가 검은색 배경과 대비된다. 갈색 밀집 볏가리 위에 눈을 감고 조용히 누워 작은 두 손을 모은 모습이다. 두 눈은 감겨 고요하다. 몸을 덮은 하얀 천 위를 가로지르는 착화목에 불꽃은 이미 꺼져 있다.

보기만 해도 가슴 먹먹한 이 그림 '죽은 아이A Child on His Deathbed'는 17세기 네덜란드 황금시대를 주도한 초상화 대가 바르톨로메우스 반 데르 헬스트Bartholomeus van der Helst, 1613~1670의 1645년도 작품으로, 제2차 세계대전 당시 나치가 암스테르담에 있는 한 개인 화랑에서 약탈해간

반 데르 헬스트의 1645년 작 '죽은 아이'(암스테르담 미술관 소장)

1200여 점 가운데 한 점이다. 연합군이 종전 직후 네덜란드에 반환한 이 그림은 앞서 살펴본 네덜란드 유명 예술품 거래상인 자크 구드스티커의 소유로, 가족에게 돌아가는 대신 반세기 동안 네덜란드의 한 미술관 벽에 걸려 있었다.

해당 작품은 2006년 2월 6일 '네덜란드 회복위원회'의 권고에 따라 네덜란드 정부가 구드스티커 후손들에게 그림 202점을 반환하자, 후손들이 감사의 표시로 정부에 기증한 것이다. 50여 년 만의 그림 반환에 대해 미술사학자 루디 에카르트Rudi Ekkart는 "연민의 동정심 부족"이라고 지적했다(<타임스 오브 이스라엘>, 2015년 8월 28일자 기사).

반 데르 헬스트 그림의 소유주가 바뀌는 과정은 네덜란드에서 매우 상징적이다. 종전 직후 나치가 약탈한 걸작 최소 수천 점이 네덜란드로 돌아왔지만, 후손들에게 반환되기는커녕 네덜란드 국가 재산이 되어버렸다. 정부의 이런 처사에 가문의 재산을 돌려받지 못한 후손들 사이에 팽배했던 냉소주의가 이번 반환 건을 계기로 불식될 수 있기 때문이다.

구드스티커 컬렉션, 네덜란드 정부는 반환 안 해

나치가 네덜란드를 점령하자 유대인 화상들은 달아날 준비를 했다. 이들은 소장 예술품을 싸게 팔거나 소장품과 부동산 등 다른 재산과 사업체를 나치가 가져가지 못하도록 비非유대인에게 관리해 달라고 부탁하면서 상당한 금액을 주며 명의신탁을 하기도 했다. 대표적인 사례가 구드스티커였다. 그는 나치가 좋아하는 올드 마스터와 렘브란트, 페르메이르, 얀 스테인 등을 포함한 플랑드르파 작품을 많이 보유했다. 이탈리아와 프랑스의 고전 작품도 많았다.

1940년 나치 점령 초기, 네덜란드 최대 화상 구드스티커는 1937년에 결혼한 부인 및 어린 아들과 함께 영국으로 향하는 배에 올랐다. 구드스티커는 네덜란드를 탈출하면서 나치 마수에서 벗어나는 데 성공한 것처럼 보였지만 항해 도중인 1940년 5월 16일 선박 화물창으로 떨어져 사망했다. 오늘날까지도 그의 추락사는 원인을 확실히 알 수 없는 의문사로 남아 있다.

구드스티커가 사망한 다음 날, 그의 네덜란드 재산 관리인도 사망했다. 이들이 사망한 직후 네덜란드에 남은 직원들이 그의 소장품 가운데 800여 점을 히틀러 최측근인 괴링에게 헐값에 팔아 치웠다. 그의 회사는 훗날 독일인 은행가에게 넘어갔다.

가장을 잃은 구드스티커 가족은 캐나다를 거쳐 미국 뉴욕으로 향했다. 대전이 끝난 직후 연합군이 독일에서 발견한 작품들을 네덜란드로 반환했고, 그 가운데 구드스티커 소장품 300여 점도 돌아왔다. 네덜란드 정부가 환수한 작품 대다수는 자국 화가의 작품들로, 마을과 강변 풍경을 날카로운 명암 대비를 통해 새로운 화풍을 보인 살로몬 판 라위스달Salomon van Ruysdael, 야코보 판 라위스달의 숙부, 1600?~1670이 1649년에 완성한 '배가 있는 강가River Landscape with Ferry'와 17세기 농민이나 중산층의 생활상에 재치와 해학을 담았던 얀 스테인Jan Steen, 1626~1679의 1671년 작품 '이피게네이아의 희생The Sacrifice of Iphigenia' 등 명작이 다수 포함되어 있었다.

01

02

01 살로몬 판 라위스달의 1649년 작 '배가 있는 강가'(워싱턴 D.C. 국립미술관 소장)

02 얀 스테인의 1671년 작 '이피게네이아의 희생'(레이던 소장)

빈 오페라 가수 출신인 그의 부인 데시레Désirée Gouddstikker, 1912~1996는 종전 직후인 1946년 초 네덜란드 정부에 구드스티커 컬렉션 반환을 요청했다. 그녀는 남편이 작성한 소장품 1113점의 목록이 적힌 노트를 간직하고 있었다.

전쟁이 끝난 뒤 이 노트는 작품 추적과 반환의 결정적 증거로 활용되었다. 7년간의 소송 끝에 1952년 8월 데시레는 남편 컬렉션 일부의 반환과 관련해 네덜란드 정부와 화해 합의에 이른다. 이후 그의 예술품들은 '네덜란드 국가 재산'으로 정부 기관과 국립미술관 등 17곳에 분산되어 전시되었다.

그녀는 1950년 네덜란드 출신 국제 변호사 아우구스트 에두아르트 폰 사허August Eduard von Saher, 1890~1973와 재혼했다. 이에 따라 전 남편 구드스티커와의 사이에서 난 아들은 계부의 성姓을 따라 폰 사허가 되었다. 그리고 수십 년 뒤인 1996년 자크 구드스티커의 며느리이자 유일한 상속자인 마레이Marei von Saher가 1940년 괴링의 손에 들어갔던 모든 작품의 반환을 주장하는 청원을 제기했다. 하지만 네덜란드 정부는 1998년 3월 "1952년 합의는 최종적"이라며 그녀의 반환 청구를 기각했다.

국제 여론 변화로 주인 찾아간 구드스티커 컬렉션

1990년대 말, 국제 여론의 압력이 점점 높아지고, 시대의 변화에 따라 네덜란드는 제2차 세계대전과 관련해 여전히 해결되지 않은 재산 문제를 다루기 시작했다. 네덜란드는 서로 다른 몇몇 조사위원회를 구성했다. 이런 위원회 중 하나인 '출처불명기구BHG: Bureau Herkomst Gezocht, 영문

Origins Unknown Agency'[11]는 소유자들에게 반환되지 않은 많은 예술품들을 여전히 국가가 소유하고 있다는 사실을 밝혀냈다. 정부는 이 예술품들 가운데 5000여 점에 관한 정보를 발표하고, 합법적인 소유자들에게 반환하고자 2002년 회복위원회를 설치했다.

구드스티커 후손들은 2004년 회복위원회에 작품 267점의 반환을 다시 주장했다. 위원회는 1952년 합의문은 "괴링과의 1940년 거래를 말할 뿐"이라며 괴링에게 빼앗긴 267점 가운데 202점의 회복을 권고했다. 나머지 65점은 구드스티커와 관련이 없거나 1952년 합의에 포함되었다고 판단했다. 이 권고에 따라 네덜란드 정부는 구드스티커 후손에게 202점을 반환했다. 이에 구드스티커 후손들은 감사의 표시로 반 데르 헬스트의 1645년도 작품을 네덜란드 정부에 기증하면서 해당 작품은 네덜란드에 남게 되었다.

구드스티커 후손들은 약탈당해 돌려받지 못한 그림이 900여 점 더 있다고 주장한다. 구드스티커의 재산 회복 투쟁을 이끄는 후손은 며느리 마레이 폰 사허와 그녀의 딸이자 구드스티커 손녀 샬린Charlene von Saher다. 아이러니한 것은 마레이의 아버지가 나치 당원이었다는 사실이다. 1944년생인 마레이는 예술품 회복 투쟁의 목표가 된 시아버지 구드스

11 네덜란드 정부가 제2차 세계대전 이후 문화재나 예술품을 나치에게 약탈당했거나 소련에 넘어갔다는 정보를 접수한 '예술품 재산 재단'(SNK)의 신고서를 통해 환수와 회복을 위해 만든 정부 기구. 회복하지 못한 작품들에 대해 2015년부터 2년간 데이터베이스화(DB)한 결과 1만 5000여 점에 이른다.

티커를 한 번도 만난 적이 없고, 1960년대에 미국에서 남편 에두아르트 폰 사허Eduard von Saher, 1939~1996를 만나 결혼했다.

구드스티커 가문과는 유일하게 결혼으로 연결되어 있지만 네덜란드와 미국, 이스라엘의 유대인 단체와는 교류가 거의 없다. 마레이는 2006년 돌려받은 그림 상당수를 즉시 팔아 3500만 달러에 이르는 변호사 비용으로 지출했다(〈하레츠Haaretz〉, 2017년 9월 7일자 기사).

▌네덜란드, 예술품 전문가를 고용해 연합군과 교섭

종전 직후 네덜란드 당국은 작품 반환은 연합군, 특히 점령 미군에 달려 있으며, 반환 대상이 된 상당수 작품은 어느 나라의 것인지 출처를 입증하는 것이 불가능하다는 것을 깨달았다. 이에 네덜란드 정부는 북부 상업 도시 흐로닝언Groningen에서 태어나 미국 수도 워싱턴에 살던 예술 전문가이자 전 미군 장교였던 알폰서스 보렌캄프Alphonsus Vorenkamp, 1898~1953를 대표로 임명, 연합군에 보내 되도록 많은 작품이 네덜란드로 돌아올 수 있게 조치를 취했다.

MFAA에서도 활동한 보렌캄프는 네덜란드가 약탈당하지 않은 작품까지 포함해 수만 점을 네덜란드로 보냈다. 그 결과 전후 네덜란드 정부는 돈 한 푼 들이지 않고 우수한 작품들을 확보했다는 비판을 받고 있다.

전쟁 후에 설치된 '네덜란드 예술품 재산 재단SNK'은 독일로부터 넘어온 수만 점 가운데 상당수를 합법적 소유자들에게 반환했지만, 여전히 수만 점은 네덜란드 정부 당국이 보유하고 있다. SNK는 1957년 해체되었고, 그때까지 주인을 찾지 못했던 작품들은 정부가 차지해 미술관 벽에 걸리거나 수장고 신세가 된 것을 확인하는 데는 오랜 시간이 걸렸다.

1970년 네덜란드 정부는 수장고에 있던 미확인 작품 일부를 팔아 그 자금을 국고에 넣었다. 대표적으로 전쟁 발발 직전에 사망한 유대인 은행가 프리츠 만하이머Fritz Mannheimer, 1890~1939 컬렉션이라 할 수 있다. 만하이머 컬렉션은 모두 독일에 압수당했지만, 그 가운데 프랑스 정물화의 대가 장-바티스트-시메옹 샤르댕Jean-Baptiste-Siméon Chardin, 1699~1779이 1734년경에 그린 첫 인물화 '비눗방울 부는 청년Young Man Blowing Bubbles' 등이 나중에 네덜란드 정부에 반환되었지만, 네덜란드 정부는 그 일부를 경매로 팔아버렸다. 수백여 점은 암스테르담에 있는 국립미술관 레이크스 미술관Rijksmuseum에 보관되어 있다.

장-바티스트-시메옹 샤르댕의 1734년경 작품 '비눗방울 부는 청년'(뉴욕 메트로폴리탄 미술관 소장)

일부에서는 네덜란드가 작품 8000~9000점을 돌려받았을 뿐이라고 주장한다. 이 숫자는 생존한 유대인들이 사라졌다며 반환을 청구한 작품의 절반도 채 되지 않는다. 네덜란드 정부가 당시 상실 예술품을 문서화하는 데 실패해 정확한 가격을 추산하는 것은 어렵다. 하지만 1940년대 기준으로 상실 예술품의 가격대가 1억 5000만 길더에서 6억 길더에 해당하는 것으로 추정된다. 이는 2017년 미화로 환산하면 30억 달러에서 120억 달러의 가치다.

반환 요구에 부응했던 회복위원회가…

전쟁 후, 독일에서 네덜란드로 수많은 작품이 귀환했다. 전쟁 전의 소유자와 그 후손들은 비록 전쟁 기간에 작품 매각 대금의 일부 또는 전부를 받았다 해도 네덜란드 정부에 작품 반환을 요구하고 있다. 이들은 컬렉션은 강요로 판매한 것이며, 국가가 압류하여 가지고 있을 이유가 전혀 없다고 주장한다.

그러나 청구자들 대부분은 복잡한 관료주의 절차에 지쳐 재산을 네덜란드 정부로부터 돌려받는 것을 포기했다. 유대인들이 소유했던 작품에 대한 반환을 거부한 거의 모든 사건에는 네덜란드 정부가 청구인들에게 돈을 요구한 데 있다. 네덜란드 정부가 예술품을 연합군으로부터 되돌려받는 과정에서 단 한 푼도 지급하지 않았음에도 나치와 그 대리인들이 작품들을 사들이면서 지불한 대금에 해당하는 금액을 요구한 것이다. 네덜란드 정부의 '보관 비용'이라 하기에는 너무 지나치다고 그 후손들은 지적한다.

하지만 법원과 회복위원회 개입으로 긍정적인 결과가 나왔다. 그 예로 포목상인 자크 헤데만Jacques Hedeman, 1879~1948의 회복을 들 수 있다. 전쟁 기간 헤데만은 17세기의 유명 초상화가 야코프 헤리츠 카위프Jacob Gerritsz. Cuyp, 1594~1652가 1627년에 완성한 작품 '아이와 함께 있는 양치기 여성Shepherdess with Child in Landscape'을 암스테르담 은행 금고에 보관한 뒤 스위스로 달아났다. 하지만 그가 은행에 맡긴 이 작품은 독일인의 손에 넘어갔다.

2002년 도르드레흐트 미술관은 이 작품을 독일의 한 개인에게서 사들였다. 후속 조사에서 헤데만에게서 이 작품을 약탈했다는 결론이 나왔다. 결국 이 사건은 여론의 주목을 크게 받았고, 미술관과 헤데만 후손들은 작품이 미술관에 남아 있는 대신, 미술관이 후손들에게 상당한 금액을 지급하는 조건으로 합의했다.

헤리츠의 '아이와 함께 있는 양치기 여성'
(도르드레흐트 미술관 소장)

▌"공공의 이익, 반환 의무 없어" 결정 논란

이러한 분위기가 최근 들어 크게 바뀌면서 비판이 집중된다. 네덜란드 회복위원회는 작품 반환 여부를 결정할 때 오늘날 소장 미술관의 이해를 감안한다. 즉, 작품을 공공 예술품으로 그대로 두는 것의 장단점과 함께 시민의 이익에 부합하는지를 고려한다.

회복위원회는 '공공 예술 컬렉션으로서 작품의 중요성'을 저울질한다. 예를 들어 독일계 유대인 난민 후손이 반환을 청구한 이탈리아 수도사 화가인 베르나르토 스트로치Bernardo Strozzi, 1581~1644의 17세기 전반기 작품 '그리스도와 우물가 사마리아 여인Christ and the Samaritan Woman at the Well'은 네덜란드 미술관이 소장하는 것이 중요하다는 이유로 2013년 반환을 거부했다(<뉴욕타임스>, 2017년 5월 12일자 기사).

이러한 결정에 대해 네덜란드 정부가 세운 에카르트 위원회Ekkart Committee의 방침과 어긋난다는 비판을 받고 있다. 이 위원회는 예술품

스트로치의 '그리스도와 우물가 사마리아 여인'
(네덜란드 푼다치 미술관 소장)

취득 경위와 의심스러운 출처 조사를 감독하는 정부 기구로, 1999년 4월에 설치되었다. 에카르트 위원회는 "나치의 공격이 시작된 1940년 5월 10일부터 네덜란드에서 유대인 개인에 의한 예술품 판매는, 반대되는 명확한 증거가 없으면 강제 판매로 간주한다"라고 규정하고 있다.

칸딘스키 작품 반환 문제로 논란이 된 에마누엘 레벤슈타인 후손을 대리하는 약탈 예술품 회복 전문 로펌인 몬덱스Mondex는 성명에서 "유감스럽게도 미술관은 회복위원회 의견 뒤에 숨어 있다"라며 "후손들은 미술관이 왜 약탈 예술품을 계속 소장해야 하는지를 이해하지 못하고 있으며, 회복 노력을 계속하겠다"라고 밝혔다. 아트 리커버리 인터내셔널ARI 최고경영자 마리넬로는 "유럽 다른 국가와 비교하면 네덜란드는 초기 회복을 주도해 갔고, 지금도 여전히 다른 나라들보다 훨씬 더 잘한다"라면서도 "최근에 그런 노력이 확실히 줄어든 것처럼 보인다"라고 술회했다.

네덜란드 회복위원회는 "우리는 2016년 제기된 회복 청구건에서 소유권 주장을 확고히 할 수 없었다"라며 그해 위원회에 접수된 7건을 모두 기각했다. 암스테르담 대학에서 문화재 및 예술품 회복 정책을 전공한 타비타 우스트Tabitha Oost는 "네덜란드가 초창기에는 국제적으로 칭찬받았을지라도 2018년 가을 이후로 비판적인 목소리가 급격히 늘어나고 있다"라며 달라진 분위기를 전했다. 공공의 이익을 고려하는 네덜란드 정책이 회복의 장애물이 되면서 다양한 관계자들에게서 비판받고 있으며, 선조의 상실 컬렉션을 되찾으려는 청구인을 더욱 혼란스럽게 하고 있다.

4부

반환 목소리 커지는 제3세계

1

"우리도 돌려다오"
회복 목소리 커지는 아프리카

회복 목소리 커지는 아프리카

국제사회에 충격 던진 마크롱 대통령의 반환 약속

서방, 특히 식민제국주의 국가들의 약탈품에 대해 아프리카의 반환 목소리 역시 힘을 더하고 있다. 유럽 국가들이 나폴레옹 전쟁과 제2차 세계대전 기간에 강탈했던 예술품을 서로 반환하면서 식민지로 삼은 아프리카와 아시아, 중남미 등에서 저지른 약탈품 반환에 귀를 막고 있는 처사는 위선적이고 이중잣대라는 비판이 빗발친다.

현생 인류의 발상지로 인류의 원초적 문화를 지니고 있다는 자부심으로 가득한 아프리카는 자신들을 사실상 삼분하여 약탈했던 프랑스, 영국, 독일을 향해 문화재 반환을 거세게 요구하고 있다. 2007년 발간된 유네스코 포럼 자료에 따르면, 사하라 사막 이남의 아프리카 문화재의

90~95퍼센트가량이 유럽에 있다. 반면, 최근 들어 중국이 적극적으로 진출하면서 지정학적 가치가 높아진 아프리카에서 요구하는 문화재 반환 목소리를 유럽은 더 이상 외면할 수 없게 되었다.

이런 상황에서 프랑스의 젊은 지도자 에마뉘엘 마크롱Emmanuel Macron 대통령은 2018년 11월, 식민제국주의 시절이던 1892년 서부 아프리카 베냉 공화국에서 약탈한 문화재 26점을 늦어도 2021년까지 반환하겠다고 발표했다. 과거 식민지 종주국 지도자가 던진 이 대담한 성명에 전 세계 박물관과 미술관은 큰 충격을 받았다(<뉴욕타임스>, 2018년 11월 27일자 기사).

에마뉘엘 마크롱
프랑스 대통령

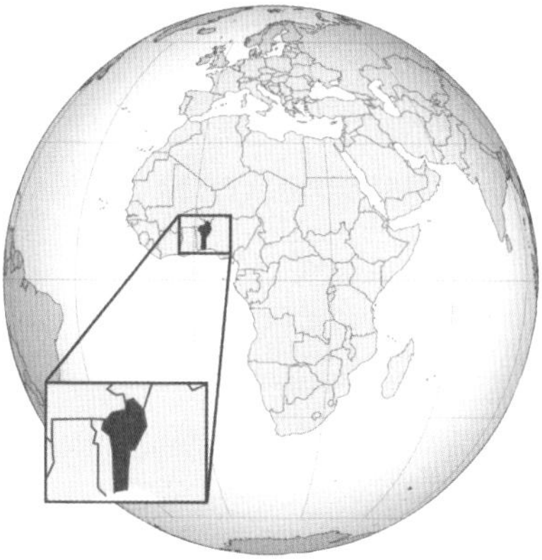
베냉 공화국 위치도

1977년에 출생한 마크롱 대통령이 반환을 약속한 유물은 나이지리아 왼쪽에 위치한 열쇠 모양인 베냉의 중하류 지역을 기반으로 한 옛 왕국 다호메이Dahomey, 존속기간 1600년경~1904년의 것으로, 프랑스가 1904년 식민지로 삼으면서 약탈했다. 아보미를 수도로 정한 다호메이는 폰Fon족이 세운 왕국이다. 다호메이 왕국의 베냉 유물은 매우 독특한 아프리카 전통예술품이다. 이 유물은 다른 요소들을 결합한 앙상블라주Assemblage와 문화가 다른 나라의 형식과 기법 등을 폭넓게 차용한 것이 특징이다.

오늘날의 베냉 공화국을, 독특한 황동 조각 유물인 '베닌 브론즈Benin Bronzes'를 일궈낸 '베닌 왕국'존속기간 1180~1897년과 혼동하지 말자. 나이지리아 남쪽 대서양 연안 열대우림 지역에 에도Edo족이 세운 베닌 왕국은 오늘날 베닌시로 알려진 에도가 그 수도였다. 베닌 왕국은 1897년 5월 영국에 정복되면서 영국 식민지가 되었다.

베냉 공화국과 베닌 왕국은 영어로는 'Benin'으로 같지만 1960년 프랑스에서 독립한 오늘날의 공화국은 베냉으로, 과거 영국 식민지가 된 왕국은 베닌으로 표기한다. 잠시 뒤에 살펴볼 반환 논란의 대상인 베닌 브론즈는 베냉 공화국과는 직접적인 관련이 없다.

마크롱 대통령은 앞서 2017년 11월 29일, 아프리카 서부 국가인 부르키나파소 수도에 있는 와가두구대학 특강에서 "아프리카 유산들은 유럽 박물관에 있어서는 안 된다"라며 "앞으로 5년 이내에 아프리카의 문화 유산을 아프리카에 반환하도록 하겠다"라고 강조했다. 특강 직후 마크롱은 전공이 프랑스 예술사인 베네딕트 사부아Bénédicte Savoy 교수와 1972년생 동갑내기인 세네갈 출신 작가 펠윈 사르Felwine Sarr에게 아프리카 약탈 문화 예술품 반환에 관한 연구 조사를 의뢰했다.

'사부아-사르 보고서' 공동 저자 펠윈 사르(왼쪽)와 베네딕트 사부아

마크롱의 의뢰로 '사부아-사르 보고서'가 2018년 11월에 발표되었다. 「아프리카 문화 유산의 회복」이라는 제목의 보고서는 '새로운 관계 윤리를 향하여'라는 부제처럼 식민지 시기 유물의 기원국 동의 없이 획득한 물건은, 반환 요청이 있으면 영구히 반환할 것을 권고했다. 특히 파리에 있는 케 브랑리Quai Branly 박물관은 베냉 문화재 3157점을 보유하는 등 사하라 사막 이남인 '서브 사하라' 유물 7만여 점을 움켜쥐고 있다. 프랑스는 전체적으로 150여 년에 걸쳐 서브 사하라에서 9만여 점을 무단 반출했다.

프랑스 파리의 케 브랑리 박물관

케 브랑리 박물관이 전시 중인 아프리카 유물들.
이 박물관은 7만여 점의 서브 사하라 유물을 소장하고 있다.

서브 사하라 유물 90퍼센트 이상이 유럽 박물관에

'문화재 보고寶庫' 이집트 같은 사하라 사막 북쪽 아프리카 국가를 제외한 서브 사하라 유물 90퍼센트 이상이 유럽 박물관에 있다. 유럽의 아프리카에 대한 문화재 수탈은 다양한 형태로 이루어졌다. 전리품, 절도, 약탈 그리고 대다수는 진정한 가치보다 훨씬 낮은 가격의 매입 등이 동원되었다.

그 현황을 보면 벨기에의 '아프리카 중앙박물관'이 18만 점을 소장하고 있어 부동의 1위 자리를 지키고 있다. 이 박물관 컬렉션의 85퍼센트 이상이 중앙아프리카의 과거 식민지 콩고공화국에서 가져온 것들이다. 박물관의 소장품 일부는 선교사들이 가져왔고, 또 일부는 군사 작전과 약탈의 결과물이라는 사실을 인정한다.

이어서 독일 박물관인 '훔볼트 포럼Humboldt Forum'이 7만 5000점을 소장해 프랑스의 케 브랑리의 7만 점을 웃돌고 있다. '영국박물관British Museum'이 6만 9000점, 오스트리아 빈의 '세계박물관Weltmuseum'은 3만 7000점을 소장하고 있다. 여기에는 예술품, 기록물, 의식용儀式用 물품, 인간 유해, 자연 표본, 사진과 소리 녹음과 같은 무형 문화유산도 포함되어 있다.

이 박물관들이 소장한 컬렉션은 아프리카 백과사전이라 해도 지나치지 않다. 반면, 사하라 이남 최고의 박물관이 소장한 유물은 겨우 3000여 점에 지나지 않는다. 그것도 유럽 박물관 컬렉션에 비교하면 중요도나 의미가 상당히 떨어지는 하급품들이라고 '사부아-사르 보고서'는 지적한다.

표 1 유럽 박물관별 '서브 사하라' 유물 소장 현황

박물관	소장 유물 수
아프리카 중앙박물관(벨기에)	18만 점
훔볼트 포럼(독일)	7만 5000점
케 브랑리 박물관(프랑스)	7만 점
영국박물관	6만 9000점
세계박물관(오스트리아)	3만 7000점

(자료: 사부아-사르 보고서)

케 브랑리 박물관이 소장한 서브 사하라 국가별 유물을 보면 차드 9296점, 카메룬 7838점, 마다가스카르 7590점, 말리 6910점, 코트디부아르 3951점, 베냉 3157점, 콩고공화국 2593점, 가봉 2448점, 세네갈 2281점, 기니 1997점 등이다.

표 2 파리 '케 브랑리' 박물관이 소장한 '서브 사하라' 국가별 유물 현황

나라	약탈 유물 수
차드	9296점
카메룬	7838점
마다가스카르	7590점
말리	6910점
코트디부아르	3951점
베냉	3157점
콩고공화국	2593점
가봉	2448점
세네갈	2281점
기니	1997점

(자료: 사부아-사르 보고서)

〈로이터통신〉은 2018년 11월 24일, "케 브랑리 소장품 가운데 1885년에서 1960년 사이에 획득한 4만 6000점이 반환 대상으로 확인되었

반환 대상인 베냉 유물. 상어 머리의 다호메이 국왕(케 브랑리 박물관 소장)

다"고 후속으로 보도하기도 했다. 케 브랑리는 앞서 2006년에도 목제 조각상과 가구 등을 베냉의 한 박물관에 반환한 바 있다.

아프리카 유물 9만 점 이상을 보유한 프랑스에서 마크롱 대통령이 천명한 베냉 유물 26점 반환은 극소수이지만, 그래도 부족하다고 폄하하기보다는 반환을 향한 큰 걸음을 막 내디뎠다고 평가하고 싶다. 프랑스의 반환 제스처에는 아프리카에서 프랑스어를 사용하는 과거 식민지 국가들과 관계를 강화하려는 외교 전략적 판단도 스며 있다.

▌헤지펀드의 거물 소로스도 동참한 문화재 반환

프랑스의 문화재 반환 움직임은 국제사회에 회복을 향한 자세 변화를 촉구하는 계기가 되었다. 프랑스에서 반환과 관련한 토론회와 출판이 잇따르고, 공공 및 민간에서 다양한 제안이 나오면서 제국주의 시대 이후 유럽 박물관에 자리한 문화유산을 되찾으려는 아프리카의 지지를 받고 있다. 사부아-사르 보고서의 공동 저자인 사르는 “유럽, 아프리카, 그리고 미국의 지식인, 예술가, 시민단체, 연구자들 사이에서 복원 문제에 관한 토론이 활발하다”라며 “중심 의제가 되었고, 진정한 진척이 있다”라고 말한다.

헤지펀드 매니저 조지 소로스

이러한 움직임은 경제계 ‘큰손’의 행동으로 이어졌다. 세계적인 억만장자인 헤지펀드 매니저 조지 소로스George Soros, 1930~ 가 설립한 ‘오픈 소사이어티 재단’은 2019년 11월 아프리카 국가들이 약탈 문화재를 환수하는 데 도움을 주고자 4년간 1500만 달러를 지원한다고 발표했다.

이 재단의 회장인 패트릭 가스파드Patrick Gaspard 전 콩고민주공화국 주재 미국 대사는 오픈 소사이어티 재단이 1500만 달러를 기부한 취지는 “식민지 지배의 폭력성을 강조하기 위한 것”이라고 설명했다. 그는 “문화유산을 반환하는 것은 아프리카 청년들에게 자신감을 심어주고, 아프리카 대륙에서 민주주의를 정착시키는 데 도움이 된다”라고 말했다. 지원금은 문화재 회복과 연구, 토론과 관련된 풀뿌리 조직을 지원하는 데 사용될 것이라고 부연했다(<뉴욕타임스>, 2019년 11월 22일자 기사).

프랑크 리스테르
프랑스 문화부 장관

그러나 프랑스 정부는 그렇게 빨리 움직이지 않고 있다. 프랑크 리스테르Franck Riester 문화부 장관은 "프랑스의 정책 방향은 어떤 것도 변하지 않았다"라며 아프리카 문화재 반환에 진척이 있다는 주장을 차단한다. 리스테르 장관은 사부아-사르 보고서는 흥미롭지만 달성하기 어렵다면서도 "대통령이나 정부에 어떤 식으로 강요하는 것은 아니다"라고 평가 절하한다. 하지만 그는 각료로서 마크롱 대통령의 반환 약속을 실현하는 데 여념이 없다고 주장한다.

스테판 마르탱 케 브랑리
박물관장

그러나 스테판 마르탱Stéphane Martin 케 브랑리 박물관장은 프랑스 라디오방송 〈유럽1〉과 2018년 11월 25일 인터뷰에서 "박물관은 추잡한 세계에 더는 발을 담그면 안 된다"라며 "박물관은 불행한 식민주의의 인질에서 벗어나야 한다"라고 강조한다. 프랑스 정부가 식민주의 시절에 탈취한 문화재와 예술품 반환에 꾸물대는 반면, 되레 박물관이 더 적극적임을 볼 수 있다.

▌외규장각 귀환 경험, 여전히 바뀌지 않은 프랑스

리스테르는 "우리는 문화재의 소유권을 넘길 수 있다고 말하는 것으로 문제를 축소할 수 있지만 보기보다는 훨씬 복잡하다"라고 말한다. 그는 일부 아프리카 국가는 당장 돌려받기보다는 박물관이나 미술관 건립, 자금 지원과 보존 기술 전수, 큐레이터 교육을 선호한다고 전한다. 이번에 마크롱 대통령이 언급한 베냉 유물 26점도 2021년 완공되는 박물관으로 향한다.

그러면서 문화 제국주의 입장을 되풀이한다. 리스테르는 "인류의 유산은 모두가, 어디에서든지 접근할 수 있어야 하고, 예술품의 경우 소유권은 크게 문제가 되지 않는다"라고 주장한다. 그러나 보고서의 작성자인 사부아는 이런 주장은 너무 일방적이라고 지적한다. 그녀는 "거의 모든 아프리카 유물은 아프리카 밖에 있으며, 아프리카에 남은 것은 거의 없다"라며 "우리는 낯간지러운 불균형을 보고 있다"라고 비판한다. 아프리카의 반환 요구를 들어주면 유럽의 박물관이 텅텅 빌 것이고, 이런 요구에 부응한 마크롱 대통령은 '판도라의 상자'를 열었다는 비판과 과거 식민주의 역사 청산을 향해 한 걸음을 내디뎠다는 칭찬이 엇갈린다.

프랑스는 아프리카 국가가 요청하는 모든 물품을 조사할 것이고 장기 임대와 같은 문화재 교환의 형태를 추구하고 있다고 밝혔다. 베냉 유물은 파리에서 반환을 허용하는 의회 입법을 기다리고 있다. 1993년 프랑수아 미테랑François Mitterrand, 1916~1996 대통령의 외규장각 의궤 반환 약속에도 '반환, 대여 사태'를 겪었던 우리로서는 프랑스의 지지부진한 절차와 내주기 싫어하는 그들의 속내를 짐작할 수 있다.(외규장각 의궤는 2011년 5월 대여 형식으로 환수되었다.)

프랑스 최고 법원, 약탈 그림 "원래 소유자에게 돌려줘라"

마크롱 행정부의 아프리카 유물 반환 움직임에 사법부도 보조를 맞추고 있다. 프랑스 최고 법원인 파기원破棄院, Cour de cassation은 2020년 7

월 1일 제2차 세계대전 당시 유대인 사업가가 약탈당한 인상파 점묘화의 대가 카미유 피사로Camille Pissarro, 1830~1903의 1887년 작품 '콩 수확La Cueillette des pois'의 합법적 소유자는 유대계 프랑스인 시몽 바우어Simon Bauer, 1862~1947의 후손이라고 확정 판결을 내렸다.

부유한 미국인 예술품 수집가인 브루스 톨Bruce Toll 부부는 1995년 미국 뉴욕에서 경매로 88만 달러에 '콩 수확'을 사들일 때 약탈품인 줄 전혀 몰랐다면서 작품 반환 소송을 제기했으나 프랑스 법원이 이를 기각했다. 이로써 그림 소유권을 두고 3년간 계속된 법적 분쟁은 종결되었다. 작품 가격은 170만 달러에 해당한다고 톨 부부 측이 주장한다. 톨 부

인상파 대가 카미유 피사로의 1887년 작 '콩 수확'

부 역시 유대인계로 미국 수도 워싱턴과 이스라엘 텔아비브에 있는 홀로코스트 박물관 후원자다.

그림은 프랑스에서 자수성가한 유대인 사업가이자 인상파 작품 수집가였던 바우어가 소장하고 있었지만, 그가 1944년 프랑스 드랑시 강제수용소에 갇히면서 그의 컬렉션은 나치에 부역하던 프랑스의 비시 정권에 강탈되었다. 바우어는 가난한 어린 시절에 받지 못했던 교육을 채우고자 40세에 세계여행을 했고, 그 후 그림 수집을 시작했다.

그는 1943년 10월 10일 소장품을 조사한 결과 모두 93점을 보유하고 있었다. 바우어는 드랑시 강제수용소에 갇혔지만, 철도 기관사들의 파업으로 1944년 9월에 풀려나면서 가까스로 죽음의 문턱에서 벗어났다. 이후 작품을 찾고자 백방으로 뛰었으나 성공하지 못했고, 1947년 사망할 때까지 회복한 작품은 몇 점 되지 않는다. 피사로의 '콩 수확'도 그렇게 증발했다.

사라진 '콩 수확'은 2017년 5월 파리에 있는 마르모탕Marmottan 미술관에서 열린 '피사로 회고전'에 등장했다. 행사 주최 측이 미국의 톨 부부에게서 그림을 대여해 전시한 것이다. 바우어 후손들이 이를 보고 소장자에게 돌려달라고 요구했으나 뜻대로 되지 않자 소송을 낸 것이다. 재판이 진행되는 동안 작품은 미국으로 돌아가지 못했다. 반환 확정 판결 직후 바우어 후손들의 변호사인 세드릭 피셔Cedric Fischer는 "작품을 합법적인 소유권자에게 회복시킨 역사적인 판결"이라고 반겼다. 그는 또 프랑스 법률이 미국인 소장가에게 적용되면서 "프랑스 법이 글로벌 영역으로 들어갔다"라고 평가했다.

유럽 인권법원으로 가는 프랑스의 과거 잘못

그러나 미국인 소장자 처지에서는 전쟁이 끝나고 50여 년 뒤에 경매에서 산 작품이 약탈품이라고 빼앗기다시피 했으니 억울할 만하다. 미국인 소장가를 대리하는 론 소퍼Ron Soffer 변호사는 프랑스가 그의 고객의 소유권과 방어권을 침해했다며 유럽 인권법원에 제소하겠다고 예고했다. 미국 펜실베이니아주에서 부동산 개발업을 하는 톨은 프랑스 법원의 회복 결정에 따를 생각이지만, 프랑스 국가를 상대로 작품 상실에 따른 배상을 요구하고 있다.

소장가인 톨은 1995년 뉴욕에 있는 크리스티 경매에서 선의로 샀다고 주장했지만, 프랑스 최고법원은 나치 독일 점령 치하에서 발생한 모든 약탈 행위는 '당연 무효null and void'라는 1945년 법령을 지지했다. 이에 따라 약탈 물품의 후속 판매 역시 무효이며 이후 "어떤 구매자도 적법한 소유주가 될 수 없다"고 판단했다. 법원은 헌법에서 보장하는 소유권은 판매자를 상대로 언제든지 소송을 제기할 수 있다고 제안했다. 그러나 이 경우 톨 부부가 뉴욕 크리스티와 맺은 계약이 1995년이라 시효가 만료된 상태다.

소퍼 변호사는 "1945년 법률 조항은 소장가의 방어권을 박탈하고, '악의로' 소장한 사람으로 만든다"라고 주장한다. 또 프랑스는 이 작품이 1966년 런던 소더비에서 처음 경매될 때 수출 면장을 발급하는 등 일련의 잘못을 저질렀다고 강조한다. 당시에도 바우어 가족이 작품에 대한 소유권을 주장했지만, 법원은 소더비에서 경매가 진행되도록 결정해 작품이 프랑스 바깥으로 반출이 되게 방치했다는 것이다.

특히 소퍼는 궁극적으로 “첫 범죄가 프랑스 정부에 의해 저질러졌기 때문에” 프랑스 정부의 책임이 크다고 강조한다. 나치와 손잡았던 비시 정권의 ‘프랑스 유대 문제 위원회French Commission of Jewish Affairs’가 바우어 컬렉션의 약탈을 명령하고 실행했다. 그는 “프랑스의 비시 정권이 저지른 범죄에 대해 톨 부부가 돈을 낸 매우 불행한 사건”이라고 평했다(〈아트넷〉, 2020년 7월 2일자 기사).

프랑스 정부가 식민주의 시대와 나치 약탈품 반환의 첫 단추를 잘못 끼운 책임은 면하기 어렵다. 이런 연유로 사부아-사르 보고서 저자들은 마크롱 대통령이 앞으로 5년 이내에 많은 아프리카 유물을 반환하고 싶다는 발언을 실행하려면 먼저 프랑스가 문화재 관련 법령을 개정해야 한다고 권고한다. 또 아프리카 국가들이 약탈임을 입증하고 반환을 요청하면 돌려주도록 법을 바꿔야 한다고 영국 일간지 〈가디언〉 2018년 1월 21일자 기사에서 권고하고 있다. 현재의 문화재 보호법이 개정되면, 연구자들이 이미 약탈 목록을 만들어 두었으니 서브 사하라 국가들은 돌려받기가 한결 수월할 것으로 기대한다.

프랑스의 이런 움직임은 파리 국립도서관에 있는 세계 최초의 금속활자본인 『직지심체요절直指心體要節』의 환수와도 맞물려 있어 우리도 그 행보를 주목할 만하다.

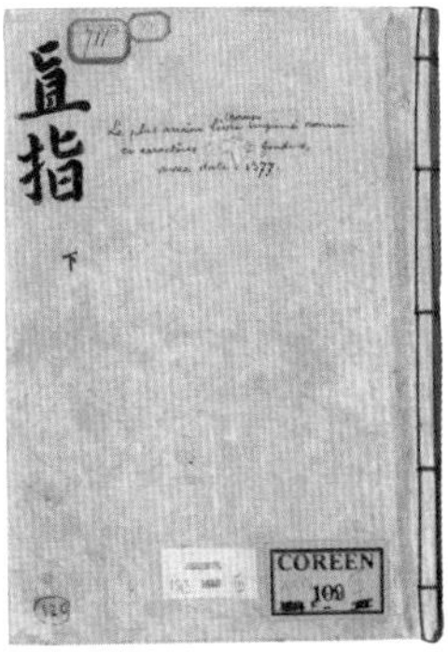

『직지심체요절』
(파리 국립도서관 소장)

고향으로 돌아간 아프리카 유물들

나미비아인의 유골을 반환한 독일, 사과는 끝내 없어

과거 제국주의 시절 강력한 식민지 종주국인 영국과 독일 정부 그리고 박물관 역시 마크롱 대통령의 연설과 '사부아-사르 보고서'에 자극받아 약탈품 반환 문제에 대해 한창 논쟁 중이다. 독일 연방정부와 16개 주 정부는 2019년 3월 아프리카 문화재 반환과 관련해 "과거 식민지에서 오늘날 법적으로, 도덕적으로 정당화할 수 없는 방식으로 가져온 유물"을 돌려주기 위한 통일 지침에 합의했다.

합의서는 "모든 민족은 자국에서 풍부한 물질 문화유산을 만나고, 교감하고, 미래 세대에게 전달할 기회를 가져야 한다"라고 규정하고 있다. 독일 정부는 또 그런 유물과 예술품의 출처 조사를 위해 210만 달러의 예산을 배정하며 후속 조치에 들어갔다(〈뉴욕타임스〉, 2019년 3월 15일자 기사). 이에 사하라 사막 이남 국가들에게 반환되었거나 반환 예정인 대표적인 유물들을 짚어보기로 한다.

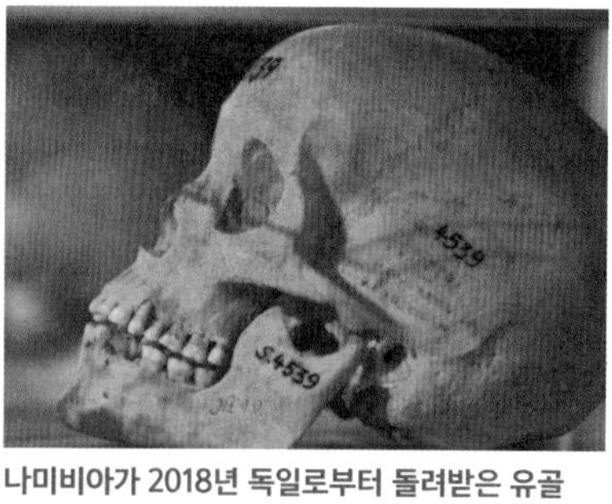

나미비아가 2018년 독일로부터 돌려받은 유골
(출처: 나미비아 문화부)

2018년 8월 30일, 독일 베를린의 한 교회에서 19기의 인간 두개골과 머리 피부, 뼈 등을 나미비아로 반환하는 봉환奉還 의식이 진행되었다. 행사는 전통의상 차림의 원주민 여성들이 눈물을 흘리며 전통 악기를 연주하는 등 엄숙하게 거행되었다. 나미비아는 1884년부터 1915년까지 독일의 식민지였다. 유골들은 역사가들이 규정한 '20세기 최초의 인종 학살' 희생자들이었다.

1904년에서 1908년 사이 토지를 빼앗긴 원주민들이 반항하자 식민제국주의 독일 군대가 학살극을 벌였다. 이때 원주민 헤레로Herero족 6만 5000명과 나마Nama족 1만 명이 학살되었다. 2015년 독일 정부는 이를 '인종 청소'라고 규정했다. 독일은 또 유럽 백인 우월주의를 입증할 '과학적' 연구를 한다며 사망한 원주민의 머리를 잘라서 가져갔다. 엉터리 연구 결과는 훗날 나치가 게르만족 우월주의와 유대인 학살을 정당화하는 구실로 사용되었다(〈나미비언The Namibian〉, 2020년 9월 18일자 기사).

사실 식민제국주의 당시 유럽의 웬만한 자연사 박물관에는 아프리카 원주민의 두상과 유해를 전시하지 않으면 컬렉션이 부족한 것처럼 비쳐 박물관 행세를 하지 못할 정도로 편견이 심했다. 그러나 인간 유해 전시에서 윤리적인 문제가 대두되는 데다, 현실적으로 박물관 측의 보관에 어려움이 따르고, 무엇보다도 원주민들이 조상의 유해 귀환을 강력하게 요구하면서 인간 유해는 속속 고향으로 귀환하는 추세다. 물론 인간 유해 반환에 대한 예외도 있다. 1000년 이상 된 인간 유해는 특정 종족이 아니라 인류 보편의 조상으로 간주된다. 예를 들면, 이집트 미라의 경우 인류 문명의 발전 과정을 규명할 실마리로 보고 과학적 조사가 허용되고 있다.

헤레로족 추장 베쿠이 루코로Vekuii Rukoro는 "유해 봉환 행사는 베를린의 교회가 아니라 독일 정부 청사에서 진행되어야 한다"라며 "독일 정부가 20세기 첫 학살을 공식적으로 사과하는 데 너무 오랜 시간이 걸린다"라고 비판했다.

유해 반환 행사에서 독일은 공식적으로 사과하지 않았다. 사과와 관련해 독일 정부는 2016년 제국주의 독일 군대가 저지른 학살에 대해 공식적으로 사과할 계획이라고 밝혔지만, 나미비아 정부와 공동선언이 조율되지 않아 교착 상태에 빠져 있다. 독일은 1990년 남아프리카공화국에서 독립한 나미비아에 대해 '모든 나미비아인을 위해' 개발 원조로 수억 유로를 지원했다며 직접적인 보상금 지급을 거부하고 있다(〈BBC〉, 2018년 8월 29일자 기사).

이에 나미비아의 헤레로족과 나마족 대표들은 독일에 보상을 요구하는 집단 소송을 미국 연방법원에 제기한 상태다. 이런 상황에서 근대 지리학의 창시자이자 사상가인 알렉산더 폰 훔볼트Alexander von Humboldt, 1769~1859의 이름을 딴 독일의 대표적인 박물관인 '훔볼트 포럼'은 베를린에 박물관을 야심 차게 지어 아프리카 유물을 전시할 계획이지만 아프리카의 대대적인 문화재 환수 운동으로 컬렉션 확보에 차질을 빚게 되었다.

독일이 나마족 추장의 '가족 성경'을 돌려준 사연

독일이 2019년 2월 나미비아의 나마족에게 반환한 '가족 성경'과 채찍은 나마족 추장 헨드리크 비트부이Hendrik Witbooi, 1834~1905 소유로, 슈투트가르트 박물관이 1902년 기증받은 것이다. 비트부이는 식민제국주의 시절 나마족 추장이자 나미비아의 영웅이다. 그의 이름 비트부이는 나마족 말로 '초원에서 사라지는 자'라는 뜻으로 게릴라전에 뛰어났다는 의미를 담고 있다.

식민지 시대 독립전쟁의 지도자였던 그의 초상화가 오늘날 나미비아 지폐에 새겨질 정도로 국가적 영웅이다. 나미비아 정부는 2013년부터 그의 가족 성경과 채찍을 보유한 독일 서남부 바덴뷔르템베르크주에 반환을 촉구했다.

어릴 적 독일 선교사에게 기독교 루터파 교육을 받은 비트부이는 세례를 받았고, 여러 언어에도 능했다. 초창기에는 독일의 식민지 행정과 관련해 협력한다. 다른 부족을 통일하면서 영향력을 키워가던 그는 1893년 4월 독일인의 습격을 받는다. 구사일생으로 도망쳐 목숨을 구한 그는 독일과의 전쟁을 본격화한다.

전쟁이 절정에 달하던 1904년과 1905년, 원주민들에게 제국주의자

나미비아 지폐에 새겨진 헨드리크 비트부이

들로부터 자유를 위해 싸우자고 촉구한다. 그는 1905년 10월 전투 중에 사망했다. 비트부이 가족 성경 여백에는 그와 가족이 쓴 성경 해석과 메모가 적혀 있다. 1893년 비트부이의 본부인 호른크란츠 대학살 이후 독일군이 획득해 가져갔던 것으로, 나미비아 정부는 오래전부터 그의 성경과 채찍을 돌려달라고 요구해왔다.

이에 테레시아 바우어 독일 바덴뷔르템베르크주 예술과학부 장관이 나미비아를 방문한 2019년 2월 26일, 수도 빈트후크가 아닌 추장 비트부이의 고향 기베온에서 성경과 채찍을 하게 게인고브Hage Geingob 나미비아 대통령에게 직접 전달했고, 대통령은 이를 비트부이 가문 장로들에게 건넸다. 장로들은 유물을 다시 '관리와 보호를 위해' 나미비아 교육예술문화부 장관에게 맡겼다.

나미비아 주재 독일 대사관 웹사이트에 따르면, 바우어 바덴뷔르템베르크주 장관은 유물을 반환하면서 당시 독일군이 저지른 잔악한 행위에 유감을 표시하고, 비트부이를 '자유의 투사'라고 높이 평가했다.

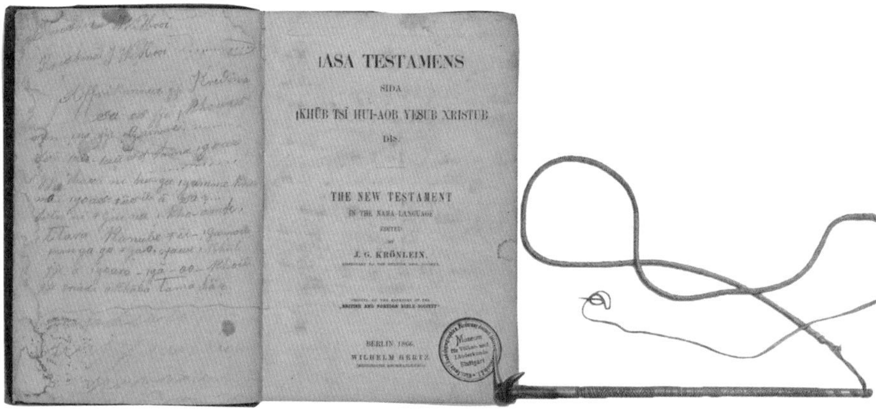

헨드리크 비트부이 가족 성경과 채찍(출처: 독일 슈투트가르트 린덴 박물관)

가족 성경, 누구 품에 가야 하나? '후손 품' vs '국가 박물관'

이처럼 반환 과정을 세세하게 설명한 것은 비트부이 성경과 채찍이 누구에게 회복해야 하는가의 문제와 관련 있기 때문이다. 나미비아에서 한창 논란이 되었던 문제다. 원래의 위치로 되돌아가는 회복이냐, 아니면 단순히 그 나라로 돌아가는 반환이냐의 문제와 관련이 있어 짚어보기로 한다.

물론 비트부이 후손들은 환수에 동의했지만 게인고브 대통령은 환수한 성경과 채찍을 장관에게 바로 건네지 않고, 비트부이 후손의 손을 거치는 절차를 밟았다.

독일 정부가 그의 성경과 채찍을 반환하겠다고 발표하자 나미비아 정부는 비트부이의 고향인 기베온에 박물관을 새로 세울 때까지 국가문서보관소에 전시하겠다고 밝혔다. 그런데 그의 고향에 새 박물관이 세워질지에 대해 나마족은 회의적인 시각이다. 국가문서 보관소 전시에 대해서도 나마족 모두가 동의하는 것도 아니다.

'나마족 전통 지도자협회NTLA'는 "보관할 장소가 없다"라며 지금 당장 회복에 반대한다는 소송을 독일에 제기했지만, 바덴뷔르템베르크주 헌법재판소는 "이 문제는 독일이 간여할 사안이 아니다"라고 판단했다. 나마족 전통 지도자협회 대표 라자러스 카이라베브는 "유물은 개인적인 것으로, 가족이나 교회로 돌아가야 한다. 그리고 가족이 어떻게 할지를 결정해야 한다"라며 나미비아 정부와는 다른 생각을 내비쳤다.

나마족 지도자들은 인종적으로 국민의 절반을 차지하는 오밤보

Ovambo족이 지배하는 나미비아 정부에 대한 불신이 깔려 있었다. 반면 헤레로와 나마족은 소수로, 두 종족을 합쳐 12퍼센트가량이다. 나미비아 정부는 비트부이가 국가 영웅이라는 점을 인정하면서 그의 후손들에게 협력을 약속했다. 이에 가족 성경과 채찍은 독일→나미비아 대통령→비트부이 후손→나미비아 문화장관→국가문서 보관소라는 전달 과정을 거쳤다.

에티오피아로 돌아가는 '마크달라 보물'

1868년 4월 20일, 에티오피아 중북부 델란타 평원에서 이색적인 경매가 진행되었다. 경매 참가자들은 유럽에서 온 무역상과 외교관 등이었다. 이는 영국군이 1주일 전 아비시니아(에티오피아 옛 이름)의 마크달라[01] 요새에서 약탈한 문화재급 유물 수백 점으로, 전쟁 비용을 충당하기 위한 것이었다. 영국은 전문가까지 데려와 가장 좋은 유물을 경매로 팔기도 했다(<아폴로 매거진> 2018년 5월 31일자 기사).

빅토리아&앨버트(V&A) 박물관장 트리스트램 헌트

2018년 4월 영국 빅토리아 & 앨버트Victoria and Albert Museum, V&A 박물관이 에티오피아 유물 특별전을 개최하면서 이 유물들의 회복 논쟁에 불이 붙었다. 이에 트리스트램 헌트Tristram Hunt V&A 박물관장은 18세기 왕관과 왕족 결혼 예복 등의 마크

01 마크달라는 에티오피아 수도 아디스아바바 북쪽에 있는 수직 경사의 산으로, 정상은 평평해 천연 요새다. 오늘날 암바 마리암(Amba Mariam)로 불리지만, 과거에는 마가달라(Magadala)로도 불렸다.

달라 보물Maqdala Treasures을 에티오피아에 '장기 대여'를 시사하자 에티오피아는 환영의 뜻을 밝혔다.

'솔로몬의 후손'으로 자처한 아비시니아 국왕 테워드로스 2세

영국의 마크달라 보물 약탈에는 약육강식의 제국주의 시대 '정글의 법칙'이라는 잔인한 피의 역사가 담겨 있다. 영국의 세력이 절정으로 향하던 19세기 중반 고대 이스라엘 '솔로몬의 후손'[02]으로 자처한 아비시니아 국왕 테워드로스 2세Tewodros II, 1818~1868는 1855년 중세 봉건 왕조를 통일했으며, 상비군을 설립하고 중혼을 폐지하는 등 근대화의 초석을 다지고 있었다.

세례를 받은 남쪽의 기독교 제왕인 그는 아프리카 동북부를 차지한 무슬림 오스만 투르크 제국을 함께 막자고 북쪽 기독교 여왕 빅토리아Queen Victoria, 1819~1901에게 편지를 보냈지만, 영국은 이를 무시했다. 이에 그는 이 교섭을 성사시키기 위해 영국 외교관들을 인질로 잡았다. 그러나 인질 구출을 위해 침략한 영국의 공세가 강화되자 테워드로스 2세는 수도를 마크달라로 옮겨 침략군을 물리치고자 했다.

02 현재의 에티오피아와 예멘 지역을 다스렸던 고대 인물은 구약성경에 등장하는 '시바의 여왕'으로 전해진다. 시바의 여왕은 부유와 지혜로 소문난 솔로몬 왕(BC 10세기경)을 만나 메넬릭(Menelik)이라는 아들을 두었다고 전해지면서 '솔로몬 왕조'가 시작된다. 1974년 폐위된 하일레 셀라시에 1세(Haile Selassie I, 1892~1975)까지 계승되었다고 에티오피아인들은 믿고 있다. 이런 연유로 에티오피아에는 기원전부터 유대교가 전파된 것으로 알려졌다. 에티오피아 유대교 신자의 대다수가 1980~1990년대 이스라엘로 이주하면서 이스라엘의 에티오피아 출신 유대교 신자가 13만 명에 이른다고 2011년 이스라엘 중앙통계국이 밝힌 바 있다.

마크달라로 천도한 테워드로스 2세는 왕실에 전해오는 유물과 그가 평생 모았던 보물들도 이곳으로 옮겼다. 물론 사하라 사막 이남에서 17~18세기 최고의 번영을 누려 '아프리카의 카멜롯Camelot'으로 불리던 과거 수도 곤다르Gondar의 교회에서 약탈한 것들도 있었다.

영국, 약탈 보물 운반에 코끼리 15마리와 노새 200마리 동원

하지만 영국군의 총공세에 패한 테워드로스 2세는 1868년 4월 13일 항복을 거부하며 빅토리아 여왕이 선물로 주었던 권총으로 스스로 목숨을 끊었다. 빅토리아 여왕은 1862년 테워드로스 2세에게 권총 두 자루를 선물로 보냈고, 그는 권총을 아비시니아 통일 전쟁 때 사용했다고 밝혔다.

이때 영국이 저지른 전쟁은 제국주의 경쟁자 제압도, 영토 합병도 아닌 징벌이었다. 그는 영국 식민제국주의 희생양이었다. 그의 사후에 대량 약탈이 진행되었지만, 북미와 인도에서의 전설 같은 이야기에 묻혀 아비시니아 학살은 영국에도 많이 알려지지 않았다.

마크달라에서 약탈한 보물을 운반하는 데 코끼리 15마리와 노새 200마리가 동원되었을 만큼, 엄청난 약탈이 있었다고 전한다. 영국군은 이를 델란타 평원에서 경매로 팔아치웠다. 식민주의에 비판하는 영국인들도 인도와 중동, 대서양 노예무역과 아일랜드 문제에

1868년 마크달라를 공격하는 영국군을 묘사한 그림(작자 미상)

집중하느라 아비시니아 학살 문제는 또다시 뒤로 밀려나는 실정이다. 일부는 인질이 된 외교관을 구출한 '정의로운 전쟁'이라고 주장한다(<가디언>, 2018년 4월 9일자 기사).

마크달라 약탈품 가운데 가장 유명한 것은 사도와 천사들의 형상을 새겨 금으로 만든 18세기 왕관이다. 기독교 콥트Copts파가 지배적이었던 에티오피아에서 금관은 국왕이 수도 곤다르 교회에 기증한 것으로 추정되지만, 그 기원은 고대로 거슬러 올라간다. 국왕이 교회에 성물과 보물을 기증함으로써 왕의 의무를 다하고, 교회는 국왕의 영혼을 위해 기도했다.

델란타 경매 이후 마크달라 왕관은 영국으로 옮겨져 지금의 런던 'V&A 박물관'으로 들어갔다. 왕관은 마크달라에서 온 다른 에티오피아 유물들과 함께 전시되어 있다. 일부 유물은 다른 기관으로 흩어졌는데 영국박물관이 받은 수기 기록물 350건은 영국도서관으로 이전되었다.

1740년 무렵 에티오피아 곤다르에서 만든 것으로 추정되는 왕관(왼쪽)과 함께 전시된 성배(V&A 박물관 소장)

한편, 2019년 3월에 런던의 국립육군박물관National Army Museum은 테워드로스 2세에게서 뽑은 머리카락 두 다발을 반환했다. 육군박물관은 그의 머리카락은 영국에 항복하기보다는 권총으로 자결을 선택한 국왕을 그린 화가가 1959년 기증했다고 밝혔다. 하지만 〈BBC〉 방송은 2019년 3월 4일자 기사에서 "포로가 되기를 거부한 그의 사후에 머리에서 잘라냈다"고 보도했다. 에티오피아는 "국왕의 머리카락을 전시하는 것은 비인도적 처사"라며 반환을 요구해왔고, 박물관은 사안의 민감성을 고려해 반환한 머리카락 사진을 공개하지 않았다.

반환보다 대여 택한 영국

영국의 반환 요구 처리 방법은 '대여'

에마뉘엘 마크롱 프랑스 대통령이 쏘아 올린 식민주의 유물 반환 선언은 영국도 강타했다. 런던에 있는 세계 최대급인 영국박물관British Museum[03]은 서브 사하라에서 가져온 수많은 유물을 소장하고 있지만, 접근법을 달리하고 있다. 아프리카 국가에 돌려주는 회복은 영국의 선택지 안에 포함되어 있지 않다. 영국법은 국립박물관과 미술관은 그 컬렉

03 인류 문명사가 집약된 이 박물관의 영어 명칭은 'British Museum'이다. 이를 '대영박물관'으로 해석하기도 하는데, 1200만 점에 이르는 방대한 소장품과 그 규모를 강조하면서도 영화로웠던 제국주의, 즉 식민지에서 문화재를 가져왔다는 의미가 깔려 있어 이 책에서는 '영국박물관'이라고 표기한다.

션을 처리하지 못하도록 규정되어 있기 때문이다. 대신 아프리카 국가들과 파트너십 프로그램을 통해 소장품 대여와 박물관 건립, 컬렉션 구성과 큐레이터 교육 등을 자문하고 있다. 한 해 600만 명이 찾는 영국박물관은 지금은 나이지리아로 바뀐 베닌 왕국에서 약탈한 유물 700여 점을 보유하고 있다.

하트윅 피셔Hartwig Fischer 영국박물관장은 "컬렉션의 가치는 그 폭과 복합성, 통일성에 있다. 박물관을 누가 소유하든 그 혜택이 결국 세계 시민 모두에게 돌아가는 보편성을 추구한다"라며 프랑크 리스테르 프랑스 문화부 장관과 비슷한 투로 말한다.

하트윅 피셔 영국박물관장

그는 영국박물관은 또 서부 아프리카 요루바Yoruba족의 역사와 문화에 초점을 맞춘 12개의 중요 유물은 나이지리아 라고스에서 2020년에 개관하는 문화센터인 'J.K. 랜들 센터Randle Centre'에 대여한다고 말했다. 이 유물들은 3년간 대여되고, 기간은 연장될 수 있다.

영국박물관

영국박물관은 '상당수의 유물'을 2023년 나이지리아 베닌시에서 문을 여는 박물관에 대여할 계획이라고 설명했다. 서부 아프리카의 가나 수도 아크라에 박물관을 건립하려는 가나 관료들과도 비슷한 이야기, 즉 대여 형식의 유물 반환 협상이 진행되고 있다. 아프리카로 가는 모든 유물의 소유권은 영국박물관이 보유한다(<뉴욕타임스>, 2019년 11월 22일자 기사).

"사과는 싸구려… 진정한 사과는 유물 반환"

호주에서 태어난 영국 인권 변호사이자 『역사는 누구 소유인가?Who Own History?』의 저자 제프리 로버트슨Geoffrey Robertson는 영국박물관의 이런 논의는 한참 부족하다고 비판한다. 로버트슨은 영국박물관은 나이지리아에 1897년 영국이 약탈한 조각과 황동 평판인 베닌 브론즈를 모두 반환하라고 촉구한다.

제프리 로버트슨

로버트슨은 "식민시대의 야만성에 대해 거의 매주 사과가 나오고 있다. 그러나 이런 사과는 싸구려"이고 "진정한 유일의 사과는 약탈품을 돌려주는 것"이라고 유럽 박물관을 강하게 다그친다. 그는 유럽 박물관들은 폭력적인 식민지 상황을 진지하게 마주 보려 하지 않는다고 꼬집는다. 박물관들은 약탈한 유물에 대해 '절반의 진실'과 '자화자찬'으로 가득한 설명을 붙여둔다고 비판한다.

'사부아-사르 보고서'의 공동 저자 베네딕트 사부아는 "유럽 박물관은 이런 유물들이 처음 있었던 곳에서 어떻게 획득했는지에 대한 솔직한 이야기를 더 많이 하도록 노력해야 한다"라고 뼈 있는 한마디를 더한다.

서브 사하라 국가들이 반환을 요구하는 대표적인 문화재와 유물을 살펴보기로 한다.

서브 사하라 최고의 예술품 '베닌 브론즈'

"왕궁은 사각형이고, 하를럼네덜란드 서부 도시 크기다. 사방은 마치 마을을 둘러싸고 있는 것처럼 특별한 벽으로 둘러져 있었다. 많은 호화 궁전과 저택, 신하들의 거주지, 아름답고 긴 네모난 회랑으로 구분되어 있다. 나무 기둥이 받치고 있는 그 회랑은 위에서부터 아래에 이르기까지 청동 조각으로 덮여 있다. 청동 조각에는 그들이 치러 이긴 전쟁과 전투 장면이 새겨져 있었고, 매우 깨끗하게 관리되어 있다."

네덜란드 의사이자 작가 올페르트 답퍼Olfert Dapper, 1636~1689가 1668년에 펴낸 『아프리카 설명Description of Africa』에서 베닌 왕국을 묘사한 대목의 일부다. 17세기 유럽인이 베닌 왕국을 접한 인상이다.

영국박물관에 전시된 베닌 브론즈

사하라 이남 서부 아프리카의 가장 대표적인 예술품이자 문화유산으로 꼽히는 베닌 브론즈Benin Bronzes는 12세기에서 19세기에 걸쳐 번성했던 베닌 왕국에서 만든 예술품이다. 〈BBC〉가 영국박물관과 공동으로 선정한 '세계사 100가지 유물'의 하나로 소개할 정도였다(〈BBC〉, 2010년 9월 11일자 기사).

베닌 왕국에서 제작한 정교한 동판 조각인 베닌 브론즈는 나이지리아가 독립한 1963년부터 줄기차게 반환을 요구해왔다. 나이지리아는 베닌 왕국에서 약탈한 인간과 동물의 유해를 비롯해 유물 5000여 점을 반환하라고 서구 사회를 향해 공식적으로 요구하고 있다.

이에 영국박물관은 3년 이내에 나이지리아 남부 에도주에 있는 '신 베닌 왕실New Benin Royal 박물관'에 '일시적으로' 돌려주겠다고 2018년 12월 발표했다. 완전 반환이 아닌 대여와 같은 미봉책이지만 그래도 나이지리아는 베닌 브론즈 환수의 전기를 맞은 것으로 간주한다. 박물관이 새로 완성되면 베닌 브론즈를 소유한 다른 유럽 국가들도 '순회 대여'를 하기로 합의했다. 나이지리아는 연방국가이지만, 박물관이 들어서는 에도주는 강력한 전통 지도자인 베닌 왕이 통치하고 있다.

'왕국 실록' 베닌 브론즈, 어떻게 유럽에 왔나

베닌 브론즈는 베닌 왕궁을 장식했던 금속 평판, 즉 동판銅板이다. 명칭은 청동인 브론즈이지만, 성분을 분석한 결과 구리와 주석을 섞어 만든 것이 아니라 구리와 아연을 섞어 만든 황동이었다.

판에는 역대 국왕과 왕비, 모후 등의 얼굴이 조각되어 있다. 베닌 왕국은 상아, 황동, 토기, 목재에 조각을 새겨 선왕과 왕비, 모후의 제단, 왕궁 벽과 기둥 등에 걸어 장식했다. 역사적 사실이나 기념할 만한 사건들을 문자 대신에 기록하고 있어 베닌 왕국의 역사서인 실록實錄이나 다름없다.

19세기 말까지 베닌 왕국은 독립을 유지하면서 영국과의 무역을 독점했다. 야자유와 고무, 상아 등 천연자원이 풍부한 베닌은 이런 자원을 노리는 무역상들의 표적이 되었다. 베닌 왕국은 독점 무역으로 번성했지만, 유럽 무역상들에게는 눈엣가시였다.

이에 1897년 현지에 진출한 영국 외교관들이 계략을 꾸며 베닌 왕국을 도발했고, 여기에 말려든 베닌 왕국은 영국인과 그들을 위해 일하던 현지인 짐꾼들에게 매복 공격을 가해 다수의 사망자가 발생했다. 이에 대한 보복으로 영국은 해리 로슨Harry Rawson 제독이 주도하는 군사 작전을 전개해 시가지를 불태우고, 왕국을 파괴하고 약탈했다. 이 과정에서 수많은 원주민들이 사망했다. 밀림으로 달아난 오본람웬Ovonramwen, 1857?~1914 국왕은 6개월 만에 돌아와 1897년 8월 5일 항복했다. 이로써 12세기부터 번성하던 베닌 왕국은 역사의 종말을 고하면서 영국 식민지가 되었다.

왕국을 점령한 영국은 청동과 상아 조각은 물론이고 국왕과 모후 두상, 표범 박제까지 모조리 전리품으로 약탈했다. 오늘날 나이지리아에 남아 있는 베닌 유물이 불과 50여 점인 반면, 유럽과 미국의 컬렉션으로 들어간 유물은 최소 2400점에 이른다. 영국 외무성은 현지 영국군으로부터 기증받은 베닌 유물을 대규모로 팔았고, 그 결과 당시 베닌에 발을 내

딛지도 않았던 독일과 미국도 상당수의 베닌 브론즈를 보유하게 되었다.

베닌 유물을 많이 소장한 대표적인 곳은 영국박물관으로 700점이 있다. 이어 베를린 민속박물관 580점, 옥스퍼드대 피트 리버스Pitt Rivers 박물관 327점, 빈 세계박물관 200점, 함부르크 민속박물관 196점, 드레스덴 민속박물관 182점, 뉴욕 메트로폴리탄미술관 163점, 펜실베이니아대학 고고인류학박물관 100점, 스톡홀름 민속박물관 43점 등의 순이다(<모던 가나Modern Ghana>, 2020년 4월 5일자 기사).

반환된 유물, 대통령이 슬쩍해 다시 영국으로

'회복의 상징'으로 베닌 브론즈 일부가 나이지리아로 돌아간 적이 있다. 1960년 독립한 나이지리아 정부가 반환을 요구하자 영국은 1950년부터 1972년 사이, 당시에도 가난한 나라였던 나이지리아 정부에 30점 이상을 팔았다. 영국박물관 민족지학 관리인 헤르만 브라운홀츠는 동판 203점 가운데 약 30점이 원본을 모방한 복제품이고, 박물관에 여분이 있다는 이유로 팔았다고 밝혔다.

나이지리아 정부는 4점을 1100파운드에 사들었고, 그다음 해엔 13점을 1050파운드에 매입했다. 이런 식으로 1972년까지 계속되었다. 이에 대해 아프리카 전문가이자 인류학자 나이젤 발리Nigel Barley 박사는 "큐레이터의 관점에서 판매는 재앙"이라며 "베닌 브론즈는 쌍으로 조각되었고, 적절하게 전시하기 힘들었을 뿐이지 복제품은 아니다"라고 강하게 비판했다. 또 약탈품을 해당 국가에 다시 판매한 윤리성 문제도 비판의 도마에 올랐다(<BBC>, 2002년 3월 27일자 기사).

문제는 나이지리아로 돌아간 베닌 브론즈가 현재 남아 있는 것이 거의 없다는 데 있다. 1980년 나이지리아 고대 보물전이 열렸을 때 겨우 5점뿐이었다. 그 이전까지 영국박물관으로부터 매입한 베닌 브론즈만 해도 수십 점에 이른다. 어떻게 사라졌을까. 예컨대 1973년 영국을 방문한 나이지리아 대통령 야쿠부 고원Yakubu Gowon 장군이 엘리자베스 2세 영국 여왕에게 베닌 브론즈 한 점을 선물했다. 복제품을 선물로 받은 줄 알았던 버킹엄 궁은 1600년대 제작된 오바(베닌 왕국의 국왕)의 두상이라는 것을 뒤늦게 알고 깜짝 놀랐다(〈텔레그래프〉, 2002년 9월 16일자 기사).

이런 식으로 영국이 나이지리아에 팔았던 진품이 다시 영국으로 건너온 것이다. 그 내막은 이렇다. 대통령의 영국 방문을 앞두고 나이지리아가 영국 여왕에게 선물할 베닌 브론즈를 복제했지만, 고원 대통령의 마음에 들지 않았다. 그래서 그는 시찰을 가장하고 국립 라고스 박물관에 들어가 정치적, 경제적 지원을 받아야 할 영국 여왕의 마음에 들 만한 진품을 가지고 나왔던 것이다.

라고스박물관 측은 대통령이 방문한다는 소식에 최상의 유물은 숨겼다고 주장하지만, 환수 유물의 관리 부실 책임은 피할 수가 없다. 대통령이 슬쩍한 유물은 1957년 국립 라고스 박물관 개관에 맞춰 영국이 판매 형식으로 반환한 것이라 문제가 더 심각했다. 이런 상황이 드러나면서, 유물은 돌려주어도 소용없고 보전이 더욱 중요하다는 구실을 반환에 반대하는 유럽 박물관들에 제공한 셈이 되었다. 나이지리아의 반환 요구도, 그 입지도 약해졌다.

아프리카를 지키는 정령, 차보 식인 사자

"모든 철도 노동자들은 식인 사자 한 쌍이 공사 지역에 나타나 가장 재수 없는 사람을 잡아먹을 것이라는 생각에 사로잡혀 공사를 아예 중단했다. 노동자들은 사자들로부터 철통같이 보호받지 못한다는 이유로 완전히 작업을 거부한 것이다. 물론 이런 상태에서 철로를 까는 것은 어려웠고, 회사가 사자들을 잡을 노련한 사냥꾼을 고용하고서야 작업을 재개할 수 있었다."

존 패터슨 중령

영국 엔지니어인 존 패터슨John Patterson, 1867~1947 중령이 1907년에 쓴 『식인 사자 차보와 동아프리카 모험The Man-Eaters of Tsavo, and Other East African Adventures』에 나오는 구절이다.

차보 식인 사자Man-eaters of Tsavo는 동부 아프리카 케냐의 킬리만자로 근처 차보 지역에서 활동하던 악명 높은 사자 두 마리로, 19세기 말엽 영국이 지배하던 케냐와 우간다를 연결하는 철도 부설 작업을 하던 노동자들을 잡아먹은 공포의 상징이다. 철도 노동자들은 1898년 3월부터 12월까지 9개월에 걸쳐 대서양 연안 도시인 케냐 몸바사에서 빅토리아 호수까지 철도를 건설했다. 노동자 대다수는 인도 출신이었다. 차보 사자들은 야간에 인부들이 쉬는 숙소까지 내려와 잠자는 일꾼을 물고 갔다.

"턱이 피에 절어 있는 이 무시무시한 야수에 수백 명이 희생되었다. 뼈

사냥한 식인 사자 차보 옆에 앉아 있는 패터슨 중령(미국 시카고 필드 자연사박물관 소장)

들, 살점들, 살가죽, 피가 흥건하다. 그놈들은 모든 것을 먹어 치우고, 흔적도 없이 사라진다."

한 노동자가 영국 정부에 보낸 편지의 내용이다.

결국, 패터슨이 야수 사냥에 나섰다. 그가 첫 사자를 쏜 것은 1898년 12월 9일이었다. 두 번째는 사자는 20일 뒤에 죽은 채로 발견되었다.

거대한 야수 한 마리를 옮기는 데 노동자 여덟 명이 달려들어야 했다. 패터슨은 두 사자의 광란에 철도 노동자와 현지 주민 135명이 목숨을 잃었다고 주장하면서 '공포의 지배자'라며 그 전설을 부추겼다. 당시 유럽과 미국 신문에 머리기사로 등장하기도 했다.

문제의 사자 털을 미국 시카고의 필드Field 자연사박물관이 동위원소 및 화학 성분을 분석한 결과 죽기 수개월 전에 인간 육신을 먹었다는 것을 확인했다. 한 마리는 10명쯤, 다른 한 마리는 24명쯤 먹은 것으로 추정되었다. 이 모두 34명으로, 패터슨이 주장한 135명보다는 훨씬 적지만, 여전히 공포의 상징으로 남아 있다(<스미스소니언협회 매거진>, 2020년 1월호 기사).

인간을 해치는 식인 사자의 서글픈 비밀

사자가 잇따라 인간을 공격해 살해하는 것은 매우 이례적인 행동이다. 아프리카 대평원의 정령이 깃든 사자가 원주민을 대신해 유럽 침략자에 대항해 싸웠다고 원주민들은 받아들이지만, 인간을 공격한 이유는 여러 가지로 설명된다.

1897년 지독한 가뭄과 함께 유럽인이 퍼뜨린 가축 감염병인 우역牛疫으로 야생동물이 부족해지자 사자들은 사냥 대신 대체 먹잇감을 찾았다. 차보 사자들은 노예 무역상들이 다니는 차보강을 건너다 익사한 인간의 시신을 먹이로 삼았던 데 익숙해진 것으로 추정된다. 게다가 공사 도중 사망한 인도 출신 철도 노동자를 약식으로 화장하는 힌두교의 장례 의식도 고기를 찾는 사자를 불러왔다는 설명도 나온다.

2017년, 동물학자인 브루스 패터슨Bruce Patterson(차보 사자 사냥꾼 존 패터슨과는 관련이 없다)이 연구한 결과 식인 사자 한 마리의 송곳니 뿌리에 감염병이 있어 야생에서 사냥하기 힘들었을 것으로 추론했다. 사자들은 얼룩말, 영양 등 야생동물을 사냥할 때 숨통을 강하게 물어 질식사시킨다. 하지만 구강 질환이 있으면 숨통을 끊는 사냥이 어려워 먹이 섭취에 제한이 따른다. 유럽 침략자를 먹이로 삼은 차보 사자에 이런 서글픈 비밀이 숨어 있었다.

사냥된 차보 사자의 털가죽은 약 25년 동안 패터슨 자택 거실에 양탄자처럼 깔려 있었다. 1925년 필드 자연사박물관이 패터슨에게서 털가죽을 5000달러에 사들여 박제해 복원했다. 박제된 사자는 그 머리뼈와 함께 전시되어 있다.

케냐 국립박물관은 "사자들은 케냐의 자연과 역사, 유산의 중요한 부분을 상징한다"라며 반환을 요청했지만, 박물관 측은 완강히 거부하고 있다. 박물관은 이를 영구 컬렉션 목록에 올린 상태로, 박제 사자를 전시하고 있다.

차보 사자 한 마리는 바위에 바짝 엎드려 사냥감인지 침입자에게 살금살금 다가가는 반면, 다른 한 마리는 바위 위에서 침략자가 없는지 자신의 영역을 살펴보듯 당당히 서 있는 모습이다.

식인 사자 차보 박제(위)와 식인 사자 차보의 머리뼈 (미국 시카고 필드 자연사박물관 소장)

표 3 반환 논란이 된 '서브 사하라' 주요 유물 현황

소장국	기원국	유물	반환 여부
영국	나이지리아	베닌 브론즈	반환 요구
		청동 수탉	반환 약속
	에티오피아	마크달라 보물	장기 대여 약속
프랑스	카메룬	방와 여왕 조각상	반환 요구
	베냉	다호메이 유물	반환 추진
	세네갈	오마르 사이두탈 군도	반환
독일	나미비아	인간 유해	반환
		돌십자가	반환
		비트부이 성경과 채찍	반환
미국	케냐	차보 사자 박제	반환 요구

(자료: 외신 종합)

해외에서 발견한 조국 문화재

▌해외 동포가 발견한 조국 문화재, 숨 막히는 반환 이야기

외교부에 따르면, 해외에 나가 생활하는 우리 교포들은 2018년 말 기준으로 약 750만 명에 이른다. 이들 상당수는 고향과 조국에 대한 향수를 달래고자 또는 정체성 혼란을 겪는 자녀들을 교육하고자 근처 박물관 등에서 한국 문화재를 감상하러 간다.

그러다가 벼룩시장 같은 곳에 나온 한국 물건이나 유물, 골동품을 사 모으거나 한국 관련 갤러리를 운영하기도 한다. 한국 문화나 역사 전공자는 아니지만, 이들은 독학으로 공부한다. 대표적으로 베이커스 김영자 전 독일 레겐스부르크대학 교수, 미국 LA에서 '이수갤러리'를 운영하는 이창수(데이빗 리) 관장을 들 수 있다. 일본에서 처음으로 한국 미술관인 '고려미술관'을 개관한 정조문 선생도 그 연장선이다.

해외에 유랑하는 한국 유물들의 이동을 우리 교포들이 눈여겨볼 만하다. 마침, 해외에 나가 있는 우리 문화재를 원래 자리로 되돌리는 일에 앞장서는 문화유산회복재단이 세계를 무대로 활동하는 한국인 무역상 최대 조직인 세계한인무역협회(월드옥타)와 해외 문화재 소재와 실태 파악을 위한 업무 협약도 맺었다 하니 그 결과를 기대해본다. 제2의 이창수, 김영자, 정조문이 나오기를 기대하면서 전쟁에 의한 약탈 문화재의 반환과는 약간 결이 다르지만, 도난 문화재가 해외로 나갔다가 자국 동포에 의해 반환되는 과정을 소개하기로 한다.

에티오피아 국보급 왕관, 네덜란드에서 21년간 숨긴 배경

에티오피아 출신 네덜란드 시민 시라크 아스파우Sirak Asfaw는 수십 년 전인 1998년 4월 어느 날 저녁, 자신의 로테르담 집에서 당시 여자 친구와 함께 공부했다. 다음 날, 여자 친구가 대학에 제출할 서류를 잃어버려 집안 구석구석을 뒤졌다. 서류는 나오지 않았고, 게스트 룸 침대 밑에서 검은 가죽 가방이 보였다.

게스트 룸에 머물던 에티오피아 출신 투숙객은 그날따라 일찍 나가고 자리를 비웠다. 서류가 혹시 가방에 잘 못 들어갔을까 싶어 침대 밑에 있던 가방을 꺼냈다. 가방은 비행기 조종사들이 탑승할 때 휴대하는 파일럿 백이었다. 가방은 줄로 튼튼하게 묶여 이중 자물쇠로 잠겼다. 여자 친구의 대학 서류 제출 마감은 그날이었고, 투숙객은 언제 돌아올지 알 수 가 없었다(<뉴 스트레이츠 타임스New Straits Times>, 2019년 10월 2일자 기사).

당시 고국 에티오피아를 떠난 지 20년쯤이었던 아스파우는 자신의 집에 게스트 룸을 꾸렸다. 그는 조국을 정치적 이유 등으로 떠난 난민이랄까, 망명자들에게 쉼터이자 휴식처를 제공하고 있었다.

에티오피아 솔로몬 왕조
마지막 황제 하일레 셀라시에 1세

에티오피아에서는 1974년 군부 쿠데타가 일어나 황제 하일레 셀라시에 1세Haile Selassie I, 1892~1975가 쫓겨나면서 수천 년간 지속된 '솔로몬 왕조'가 무너졌다. 제1차 오일쇼크와 북부 지역의 대기근이 겹친 생활고가 쿠데타의 명분이었다. 쿠데타 주역들은, 에티오피아는 지금부터 공산주의 국가라고 선언한 후 '적색 테러'가 난무해 정치인과 지주, 산업자본가 50만 명이 살해되었다.

어린 아스파우는 동네 친구 형에게 "공산주의가 뭐냐"라고 물었다. 그러자 형은 "옆집 가게의 주인은 이제부터 국가라는 뜻"이라고 설명하더니 "그 가게에는 물건이 없어 더 이상 갈 필요가 없다"라고 설명했다. 이런 반공 교육을 받은 아스파우는 10대 시절부터 사상 불온으로 경찰서와 교도소에 드나들었다.

그러던 그는 1978년 5월, 조국을 탈출해 이웃 나라 에리트레아로 숨어들었다가 목적지도 모르는 그리스 선박에 몰래 올랐다. 선박이 홍해를 거쳐 수에즈 운하를 통과해 로테르담에 도착하면서 그의 네덜란드 생활이 시작되었다. 아스파우는 낮에는 공장에 다니면서 에티오피아 난민 게스트들과 같이 먹고 자고 일했다. 대학에도 진학, 조국의 암울한 상황에 대한 유엔 보고서도 읽었다.

게스트 룸 투숙자 가방에서 새어 나온 황금빛

그날, 아스파우가 여자 친구의 채근에 파일럿 백을 억지로 벌리자 틈 사이로 황금빛으로 반짝거리는 것이 보였다. 도구를 이용해 가방을 열어보니 예수와 기독교 장식이 된 왕관이 나왔다. 왕관에는 아비시니아(에티오피아의 옛 이름) 황금기를 개척한 유명 황제 파실리데스Fasilides, 1603~1667의 이름이 새겨져 있었다. 파실리데스는 수도를 곤다르로 천도하면서 사하라 사막 이남에서 가장 번영하는 나라로 만들었다. 솔로몬 왕조의 중흥기를 이끌었던 황제의 왕관이기에 국보급 문화재라는 생각이 들었다.

파실리데스 왕궁

아스파우는 2019년 12월 이 왕관의 에티오피아 반환 결정이 난 직후 한 언론과의 인터뷰에서 "처음에는 믿을 수 없었습니다. 그러다가 화가 치밀어 올랐습니다"라고 말했다. 그는 여기에 있어서는 안 될 에티오피아 국보급 문화재를 보았기 때문이다. "내 집이 에티오피아 문화유산의 밀수에 이용되다니? 나는 에티오피아 역사, 에티오피아 왕국에 대해 뭔가 해야 한다는 것을 바로 깨달았습니다. 그것은 내 개인적으로 이로운 일이 아니라는 것도 알았습니다."

에티오피아 왕관

왕관의 귀환이 결정된 후 아스파우는 수많은 언론과 인터뷰했지만, 안전상의 이유로 왕관 밀수범의 이름과 신원을 밝히지 않았다. 또 밀수범이 왕관을 어떻게 확보해서 머나먼 네덜란드까지 통관이 가능했는지 반입 경로는 모른다고 답했다.

가방에서 왕관이 나온 그날 저녁, 근처 카페에서 아스파우는 문제의 가방 주인인 투숙객을 만났고, 왕관에 대해 언쟁을 벌였다. 투숙객은 "왕관은 이미 거래가 끝나 파리에서 넘겨주기로 되어 있다. 당신 아버지 집이 강도를 당했다면, 당신이 개입할 수 있지만 이건 당신 문제가 아니다"라며 아스파우에게 상관하지 말고 빠지라고 윽박질렀다.

이에 아스파우는 "지금 교회에서 유물을 훔쳐내는 사람은 누굽니까? 우리 조상들이 그 교회에 섰고, 울며 매달리며 기도했고, 찬양했던 곳입니다. 누구나 경제적으로 더 잘살고 싶지만 그래도 원칙은 있습니다. 나는 이 왕관을 우리 다음 세대에게도 전해주고 싶습니다. 그래야 당신도 인간으로 남아 있을 수 있습니다. 내 생명을 걸고 왕관을 보호하겠습니다"라며 왕관을 아무도 모르는 곳에 숨겨놓고 돌려주지 않았다.

아스파우는 당시 왕관을 확보했지만, 그렇다고 당장 에티오피아 정부에 반환할 수 없다고 느꼈다. 왜냐하면 왕관 절도에는 정부 당국자가 공모자로 개입했을 수도 있다는 의심이 곳곳에서 들었고, 이를 넘겨줘 봐야 다시 도난당할 수 있다는 두려움마저 들었기 때문이다. 종교를 인정하지 않는 공산주의 쿠데타 세력이 에티오피아 민초에 널리 퍼져 있는 교회를 해체하고, 교회 토지와 재산을 몰수하는 것이 당시 실정이었다.

그는 어찌하면 좋을지 고민에 빠졌다. 왕관을 에티오피아가 아닌 네덜란드 정부에 넘겨주면 어떨까도 생각했다. 그런데 에티오피아로 돌아가야 할 시기에 네덜란드 정부가 왕관 소유권을 주장하면서 반환을 거부할지도 모른다는 점이 우려되었다.

▌12세 딸에게 설명… 권총에, 화재경보기 8개 설치

결국 아스파우는 자신이 보관하기로 마음먹었다. "아름답고 귀중한 왕관의 파수꾼이 되었지만, 전혀 기쁘지 않았습니다. 책임감이 어깨를 짓눌렀거든요."

화재가 발생해 왕관이 사라질까 두려워 집에 화재경보기 8개를 달았다. 강도가 들까 봐 암시장에서 권총도 구해 침대 아래에 숨겨두었다.

'만약 예기치 못한 상황에서 내가 죽으면 왕관의 운명은 어떻게 될 것인가.' 그래서 아스파우는 당시 12세인 딸에게 왕관과 그에 얽힌 내역, 그리고 에티오피아로 돌아가야 하는 당위성을 설명했다. 그러곤 왕관을 사이에 두고 자신과 딸이 함께 있는 모습의 사진을 만일의 사태에 대비한 증거로 찍어두었다.

그런 왕관 지킴이 세월이 무려 21년이 흘렀다. “왕관을 볼 때마다 감정이 매우 격해졌습니다. 여기, 내 집이나 네덜란드에 있어서는 안 되는 문화재이니까요.”

2019년 노벨 평화상 수상 후 연설하는 아비 총리

그러다가 2018년 4월, 고국 에티오피아에 젊은 정치인 아비 아머드 알리Abiy Ahmed Ali[04]가 새로운 총리로 집권했다. 아비 총리의 정치 개혁을 보면서 아스파우는 왕관이 이제 귀환할 때가 되었으며, 새로운 정부는 반환된 유물을 잘 처리할 것으로 확신했다.

네덜란드 예술품 탐정 아르투르 브란트

왕관을 반환하기로 결심한 아스파우는 네덜란드의 유명 예술품 탐정 아르투르 브란트Arthur Brand와 접촉했다. 브란트는 유럽에서 도난 예술품이나 문화재 200점 이상을 찾아내면서 ‘예술계의 인디애나 존스’로 불리는 사설탐정이다. 그는 “아스파우 당신이 이렇게 왕관을 집에 계속 보관한다면, 왕관이 사라지든지 아니면 당신이 사라질 수 있습니다”라며 빨리 조치를 취하라고 충고했다.

04 1976년에 출생한 아비 아머드 알리는 에티오피아가 20년간 전쟁을 치른 이웃 에리트레아와 종전을 선언하고, 앙숙인 소말리아와 관계를 개선하는 등의 공로로 2019년 노벨평화상을 받았다. ‘평화의 전도사’로 불리는 그에 대한 사회적 팬덤(fandom) 현상은 과거 미국 대통령 버락 오바마 열풍인 ‘오바마니아’에 빗대어 ‘아비마니아’로 불릴 정도로 북아프리카에서 큰 인기를 끌었다.

브란트는 네덜란드에서도 보안이 뛰어난 예술품 보관소에 왕관을 보관하고, 에티오피아에 안전하게 돌아갈 방법은 경찰에 알려 만천하에 공개하는 것이라고 아스파우에게 권했다. 브란트는 "놀라운 작품이고, 매우 큽니다. 이 왕관을 머리에 쓰는 사람이 불쌍하다는 동정심이 들기도 합니다. 왜냐하면 왕관을 한두 시간 쓰고 있으면 목이 아파 다칠 정도이거든요"라고 말했다.

아스파우와 브란트는 네덜란드 당국이 에티오피아 정부에 연락하기를 기다리는 한편, 이 왕관의 진위에 대해서도 조사에 들어갔다. 영국 옥스퍼드대학에서 에티오피아 예술을 전공하는 연구원 자코포 그니시Jacopo Gnisci 박사를 불렀다. 그가 암스테르담을 방문해 왕관을 살펴보고는 진품이라고 단언했지만, 제작 연대는 왕관에 새겨진 파실리데스보다 100년쯤 뒤인 강력한 황제 웰데 셀라시에Wolde Selassie, 1736~1816 시대로 추정했다.

에티오피아 예술 전문가 자코포 그니시

그는 왕관의 글자는 후대에 새긴 것으로 보았다. 웰데 황제가 당시 에티오피아 북동쪽 에리트레아 국경에서 120킬로미터 떨어진, 오늘날의 첼레콧 마을의 '에티오피아 정교회'[05]에 기증한 것으로 추정했다. 당시에

05 에티오피아 정교회는 원시 기독교에 가장 근접한 종파로 분류되며, 오랫동안 국교의 지위를 지켰다. AD 34년, 가자에서 사도 필리포스에게 세례를 받은 에티오피아 관료가 정교회의 시초로 알려져 있다. 삼위일체를 인정하며, 구약성경과 구약 시대의 전통을 중요하게 여기고, 안식일로 토요일과 일요일을 모두 지키는 관습이 있다. 신자들은 세례와 할례도 철저히 받는다. 에티오피아 정교회는 예수 탄생일을 기원후 7년으로 보고 있어 에티오피아 고유의 달력은 서기력보다 7년 8개월가량 늦다.

도난 이전인 1993년 정교회 한 사제가 의례에 왕관을 쓰고 있다(위). 채색 삽화 성경 필사본 '가리마 복음서'의 일부

는 황제나 유력자가 기독교 성물을 제작해 기증하는 것이 관행이었다.

그니시는 동방정교회의 행사에 사용된 전례典禮 왕관으로 추정했다. 왕관 몸체는 아름다운 장식과 함께 사각형으로 예수의 열두 제자가 정교하게 새겨져 있으며, 이들의 이름이 에티오피아 언어인 암하라 말로 적혀 있다. 왕관의 십자가에는 예수와 성삼위가 각각 조각되어 붙어 있다.

그니시는 왕관의 행방을 추적한 끝에 왕관이 사라지기 수년 전인 1993년 한 사제가 행사에서 이 왕관을 쓰고 있는 모습의 사진을 찾아내기도 했다. 이로 미뤄볼 때 왕관은 첼레콧Chelekot 교회에서 1990년대에 도난당한 것으로 추정된다. 그는 "이 왕관은 에티오피아 예술품으로서는 매우 높은 가격대를 형성하겠지만 채색 삽화 성경 필사본[06] 다음"이라고 평가했다.

06 에티오피아 북부 티그라이주 고원 지대인 아드와 인근 아바 가리마 수도원에 보관된 '채색 삽화 성경 필사본'은 탄소 연대 측정 결과 서기 330~360년에 제작된 것으로 밝혀졌다. 발견된 곳의 이름을 따서 '가리마 복음서(Garima Gospels)'라고도 한다. 모두 2권이며 필사자는 서로 다르지만 두 권 모두 4대 복음서의 내용과 삽화들이 담겨 있다.

에티오피아 반환, 아프리카의 목소리 높이는 계기

네덜란드까지 갔던 왕관은 우여곡절 끝에 2020년 2월, 수만 리를 거쳐 조국 에티오피아의 품에 안겼다. 20년 이상 다른 나라에서 유랑을 끝내고 돌아온 왕관을 아비 총리가 넘겨받았다. 아비 총리는 트위터에서 아스파우와 네덜란드 정부에 왕관 반환에 감사의 뜻을 표명했다.

아스파우는 "이 왕관이 단합의 상징이 됐으면 합니다. 왕관이 모든 에티오피아인, 심지어 아프리카인들까지도 축하해 기릴 것이니까요"라고 소감을 밝히면서 왕관이 아디스아바바에 있는 국립 에티오피아박물관에 전시되면 좋겠다는 뜻을 피력했다. 그는 "그곳이 가장 안전한 장소이지만 에티오피아 정부가 왕관을 잘 관리할 것으로 믿는다"라며 "이젠 왕관이 안전하게 되었으니 한시름 놓는다"라고 안도했다.

왕관을 돌려받은 에티오피아는 이 유물을 과연 관리할 능력이 있는지

에티오피아 출신 네덜란드 시민 시라크 아스파우(왼쪽)가
2020년 2월 아비 아머드 알리 에티오피아 총리에게 왕관을 전달하고 있다.

에 대한 시험대에 서게 되었다. 그니시는 "에티오피아에는 정말로 중요한 중세 기독교 유적지와 관련 문화재가 많지만, 무지와 보존 조치가 없어 매일 파괴 위기에 놓여 있다"라며 "에티오피아는 할 일이 꽤 많기에 이번 반환을 계기로 정부가 문화유산에 대해 더 치밀하고 더 주의 깊게 일하도록 권장하는 계기가 되기를 희망한다"라고 말했다.

이 왕관 덕분에 아프리카 유물과 예술품을 원래 태어난 곳으로 돌려보내야 한다는 국제적 압력이 높아졌다. 미국 예일대학 '아트 갤러리'의 아프리카 미술 큐레이터로 활동했던 바바라 플랑켄슈타이너Barbara Plankensteiner는 "여론과 정책 결정자들의 전반적인 분위기는 과거보다 반환에 훨씬 더 개방적"이라고 설명했다.

2

마추픽추 반환한 미국

"마추픽추, 돌려줘라" 회복에 앞장서는 미국

마추픽추 발견한 빙엄이 가져간 잉카 유물

"갑자기 우리는 울창한 정글 속에서, 크고 작은 벽으로 이루어진 미로 한가운데 이르렀다는 것을 알았다. 우리는 페루에서 발견된 그 어떤 유적지보다 더 놀라운 유적지 한복판에 서 있다는 사실을 깨달았을 때 놀라움의 연속이었다."

하이럼 빙엄 3세

진기한 고대 보물을 찾는 모험 영화 '인디애나 존스'의 모델이 된 고고학자 겸 탐험가 하이럼 빙엄 3세Hiram Bingham III, 1875~1956는 월간지 〈하퍼스 매거진Harper's Magazine〉 1913년 4

월호에 잉카[07]의 고대 도시 마추픽추Machu Picchu를 발견한 순간의 감동을 이렇게 기록했다.

이보다 2년 앞서 1911년 7월 24일, 빙엄은 현지 주민인 가이드와 페루 경찰과 동행해 잉카의 '잃어버린 도시'를 찾고자 시골 농부가 가리킨 방향으로 몇 시간 걸어가다 지쳐서 쉬는 순간, 우연히 해발 2400미터의 마추픽추에 도착한 것이다.

"스페인 정복자조차도 이 놀라운 곳을 보지 못했다"라고 말한 빙엄의 발견에 대해 당시 〈뉴욕타임스〉는 1913년 6월 15일자 1면 기사에서 "시대의 가장 위대한 고고학적 발견"이라고 평가했다.

Magazine Section Part Five

The New York Times.

Magazine Section Part Five

SUNDAY, JUNE 15, 1913.

LOST CITY IN THE CLOUDS FOUND AFTER CENTURIES

Panorama of Machu Picchu, Peru, Lost Inca City, Discovered by Prof. Bingham, Who Declares It Is Rivaled Only by the Celebrated Ruins of Cuzco.

Prof. Hiram Bingham of Yale Makes the Greatest Archaeological Discovery of the Age by Locating and Excavating Ruins of Machu Picchu on a Peak of the Andes in Peru.

Erdis, archaeological engineer; Dr. Luther T. Nelson, surgeon; Kenneth C. Heald and Robert Stephenson, assistant topographers; Paul Bestor, Osgood Hardy and Joseph Little, assistants—eleven in all. After they reached Peru the force was swelled by a number of Indian laborers, captained by an efficient Peruvian soldier called Tomás.

They toiled up the cañon-like Urubamba Valley, along flimsy footbridges over roaring torrents, and eventually, after ten days' of arduous travel, found themselves on the site of the ancient city. There they camped and

〈뉴욕타임스〉 1913년 6월 15일자 마추픽추 발견 소개 1면 기사

07 잉카는 남아메리카의 중앙 안데스 지방, 특히 페루와 볼리비아 지역을 지배한 제국으로, 에스파냐 식민지 정복자 프란시스코 피사로가 이끄는 군대에 1533년 멸망했다.

하와이에서 태어난 예일대 교수인 빙엄은 이후 두 차례 더 마추픽추를 찾았다. 그는 '오래된 봉우리'라는 뜻의 마추픽추를 발굴하여 찍은 사진들을 잡지 〈내셔널 지오그래픽〉 1913년 4월호에 발표하면서 전 세계에 소개했다. 빙엄은 안데스산맥의 고산지대 마을인 올란타이탐보에 베이스캠프를 차리고 발굴 작업을 벌였다. 빙엄은 이곳에서 발굴한 보석, 도기와 그 파편, 연장, 인간과 동물 유해 등 5000여 점을 미국 예일대로 반출했다.

▌잉카 유물 환수에 페루 정부, 교황까지 지원 요청

당시 페루는 잉카 유물의 반출에 민감했다. 1911년 초 페루는 문화재를 약탈로부터 보호하고자 노심초사하다가 유물의 국외 반출을 금지하는 법안을 제정했다고 빙엄의 일대기를 그린 『황금 요람Cradle of Gold』의 저자 크리스토퍼 히니Christopher Heaney가 설명했다.

빙엄은 마추픽추가 거대한 사원, 즉 신전이자 종교 지도자들을 양성하는 교육기관이라고 보았지만, 최근의 고고학 연구에 따르면 종교 시설이 아니라 잉카 지도자들과 그 수행단이 여름을 보내는 별궁으로 밝혀졌다(〈스미스소니언협회 매거진〉, 2009년 3월호 기사).

그렇다면 당시 페루 경찰과 동행한 빙엄은 어떻게 마추픽추 유물을 미국으로 보낼 수 있었을까.

약 100년이 흐른 2000년, 페루 정부는 예일대에 마추픽추 유물의 반환을 요청했다. 미국 대통령을 다수 배출한 콧대 높은 명문대학인 예일이 이런 요청을 들은 척도 하지 않자 페루 정부는 예일대학을 상대로 미국 연방법원에 마추픽추 유물 반환 소송을 제기했다. 이에 예일대학은 페루의 반환 요청이 너무 늦어졌기 때문에 유물들에 대한 권리를 상실했다고 맞대응했다.

1912년 페루 정부는 빙엄에게 유물들은 예일대학이 '연구'하는 조건으로만 떠난다는 서약서를 내밀었고, 빙엄은 여기에 서명하고서 마추픽추 유물을 반출할 수 있었다. 이는 예일대학이 유물을 약탈하는 것이 아닌, 과학적으로 탐구한다는 것을 당시 페루 정부가 인정했지만, 이 서약서에는 조건이 하나 더 붙어 있었다.

오늘날 마추픽추 전경

2011년 11월 5일, 알란 가르시아 대통령이 리마 집회에 참석,
예일대학은 마추픽추 유물을 페루에 반환하라는 연설을 하고 있다.

"페루가 요청하면 언제든지 반환해야 한다."

예일대학은 이러한 서류가 있는 것을 알면서도, 발견자가 모든 것을 갖는 것이 당시 법이라 예일대학이 영구히 연구할 수 있다고 우겼다.

이에 페루 정부는 앞으로 예일대학이 페루에서 연구하는 것을 차단하겠다고 위협하는 등 유물 반환을 놓고 양측의 기싸움이 팽팽했다.

특히 페루 정부는 2010년부터 전 세계를 대상으로 유물 환수 캠페인을 공격적으로 전개했다. 알란 가르시아Alan Garcia, 1949~2019 대통령이 직접 나서서 수도 리마에서 시민 수천 명과 함께 거리 시위를 주도하는가 하면, 당시 버락 오바마 미국 대통령에게 교착상태에 빠진 잉카 유물 반환을 해결해달라고 중재를 요청했다. 가르시아 대통령은 또 바티칸으로 달려가 교황 베네딕토 16세Benedictus XVI에게 잉카 유물 반환을 위해 지원을 요청하기도 했다.

예일대학을 향한 국제 여론이 악화되는 가운데 리처드 레빈Richard Levin 총장이 개입, 대표단을 리마에 보내 가르시아 행정부와 논의한 결과 "모두의 이익을 위한 합의"에 도달했다.

예일대학 반환, 약탈 유물 반환 전례될까?

고고인류학자
리처드 버거

다음은 페루 정부와의 협상팀에 참여했던 리처드 버거Richard Burger 예일대학 고고인류학과 교수의 이야기다. 당시 그는 예일대학의 마추픽추 컬렉션을 관리하는 책임자였다.

"페루 대통령은 그가 퇴임하기 전에 이 논란을 해결하고 싶어 한다는 생각이 들었습니다. 그리고 이 사건 소송을 다루는 판사가 어떤 결론을 내리든지 양측이 모두 만족하지 못할 거라는 생각도 들었습니다."

수일간의 논의 끝에 양측은 양해각서에 서명했다. 호세 가르시아 벨라운데 당시 페루 외무장관은 국가 지도자와 예일대학 총장이 개입한 것이 해결에 결정적이었다고 설명했다. 그는 "우리가 대학 총장과 접촉한 것은 처음이었다. 그 이전에는 대학 측 변호사들, 사무직원과 협상해왔지만 겉돌았다"라고 전했다. 최고 의사결정권자의 문제 해결 의지가 중요함을 보여준다.

협상 결과 예일대학이 소장한 마추픽추 유물은 페루의 수도 리마가

01 02

03

마추픽추 유물(출처: 페루 문화부)

01 뱀 머리 달린 물병

02 사람 얼굴을 그린 물병

03 청동칼

아닌 잉카의 수도인 쿠스코에 있는 대학에 넘기기로 합의했다. 페루는 또 전 세계에서 오는 잉카 연구자들이 연구할 박물관과 연구센터를 설립하기로 했다. 빙엄의 마추픽추 발견 100주년인 2011년부터 시작된 예일대학의 반환은 2013년에 모두 끝났고, 마추픽추 유물은 쿠스코에 있는 국립 산안토니오 아바드 대학Universidad Nacional de San Antonio Abad으로 들어갔다.

이같이 유물을 한꺼번에 반환하는 방식이 다른 나라의 약탈 문화재 문제 해결의 선례가 될 수도 있다는 평가에 대해 버거 교수는 다소 회의적이다. 그는 "마추픽추는 페루와 거의 동의어입니다. 즉 마추픽추는 페루 국가의 정체성과 직결되기 때문에 매우 특별한 해결 사례"라고 조심스럽게 말한다. 100년 전 페루가 학문적, 과학적 조사를 위해 잉카 유물 반출을 허용한 것은 매우 독특하고, 예일대학이 반환한 방식도 매우 창의적이라는 것이 그의 설명이다.

도난 유물 4만 점, 반환은 겨우 5천 점의 비밀

페루 정부는 마추픽추에서 분실한 유물이 4만 점에 이르는 것으로 추산한다. 그러나 예일대학 피보디Peabody 자연사박물관에서 돌아온 것은 사금파리까지 합쳐서 5000여 점에 지나지 않는다. 나머지 3만 5000점은 어떻게 되었을까?

이처럼 유물이 대량으로 사라진 것은 빙엄이 마추픽추를 발견하기 이

전에 다른 사람이 먼저 이곳을 훑고 지나갔다는 추론이 성립한다. 1903년부터 1952년까지 페루에 살았던 영국 침례교 선교사 토머스 페인Thomas Payne은 빙엄에게 '폐허가 된 마추픽추' 이야기를 해주었고, 1911년 탐험에서 그를 도왔다고 주장한 바 있다.

페루의 유명 고고인류학자 호르헤 플로레스 오초아Jorge Flores Ochoa, 1935~2020 교수는 "빙엄은 자신이 지구의 끝을 본 위대한 탐험가로 분칠하지만, 그것은 환상에 불과하다. 진실은 다른 사람들, 아마 더 많은 사람이 그보다 더 오래전에 마추픽추에 도착했다는 것"이라고 말했다.

마추픽추 권위자
호르헤 플로레스 오초아

오초아 교수의 말을 뒷받침하듯 독일인 탐험가 아우구스토 베른스Augusto Berns, 1842~1888가 1867년에 페루 정부의 허락을 받아 마추픽추 맞은편의 땅을 사들였고, 그곳에 제재소를 세웠다. 나무를 잘라 가공하는 제재소는 정부의 승인을 받기 위한 위장 회사였고, 사실은 투자자들의 돈을 모아 근처 잉카 유적지를 발굴하는 것이 사업의 숨은 목적이었다. 베른스는 현지 주민을 가이드로 고용해 엄청난 양의 금과 은이 숨겨져 있을 것이라며 잉카 유적지를 찾아다녔다고 한다. 이런 이야기가 사실이라면 베른스는 빙엄보다 적어도 40년 앞서 마추픽추를 샅샅이 뒤진 것이다.

마추픽추 권위자 오초아 교수는 "베른스 이야기는 더 연구할 문제"이라며 마추픽추 약탈 가능성을 부인하지 않았다. 이런 추론에 따르면 빙엄은 마추픽추 주요 공예품을 가져간 최초이자 유일한 외부인이 아니라는 것이다. 예일대학 측 변호사 스콧 그레이트헤드Scott Greathead는 "빙엄이 도착하기 수년 전에 모든 보물은 독일인 베른스가 가져갔을 가능성이 있다"라고 주장한다.

페루 역사학자들이 최근 마추픽추를 표기한 1874년 제작된 지도를 발견했다(<인디펜던트>, 2008년 12월 9일자 기사). 빙엄이 마추픽추에 도착하기 한 세대 전에 밀림 속의 고대 도시를 표시한 지도가 제작된 점으로 미루어 잉카 문명에 대한 서방의 폭발적인 관심도를 짐작할 수 있다.

사안의 복잡성을 더하는 것은 빙엄이 도착하기 이전에 마추픽추를 포함한 넓은 땅이 쿠스코에 있는 가문들에 의해 반복적으로 사고 팔렸다는 점이다. 이 거래에 관한 페루 정부 부동산 문서도 있다. 쿠스코의 한 박물관 큐레이터로 근무하는 록사나 아브릴 누네스Roxana Abrill Nuñez는 "빙엄이 마추픽추를 발견할 당시 나의 증조할아버지 마리아노 이그나시오 페로Mariano Ignacio Ferro가 마추픽추를 소유했다"라고 주장하면서 가문이 마추픽추를 상실한 것에 대한 소송을 진행하고 있다. 그녀는 "국가가 어떤 지불도 없이 그 유적지를 수용했다"라고 강조했다(<뉴욕타임스>, 2008년 12월 8일자 기사).

마추픽추를 누가 처음 발견했고 그 많은 유물을 가져갔는지는 여전히 어둠 속에 가려 있지만, 확실한 것은 위대한 마추픽추를 건설한 이들의 후손들은 유적지를 보러 오는 여행객들의 짐꾼으로 일하고 있다는 사실이다. 그리고 마추픽추의 잉카 유물 반환은 끝나지 않았다. 그 유물들을 되찾지 못하면 과거를 온전하게 복원할 수 없는 마추픽추는 반쯤은 '잃어버린 도시'로 영원히 남을 수밖에 없다.

「길가메시」 반환하는 미국

세계 최고(最古) 서사시 「길가메시」, 고향에 간다

미국 정부가 압수한 길가메시 점토판 (출처: 미국 법무부)

미국의 유명 공예품 업체가 경매로 사들인 고대 희귀 점토판을 미국 연방정부가 압수해 이라크 반환을 추진하고 있다. 문제의 점토판은 3600년 전에 만들어진 것으로, 가로 17센티미터, 세로 15센티미터 크기다. 현재 전하는 가장 오래된 서사시인 「길가메시Gilgamesh」[08] 내용 일부가 설형문자로 새겨져 있다.

「길가메시」 점토판을 약탈품으로 보고 압수한 미국 뉴욕 동부 검찰청 리처드 도너휴Richard Donoghue 검사는 2019년 9월 "약탈 문화재가 미국에서 보일 때마다 정부는 그 문화 예술품이 속한 나라로

08 길가메시는 BC 18세기 고대 메소포타미아 서사시이자 그 주인공이다. 우르 제3왕조의 우루크 왕 빌가메시(Bilgamesh, 길가메시의 수메르 발음)에 관한 5편의 시로 시작한다. 이야기의 전반부는 길가메시와 우루크 백성을 압제에서 보호하려고 신들이 만든 인간 엔키두에 관한 내용이다. 길가메시와 엔키두는 처음에는 서로 싸우다가 나중에는 친구가 된다. 후반부는 친구 엔키두가 죽자 실망한 길가메시가 영원한 생명의 비밀을 찾아 나서는 내용이다. 현존하는 가장 오래된 서사시인 「길가메시」는 고대 바빌로니아 판본이다.

BC 713~BC 706년 길가메시로 추정되는 아시리아 왕궁 부조. 왼팔로 사자를, 오른손으로는 뱀의 목을 조르고 있다.(루브르박물관 소장)

반환함으로써 인류의 문화유산을 보호하는 데 최선을 다할 것"이라고 재확인했다.

메소포타미아를 넘어 인류 공동의 유산으로 꼽히는 「길가메시」 점토판이 어떻게 미국으로 넘어왔을까.

1991년 '사막의 폭풍'으로 명명된 걸프 전쟁 이후 설형문자 점토판을 비롯한 유물 수십만 점이 이라크 전역의 고고考古 유적지에서 사라져버렸다.

또 전쟁 때 이라크의 한 박물관에 약탈이 벌어져 2000점 이상이 도난당했다는 분실물 목록을 미국과 영국 고고학자들이 작성한 적이 있다. 문명의 역사 손실이라는 비애의 카탈로그였다. 11년 뒤 이 전문가들은 도난당한 유물의 절반 이상은 그 행방을 추적할 수 없다고 밝힌 바 있다. 회복된 것은 12점에 지나지 않았다(<뉴욕타임스>, 2003년 5월 1일자 기사).

압수된 「길가메시」 점토판의 출처에 대해 미국 법무부가 밝힌 자료를 따라 추적해 보면 2003년 영국 런던의 한 요르단인 골동품 가게에서 먼지로 뒤덮여 있는 것을 이름이 알려지지 않은 미국인이 구입했다. 당시 이 점토판과 함께 다른 물건들이 미국으로 들어왔다.

미국에 들어온 점토판을 깨끗하게 닦아내고 설형문자 전문가들이 판독해보니 우루크의 왕 길가메시가 자신의 꿈에 대해 어머니에게 설명하는 장면으로 확인되었다. 길가메시의 어머니는 아들의 꿈을 듣고 "새로운 친구가 도착할 것"이라는 예언으로 해석하면서 "그를 보면 너는 가슴으로 웃을 것"이라고 말하는 장면이다. 이 점토판 환수도 이라크인들이 진심으로 웃고 기뻐할 일이다.

2007년 거래상은 「길가메시」 점토판을 두 명에게 팔면서 출처를 조작했다. 거래상은 '1981년 캘리포니아주 샌프란시스코의 한 경매에서 산 유물 상자 안에 이 점토판이 들어 있었다'라고 주장하는 출처 문서를 가짜로 만들어 넣었다. 점토판 새 주인은 경매회사 크리스티Christie에 이 조작 서류를 전달하면서 점토판을 경매에 부쳤다. 법무부는 "골동품 판매자는 경매회사에 '조사가 진행되면 출처가 문제가 될 수 있으니 공개 매각에 사용하지 말라'고 권했다"라고 밝혔다.

그러나 2014년 「길가메시」 점토판이 경매에 나왔고, 미국의 공예품 판매 회사인 '호비 로비Hobby Lobby'[09]가 성경박물관Museum of the Bible에 전시할 목적으로 167만 4000달러(20억 원 상당)에 사들였다. 「길가메시」 점토판을 경매로 사들인 호비 로비는 2017년 수도

미국 워싱턴 D.C. 성경박물관

09 미국 대표적인 예술 공예품을 전시 판매하는 기업으로, 미국과 전 세계에 800여 매장이 있다. 공예품과 파티 용품, 가구 등 6만 5000종을 팔고 있다. 본사는 오클라호마시에 있다. 미국 경제잡지 <포브스>는 호비 로비의 2018년 매출이 50억 달러라고 분석했다.

워싱턴에 개관한 성경박물관에 기증했다. 호비 로비 회장인 데이비드 그린David Green이 성경박물관 회장을 겸하고 있다는 점에서 기증 이유가 설명된다.

3년 뒤 유물을 조사하던 성경박물관 큐레이터가 이 점토판의 출처에 대한 정보를 더 많이 확보하게 되었다. 박물관은 2017년 이라크 대사관에 "우리가 「길가메시」 점토판을 소장하고 있지만, 전시하기 전에 출처를 확실히 할 광범위한 조사가 필요하다"라고 알렸다. 반면, 경매회사는 박물관과 호비 로비의 문의에도 점토판의 출처에 관한 정보를 제공하지 않았다.

미국 법무부가 발표한 자료에 따르면, 「길가메시」 점토판은 오늘날 이라크 지역에서 나왔으며, 미국으로 반입한 것은 연방 법률 위반이었다. 국토안보부는 2019년 9월 성경박물관으로부터 문제의 점토판을 압수해 이라크 반환을 위해 안전 창고에 보관하고 있다.

「길가메시」 판매한 경매회사 크리스티, 소송 당해

이에 호비 로비는 2020년 5월 크리스티를 상대로 점토판 낙찰가인 167만 4000달러의 환불을 요구하면서 사기와 계약 위반으로 소송을 제기했다. 샬럿 클레이Charlotte Clay 성경박물관 대변인은, 박물관은 「길가메시」 점토판을 이라크로 반환하려는 미국 정부 방침을 지지한다고 말했다. 도너휴 검사는 "이번 사건에 대형 경매회사가 중요 이라크 문화재의 출처가 조작되었을 것이라는 우려를 무시하고, 구매자에게 출처의 신뢰성을 훼손할 수 있는 정보를 제공하지 않음으로써 의무 준수를 위반했다"라고 지적했다.

이에 대해 크리스티 대변인은 성명에서 "크리스티가 출처 사기나 불법 반입을 알았다는 어떤 주장도 근거가 없다"라며 "우리는 우리에게 넘어오기 이전에 거쳐 간 모든 소유자의 취득 경위를 검토하고 있으며, 이 문제와 관련해 우리의 권리를 지킬 것"이라고 반발했다.

나이지리아 성물 이보
(출처: 크리스티)

크리스티가 반환 논란 대상이 된 유물을 경매로 판 것은 이때가 처음은 아니었다. 2020년 6월 나이지리아에서 약탈된 문화재인 목제 인형 두 점을 파리에서 경매로 파는 바람에 나이지리아의 반감을 샀다. 성물聖物 '이보Igbo'로 알려진 한 쌍의 목제 인형은 1960년대 후반 나이지리아 내전 당시 지역의 사원에 있던 것들로 약탈된 유물이었다. 이보는 높이 1.5미터의 남녀가 손바닥을 하늘로 향해 축복을 받고자 기다리는 모습이다(<BBC>, 2020년 6월 19일자 기사).

크리스티와 같은 세계적인 경매회사들도 약탈 문화재와 예술품의 음습한 유통 창구가 아니라 밝은 빛으로 안내하는 등대로서 반환과 회복에 앞장설 의무가 있다고 하겠다.

호비 로비 역시 이런 종류의 불법 문화재 사건에 연루된 것은 처음이 아니다. 이 회사는 이라크 유물 수천 점을 압수당했으며, 2017년에는 300만 달러의 벌금도 납부했다. 2018년 호비 로비는 불법 밀수품을 포함한 3800점의 고대 유물을 이라크로 반환하는 등 모두 5500점을 되돌려주기로 약속했다. 호비 로비 대표 스티브 그린Steve Green은 "많은 사람이 나를 잘못 인도했다"라며 더 많은 유물을 이라크와 이집트 등에 반환하기로 결정했다고 밝혔다.

미국, 태국과 아이티 불법 거래 문화재 반환

미국, 불법 거래 문화재 반환 주도

제2차 세계대전 때의 '기념물, 예술품, 기록물 지원부대MFAA', 즉 모뉴먼츠 맨의 활동과 예일대학의 마추픽추 유물 반환 사례에서 보듯 미국은 불법으로 획득하거나 거래한 문화재와 예술품 반환에 앞장서고 있다. 미국은 전쟁을 통해 직접적이거나 조직적으로 문화재와 예술품 등을 약탈하지는 않았지만, 세계 최대의 예술품 시장이자 최대 수입국이기에 전 세계에서 최고의 예술품이 흘러들어온다.

이에 따라 출처가 의심스러운 것들도 미국으로 물밀듯 들어와 공공 및 개인 박물관과 미술관으로 들어간다. 그러나 미국 정부는 '인류 공동의 문화유산'에 해당하는 문화재를 아프리카와 중동, 아시아 등지에서 약탈 또는 동의 없이 가져와서는 반환과 식민주의 청산을 거부하는 유럽과는 달리, 회복에 앞장서면서 도덕성과 리더십에서 우위에 서고 있다.

실제로 미국 연방수사국FBI 예술품 전담팀Art Crime Team은 2020년 2월 14일 카리브해 섬나라 아이티에 문화재 가치를 지닌 유물 475점을 반환했다. 이는 FBI가 아이티에 반환한 역대 최대 규모로 아이티가 오래전에 분실한 주요 역사적 문화재도 포함되었다.

이 대규모 유물 반환은 예술품 전담팀이 연방 법률 및 주법과 국제 조약을 위반하고 유물을 확보한 아마추어 고고학자 도널드 밀러Donald Miller의 개인 컬렉션을 압수하면서 시작되었다. 밀러는 인디애나주 월드런의 자택 지하 창고에 전시실을 마련해 전 세계에서 들여온 유물과 물건 7000여 점을 보관, 전시하고 있었다. 그의 컬렉션은 70여 년에 걸쳐 구축된 것이었다.

밀러의 전시실을 급습한 FBI는 엄청난 분량에 깜짝 놀랐다. 예술품 전담반은 압수한 컬렉션 각각에 대해 외국 정부의 공식 대표 및 네이티브 아메리칸, 즉 인디언 원주민들과 함께 확인 작업을 펼친 끝에 합법적 고향인 기원국으로 반환하고 있다.

미국 아마추어 고고학자 도널드 밀러 컬렉션(출처: FBI)

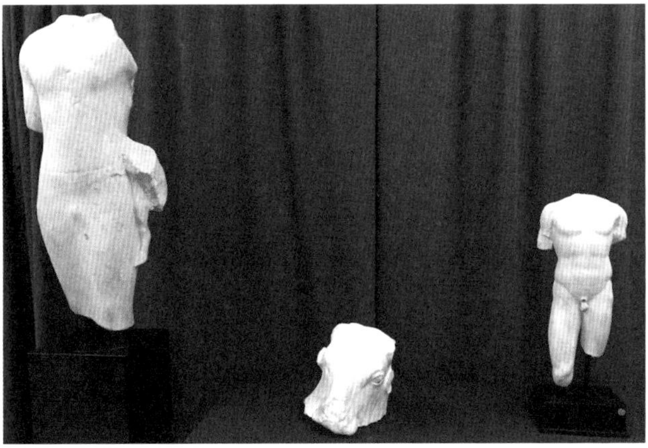
미국이 2017년 레바논에 반환한 토르소 2점과 황소 두상(출처: 미국 국토안보부)

미국의 또 다른 최근 반환 사례를 보면 2017년 12월 레바논에 조각상 세 점을 되돌려주었다. 국토안보부 발표 자료에 따르면, 4세기의 것으로 추정되는 몸통 조각상인 토르소 한 점, 6세기의 것으로 가격이 450만 달러로 추정되는 목동 토르소 한 점, 120만 달러 가치의 대리석 황소 두상이다.

이 조각상들은 1960~1970년대에 고대 페니키아에서 '치유의 신'으로 통하던 에스문Eshmun 신전에서 발굴되어 교회 등에서 보관했으나, 레바논 내전(1975~1990년) 당시 도난당한 것들이다. 병을 고치려는 이들이 에스문 신전에 제물을 바쳤고, 신병 치유를 바라는 순례객들은 근처 샘물에서 목욕하기도 했다. 국토안보부는 반환 당시 "이 세 점은 예술의 지하 세계를 통해 들어와 뉴욕에서 발견되었다. 이들은 합법적 고향인 레바논으로 돌아갈 시간이 되었다"라고 밝혔다.

또 2018년 7월 리비아 남서부에 있는 고대도시 게르마에서 나온 도자기 수십 점을 리비아에 반환했다. 유네스코UNESCO가 2018년 7월 23일

밝힌 자료에 따르면, 리비아 유물들은 1960년대 미 국무부 직원으로 리비아에서 근무했던 하워드 메도스Howard Meadows가 확보한 컬렉션이지만 2018년 미국과 리비아가 체결한 고고학 및 민족적 유물의 반출 제한 양해각서에 따라 반환이 이루어졌다.

앞서 미국은 2017년 7월 도난당한 에트루리아[10] 꽃병 도기 한 점과 고대 조각상 7점을 이탈리아로 반환하기도 했다. 꽃병은 BC 470년 전으로 거슬러 가는 유물로, 뉴욕 맨해튼의 한 미술관이 판매하려고 내놓았다가 뉴욕 수사당국에 압수되었다. 양쪽에 손잡이가 달렸고, 꽃병 몸체에 청년으로 변신한 사티로스Satyros가 새겨져 있다. 사티로스는 그리스 신화에 나오는 반인반수의 괴물로, 주신酒神 디오니소스의 시종이자 주색을 밝히는 정령이다. 가격은 25만 달러로 추정된다. 2011년 약탈품 매매로 기소된 이탈리아 골동품 거래상이 소유했던 것으로, 미국까지 흘러들어왔다.

미국이 이탈리아에 반환한 에트루리아 꽃병 (출처: 미국 이민세관집행국)

10 이탈리아 토스카나 지방에 있던 고대 왕국으로 기원전 509년 로마에 정복되었다.

▍태국 유물 554점 반환… "박물관 어두운 곳에 빛을"

미국이 태국에 반환한
반 치앙 유적지 출토 토기
(출처: 미국 이민세관집행국)

미국 정부 기관이 문화를 유난히 사랑하는 것은 아니지만, 국토안보부와 이민세관집행국Immigration and Customs Enforcement, ICE은 다른 나라에서 약탈 또는 도난된 예술품과 문화재, 골동품을 조사하고 반환하는 데 협력하고 있다. 예를 들면 2005년, 두 기관은 태국에서 미국 구매자에게 운송된 태국과 크메르 화석과 골동품들을 찾아 압수했다고 발표했다. 2014년, 국토안보부는 미국 캘리포니아주 샌타애나에 있는 한 박물관에 전시된 고대 예술품과 공예품 554점을 태국에 돌려주었다. 이런 유물들은 동남아 최고最古의 청동기 유적지인 반 치앙Ban Chiang[11]에서 출토된 것들이다.

그 후 태국 정부는 문화재 회복 노력을 가속화하고 있다. 태국 문화부는 뉴욕의 메트로폴리탄 미술관, 캘리포니아주 파사데나의 노턴 사이먼Norton Simon 미술관, 샌프란시스

11 반 치앙은 태국 북부에 위치한 기원전 2100년경의 청동기 유적지다. 1992년 유네스코 세계문화유산으로 지정되었다.

코에 있는 동양미술관Asian Art Museum 등이 소장한 골동품 23점을 반환하라고 요구하고 있다.

태국이 환수를 추진하는 대표적인 유물은 테멧에서 발굴된 팔이 네 개 달린 관음보살로, 샌프란시스코 동양미술관이 1967년 구매해 소장하고 있다. 태국 북부지역의 한 사찰에서 나온 것이다. 태국은 미국 박물관만 이런 환수의 표적으로 삼은 것은 아니다. 태국 문화부는 영국과 호주를 포함한 해외에 있는 700개 이상의 유물과 공예품 회복에 애쓰고 있다(〈아트넷 뉴스〉, 2018년 11월 6일자 기사).

태국이 반환을 요구하는 관음보살상 (뉴욕 메트로폴리탄 미술관 소장)

박물관이 도난 공예품을 가지고 있다고 해서 이런 기관이 범죄에 직접 연루되었다는 것은 아니다. 불법 획득물인 줄 모르고 돈을 주고 샀거나 의심스러운 출처를 모르는 수집가들로부터 기증받은 것들이다. 그렇지만 태국 정부가 현재 추진하는 환수 정책은 박물관이 물건을 확보할 때 그 출처를 확인하는 데 주의하고 관심을 기울이라는 의미가 담겨 있다고 필라델피아에 있는 동남아 고고학연구소 소장인 조이스 화이트Joyce White는 말한다. 박물관은 합법적으로 취득한 예술품은 계속 소장할 수 있다. 화이트는 "박물관 세계의 어둡고 희미한 분야에 빛을 쐬는 것이 21세기의 추세"라고 말한다.

태국은 또 2018년 8월 하와이 한 박물관이 전시하던 유물 17점의 기원 출처에 관한 정보를 국토안보부에 넘겨주면서 이 유물들의 반환을 요구했다. 태국은 2018년 10월에 한 미국인 사설 수집가로부터 4000년 전 선사시대 토기류 등 유물 12점을 환수하는 데 성공했다.

3

'아를의 침실'을 보는 일본인의 심경은

타산지석으로 삼을 문화재 방안들

약탈 문화 예술품 회복과 관련해 일본의 마쓰카타 컬렉션과 이병창 컬렉션의 이야기를 짚어보지 않을 수 없다. 문화재 보호 정책과 관련해 타산지석으로 삼을 시사점을 던져주기 때문이다. 해외에 나가 있는 우리 문화재에 대해 반환 목소리만 높일 것이 아니라 우리가 이미 소장한 문화재를 대하는 정·관계 및 정책 결정자들의 자세도 바뀌어야 하기에 소개한다.

'아를의 침실'이 오르세에 남은 비밀

프랑스 파리, 센강을 사이에 두고 루브르박물관과 마주한 오르세Orsay 미술관에는 빈센트 반 고흐Vincent van Gogh, 1853~1890가 그린 '아를의 침

프랑스가 일본 반환을 거부한 고흐의 1889년작 '아를의 침실'(오르세 미술관 소장)

실The Bedroom at Arles'이 걸려 있다. 고흐가 1889년 9월 프랑스 남부 아를에 머물 때 그린 이 그림을 보는 일본인들은 어떤 느낌이 들까?

"다른 두 점의 아를의 침실보다 약간 작지만, 더 짜임새가 있군."[12] "친구 고갱을 기다리는 설레는 마음이 전해진다." "고흐의 천재성이 유감없이 발휘됐군." "엄마와 누이랑 같이 있을 때의 따뜻한 추억이 짙게 뱄구나." 이렇게 감상하는 이들도 있겠다.

12 고흐가 그린 '아를의 침실'은 스케치 2점과 유화 3점 등 모두 다섯 점으로, 1888년 10월부터 1889년 9월까지 그렸다. 유화는 오르세를 비롯해 미국 시카고 아트 인스티튜트와 암스테르담 반 고흐 미술관이, 스케치는 반 고흐 미술관과 파리의 한 개인이 소장하고 있다. 어머니와 누이를 위해 1889년 9월 말에 그린 '아를의 침실'이 오르세에 걸려 있다.

마쓰카타 고지로
(마쓰카타 컬렉션 소장)

하지만 "일본에서 볼 수도 있었을 텐데, 멀리 파리까지 와서 보는구나"라고 비감하게 느끼는 일본인도 적지 않을 것이다. 왜냐하면 이 작품은 일본 기업가 마쓰카타 고지로松方幸次郎, 1866~1950가 구입했지만, 프랑스 정부가 돌려주지 않아 일본으로 가져가지 못했기 때문이다. 이 작품이 제2차 세계대전 발발 이전 일본에 왔다면 도쿄 국립서양미술관NMWA에 전시되었을지도 모를 일이다.

일본 국립서양미술관에 따르면, 사업가인 마쓰카타는 1910~1920년대 유럽에서 활동한 미술 수집가로, 일본 에도 시대江戸時代, 1603~1867년에 유행한 풍속화인 우키요에浮世繪 약 8000점, 서양 미술 약 3000점 등 1만 점 이상을 유럽에서 사들였다. 이런 그의 미술품들을 '마쓰카타 컬렉션'이라고 한다.

대량의 마쓰카타 컬렉션을 구축한 고지로는 메이지 시대 총리를 지낸 마쓰카타 마사요시松方正義, 1835~1924의 3남으로, 미국 예일대학에서 법학 박사학위를 받고 유럽에 유학했다. 귀국 후 부친의 비서관을 지내다 1896년 고베에 있는 가와사키川崎 조선소 초대 사장에 취임한다.

그가 미술품 수집을 시작한 것은 제1차 세계대전 와중에 영국 런던에 머물면서부터다. 제1차 세계대전으로 조선업이 엄청난 이익을 남기면서 거부가 된 고지로는 1916년부터 약 10년간 몇 차례 유럽을 방문해 런던, 파리, 베를린 등의 화랑을 찾아다닌다. 1918년 프랑스 파리의 보석상 앙리 베베르Henri Vever, 1854~1942가 소장한 우키요에浮世絵 약 8000점을

일본 도쿄 국립서양미술관 입구에 설치된 로댕의 조각 '지옥의 문'(복제품)

한꺼번에 수집한다. 같은 해 파리의 뤽상부르Luxembourg 미술관의 레옹 베네디트Leonce Benedite, 1859~1925 관장의 소개로 '지옥의 문Gates of Hell'을 비롯한 로댕Auguste Rodin, 1840~1917 대표작도 여럿 구입한다.

고흐의 '아를의 침실'과 르누아르의 1872년 작품 '알제리풍의 파리 여인들Parisian Women in Algerian Costume'은 파리에서 활동하던 유대계 미술상 폴 로젠버그의 갤러리에서 구입한 것이다. 당시 마쓰카타는 그림 수집 여행을 함께 떠났던 미술평론가 야시로 유키오矢代幸雄에게 "내 마음대로 쓸 수 있는 돈 3000만 엔이 생겼다"라고 말할 정도로 큰손 수집가로 통한다. 이를 현재 가치로 환산하면 300억 엔 정도로 추정된다. 조선업 호황에 따른 성과급 등으로 받은 돈을 모은 것이다.

스파이 활동한 마쓰카타, 미술관 설립 구상도

파리 화랑가에서 동양의 컬렉터로 알려진 마쓰카타는 1921년 4월부터 1922년 2월까지 독일 베를린으로 수집 여행을 떠난다. 당시 이 여행의 목적 가운데 일본 해군의 의뢰로 제1차 세계대전에서 크게 활약한 독일 잠수함 유보트U-Boat의 설계도를 입수하려는 비밀 목적도 있었다('위키피디아 마쓰카타 컬렉션(松方コレクション)' 항목 2020년 5월 9일자 편집).

01

02

01 르누아르의 1872년 작
'알제리풍의 파리 여인들'
(일본 국립서양미술관 소장)

02 마네의 1916년 작
'수련Water Lilies'
(일본 국립서양미술관 소장)

색채와 빛의 마법사 모네Claude Monet, 1840~1926와 친구가 된 마쓰카타는 모네 작품 18점을 한꺼번에 구입하는 특혜를 누린다. 당시 고갱 15~16점, 세잔 48점, 쿠르베 10점 등을 비롯하여 800점 이상의 명화가 있으니, 이 명화들을 전시해도 훌륭할 것이라고 생각한다.

1926년 4월부터 1927년 4월까지 유럽에 머물면서 미술품을 추가로 구입하여 회화와 조각에서 가구와 태피스트리까지 방대한 분량의 컬렉션을 구축한다. 이렇게 대규모로 미술품을 수집한 데는 일본의 신진 작가들에게 서양 미술의 실물을 보여주자는 포부였다고 전한다.

또 모두 함께 즐기는 '교라쿠共樂 미술관' 설립을 구상해 설계안도 만들고 도쿄 아자부에 건물을 세울 부지도 확보했다.

일본 군국주의와 관세정책으로 서양 미술 반입 꺼려

그러나 1927년 경제공황이 상황을 단번에 바꿔버렸다. 주거래 은행인 주고十五은행이 휴업하면서 가와사키 조선도 경영 위기에 빠졌다. 마쓰카타는 사장 자리에서 물러나고, 회사 재무 상태 개선을 위해 개인 재산을 털어 넣었다. 유럽에 남겨둔 컬렉션도 많았지만, 일본으로 가져왔던 미술품은 몇 번에 걸친 전시회에서 팔려나가 흩어지고 말았다.

또 일부 컬렉션은 은행 등에 담보로 잡히거나 경매로 팔리면서 1000점 이상이 사방으로 흩어져 버렸다. 우키요에는 일본 왕실에 헌납해 현재 도쿄 국립박물관이 소장하고 있다. 그의 미술관 설립 꿈도 산산조각으로 부서졌다.

일본으로 반입되지 못한 많은 작품은 역설적으로 뿔뿔이 흩어지는 운명은 피했다. 일본 반입에 차질을 빚은 까닭은 1924년부터 실시된 관세 100퍼센트 정책 때문이었다. 1923년 발생한 간토關東 대지진의 부흥 자금을 조성하고자 일본 정부가 수입품에 대해 매입가와 같은 금액의 세금을 부과하는 것으로 관세정책을 바꾸었다. 게다가 1920년대 후반, 일본에 군국주의와 국수주의 풍조가 강해지면서 서양 미술은 집권 세력인 군부에 나쁜 인상을 줄 수 있다는 우려도 수집품 반입을 서두르지 않고 해외에 그대로 두는 요인이 되었다.

그런 와중에 제2차 세계대전이 터졌다. 영국 런던에 보관된 900여 점은 대전이 일어난 1939년 화재로 소실되고 말았다. 런던에 보관된 마쓰카타 컬렉션 953점의 작품 목록(그림 255점, 판화 554점, 조각 17점 등)이 2016년 9월 런던에서 발견되었다. 그 목록은 마쓰카타와 거래가 있던 런던의 화상이 남긴 것으로, 2010년 영국 국립 테이트 현대Tate Modern 미술관에 기증한 문서에 포함되어 있었다(<니혼게이자이신문>, 2018년 6월 30일자 기사).

또 일본에 들어와 흩어진 그의 컬렉션 상당수도 태평양 전쟁 때 폭격을 받으면서 재로 변해버렸다. 반면에 프랑스 파리의 로댕미술관에 보관해달라고 맡겼던 약 400점은 제2차 세계대전 동안 오롯이 살아남았다. 하지만 종전 직후, 프랑스 정부는 나치 독일과 동맹을 맺은 군국주의 일본을 추축국이자 적국으로 간주해 마쓰카타 컬렉션을 몰수해버렸다.

마쓰카타 컬렉션 일본 '반환' vs 프랑스 '기증'… '기증 반환'

프랑스 정부에 압수된 마쓰카타 컬렉션의 반환 교섭은 1950년부터 시작되었다. 교섭이 난항을 겪다가 1951년 샌프란시스코 강화조약 이후 가속화되었다. 이 조약에 따르면 프랑스를 포함한 연합국은 일본 재산을 몰수할 수 있지만, 일본 점령지 이외에서 합법적으로 거주하던 일본인 개인의 재산은 몰수 예외라는 규정에 따라 소유자에게 반환된다는 것이다. 일본이 마쓰카타 컬렉션을 고스란히 돌려받는 길이 열렸다.

그러나 그 후 교섭에서 컬렉션 가운데 중요한 고흐와 고갱 등의 명작 몇 점은 프랑스가 양도하지 않은 채 결국 회화 196점, 소묘 80점, 판화 26점, 조각 63점 등 모두 370점만이 1959년 일본으로 돌아왔다.

프랑스는 이를 '기증'이라고, 일본은 '반환'이라고 주장하다가 결국 '기증 반환'이라고 표현하기에 이르렀다. 반환 교섭에서 '아를의 침실'은 일본 정부가 요구했지만, 프랑스 정부가 돌려주지 않은 대표작이다. 프랑스는 국가 컬렉션에서 구멍 난 부분을 채우기 위해 모네, 고흐, 쿠르베, 세잔 등의 작품 14점은 돌려주지 않았다(〈뉴욕타임스〉, 1959년 6월 21일자 기사).

일본은 환수 작품을 전시하기 위해 1959년 국립서양미술관을 새로 지어 개관했다. '지옥의 문' 등 국립서양미술관에서 보이는 로댕의 작품들은 파리 로댕 박물관에 있는 원작을 복제한 것이다. 원래의 합법적 소유주에게 돌려주지 않고 붙잡아두는 것도 약탈이고 보면, 아시아 여러 나라를 침략해 많은 유물을 약탈한 일본 국민이 프랑스에서 '아를의 침실'을 보는 심경이 사뭇 궁금하다.

한국으로 오지 못한 이병창 컬렉션

한국 도자기 걸작 '이병창 컬렉션', 일본에 남은 까닭

"저는 50여 년이라는 긴 세월을 '재일 한국인'으로서 지내던 중에 조국을 그리워하는 생각에 한국 도자기를 수집하기 시작했습니다. 제 분신처럼, 혹은 제 아이들처럼 사랑해왔던 이 도자기들을 어디에 그리고 어떻게 보존하면 한국 도자기의 아름다움을 널리 알릴 수 있을까 하고 오래 생각에 생각을 거듭해 왔습니다.

오랜 고민 끝에 제가 내린 결론은 이 도자기들을 일본에 머무르게 하고, 연구하고, 미술관에 전시함으로써 재일 동포의 후손들이 조국의 문화를 배우고, 긍지를 가질 수 있도록 해야 한다는 것이었습니다. 오사카시는 1980년에 '아타카安宅[13] 컬렉션'을 기증받아 오사카 시립동양도자미술관을 설립하여 한국 도자기를 중심으로 동양 도자기를 상설 전시하고 있는데, 저의 컬렉션이 여기에 더해지면 시대별, 내용별로 서로 보완하게 되어 한국 도자기의 아름다움이 더욱 풍부하게 전해지게 된다고 생각하기에 이르렀습니다.

앞으로 '이병창 컬렉션'이 한국인과 일본인, 그리고 오사카를 방문하는 세계인들에게 한국 도자기의 아름다움을 전하는 문화 사절이 된다면 조국을 사랑하는 마음으로 조국의 도자기를 수집한 저로서는 더 이

---

13 일본 아타카산업(安宅産業) 회장을 지낸 기업인 아타카 에이치(安宅英一, 1901~1994)는 한국 도자기 793점과 중국 144점, 베트남 5점 등 1000점이 넘는 동양 도자기 컬렉션을 구축했다. 그의 컬렉션에는 일본 국보 2점과 중요문화재 12점이 포함되어 있다.

상의 기쁨과 삶의 보람이 없을 겁니다.

1999년 1월 22일 이병창"

재일 한국인 이병창李秉昌, 1915~2005 박사가 일본에 거주하면서 수집한 한국 도자기 301점과 중국 도자기 50점, 도쿄의 자택과 부동산을 오사카시에 기증할 때 남긴 메시지를 일본 도자기 업체 부기안風氣庵이 웹사이트를 통해 이렇게 전했다.

이병창 흉상
(오사카 시립동양도자미술관 소장)

이병창 컬렉션은 고스란히 오사카 시립동양도자미술관에 '이병창 컬렉션 한국 도자실'이라는 별도의 이름으로 전시되어 있다. 그의 도자기 컬렉션 수준은 1993년부터 1998년까지 국립중앙박물관 관장을 지낸 정양모 전 교수가 1999년 1월 26일자 〈문화일보〉를 통해 "한국 도자기 301건은 모두가 명품이지만 그 중에 '청자상감 모란절지문매병' '분청사기 연당초각배' 등 수십 점은 유례를 찾기 어려운 명품"이라고 보증하고 있다.

2014년 국립중앙박물관이 '청화백자전'을 개최할 때도 그의 컬렉션에서 여러 점을 빌려왔을 정도다. 오사카 시립동양도자미술관 '이병창 컬렉션 한국 도자실'에 따르면 그 컬렉션은 세계 최고급의 질적 수준을 자랑한다.

01 02

03 04

이병창 컬렉션(오사카 시립동양도자미술관 소장)

01 13세기 고려시대 청자철지상감 시명병

02 15세기 후반에서 16세기 제작된 분청철화 연못 새 물고기 무늬 장군

03 15~16세기 제작된 백자철지 항아리

04 청화 도석류매문 항아리

이병창이 누구이기에 한국 도자기 301점을 한국이 아닌 일본에 기증했을까. 전북 전주 출신으로, 이승만 대통령의 비서관을 지냈다. 일본과 국교 수립 이전인 1949년 초대 한국 주일대표부 오사카 사무소장(현재 총영사에 해당)을 지냈다. 그 뒤 일본 도호쿠東北 대학에서 경제학 박사학위를 받고 실업가로서 무역업에 종사했다.

한국 도자 애호가이자 연구가로서 1978년 『한국미술수선韓國美術蒐選』을 도쿄대학 출판회를 통해 발간하면서 한국 도자기의 아름다움을 세상에 널리 알렸다. 그가 사재를 털어 제작한 3권 1질의 『한국미술수선』은 각국에 퍼져 있는 고려와 조선 도자기, 미술사 개론까지 1180쪽에 걸쳐 888점을 소개한 대작이었다. 1978년 발간 당시 정가는 23만 엔이었다.

그가 최고급 도자기를 일본에 기증하자 당시 충격을 받은 사람들이 많았다. 조화미 씨는 〈민단신문〉에 "일본 미술관에 증여한다는 소식을 듣고, 충격을 받았습니다. 그런데 미술관이 내진 장치를 도입하는 등 문화재 보호에 노력하는 것을 알게 되어 감동했습니다"라고 말했다. 당시 김석규 주일대사는 "일본에 사는 우리 동포와 그 후손들은 이병창 씨의 뜻을 영원히 기억할 것"이라고 높이 평가했다. 그가 기증한 도자기의 액면가만 당시 45억 엔으로 추산되었다. 당시 한국 돈으로 환산하면 490억 원에 이른다(〈서울신문〉, 1999년 1월 23일자 기사).

한일 정·관계의 문화재 관심의 깊이가 차이

이병창이 한국이 아닌 일본에 기증한 데는 이유가 있다. 그는 김영삼 대통령을 통해 국립중앙박물관에 아끼던 고가의 백자 한 점을 기증하며

"온도, 습도를 맞춰 전시해줄 것"을 당부했다. 그러나 당시 박물관에서 "그만한 요구 조건에 맞출 설비가 없다"라고 답하자 이병창은 "그렇다면 내가 돈을 내어 그런 전시실을 짓겠다"고 제안했지만 성사되지 않았다. 결국 그의 기증품은 공개되지 않았다.

나중에 그가 서울을 방문해 애지중지했던 그 물건을 보고 싶다고 했지만, 수장고 깊숙이 들어갔는지 볼 수 없었다. 그는 절망하고 이 일을 잊지 못했다고 한다(<프레시안>, 2007년 8월 3일자 기사).

환수 유물에 대한 이런 홀대는 경제협력개발기구OECD에 가입하면서 선진국 대열에 합류했다고 자부하는 한국에서 문화재 관리가 여전히 개선되지 않았다는 방증이다.

반면, 오사카시는 이병창 컬렉션을 맞이하기 위해 거의 불가능한 일을 해냈다. 동양도자미술관의 증축이 불가능한 상황인데도 관계 당국을 설득하고 예산을 편성하여 증축하고, 그가 기증한 도자기를 영구 전시하기 위한 전시실을 마련했다.

아타카 에이치

오사카 시립동양도자미술관이 아타카 컬렉션을 소장한 경위도 눈여겨볼 만하다. 한국 도자기를 열성적으로 수집한 기업가 아타카 에이치가 제2차 오일 쇼크에 파산하면서 컬렉션이 흩어질 위기에 처했다.

이에 세계적인 컬렉션이 국외로 유출될 것을 우려한 일본 국회가 보존 결의를 하고, 그의 기업 주거래 은행인 스미토모住友은행이 일괄 구매

청자양각 죽순형 주자,
12세기 고려시대(아타카 컬렉션,
오사카 시립동양도자미술관 소장)

해 오사카시에 기증한 것이 도자 전문 박물관의 출발이었다. 이처럼 일본 정계가 나섬으로써 아타카 컬렉션이 흩어지는 것을 막을 수 있었다. 이러한 노력으로 동양도자미술관은 한국 도자 1200여 점, 중국 도자 800여 점 등 약 6000여 점을 소장하고 있다.

문화재에 대한 정치권이나 관계 당국의 기본적 소양이나 관심의 깊이가 문화재 종착지의 차이를 만들고 있음을 여실히 보여주는 사례다.

5부

한중일 문화재 삼국지

1

중국이 애타게 환수 추진하는 '홍려정비'

중국과 일본, '반환 환수' 전쟁

러일전쟁의 전리품에서 약탈품으로 전락한 홍려정비

중국이 일본에 약탈당한 수많은 문화재 가운데 유독 '홍려정비鴻臚井碑' 환수를 표적으로 삼아 우리의 비상한 관심을 끌고 있다.

홍려정비는 1300여 년 전에 현재 중국의 랴오닝遼寧성 뤼순구旅順口 황금산黃金山 기슭에 자리한 거대한 자연석에 새긴 돌비석이다. 높이 1.8미터에 무게 9톤의 규암질 돌비석이 어떻게 보면 우리 한국이 관심을 둘 만한 이

황금산 위치도

유가 없어 보이지만, 사실은 이 돌비석이 고대사의 비밀을 품고 있다.

홍려정비

'최흔석각崔忻石刻'이라고도 불리는 이 돌비석은 러일전쟁1904~1905 직후 일본이 약탈해 가져가 현재 일본 왕궁에 있다. 중국이 이를 환수하려는 것은 상실한 문화재를 회복한다는 차원이 아니라 고대사를 자국에 유리하게 재단하려는 의도여서 경계의 대상이 되고 있다.

일본이 러일전쟁에서 승리를 거둔 뒤 뤼순지역을 배타적, 독점적으로 지배하는 조차지租借地로 확보하면서 랴오둥반도遼東半島 끝자락에 세워진 홍려정비는 세워진 지 1200년 만에 일본으로 실려 갔다.

중국 포털사이트 바이두에 따르면, 1905년 일본 밀정들이 뤼순에 들어와 이 돌비석을 조사한 다음 해에 당나라 시대의 랴오닝성과 관련된 희귀한 돌비석이라는 보고서를 작성했다. 1908년 4월 30일, 제국주의 일본 해군이 러일전쟁 승리의 전리품으로 가져갔다. 일본 군부가 돌비석을 국왕에게 바치면서 일본 도쿄의 왕궁으로 들어갔다.

일본 군부와 국왕은 19세기 후반부터 각국에서 벌였던 전쟁에서 승리한 것을 기념하고자 각국으로부터 온갖 유물을 '영광의 기념품'으로 약탈해 가져갔다. 그러나 1945년 패전 이후 이런 전리품은 약탈품으로 전락했고, 수장품들 가운데 철조물은 1946년 7월 모두 녹여버렸다. 거대한 자연석 바윗덩어리인 홍려정비는 그대로 남아 있었다. 중국 측은 이 돌비석이 1840년 발생한 아편전쟁 이후 자국에서 약탈된 가장 무겁고 큰 유물이라고 주장한다.

그 후 90년간 홍려정비는 일반인의 뇌리에서 사라졌다. 하지만 고대 일본사와 발해사를 전공한 일본인 사학자 사카요리 마사시酒寄雅志 고쿠가쿠인國學院 대학 교수가 1999년 이 비석에 대한 논문을 발표하면서 일본 궁내청이 소장하고 있는 사실이 알려졌다(<중앙일보>, 2006년 5월 29일자 일본어판 기사).

사카요리 마사시

홍려정비의 위치가 왕궁이라 일반인의 출입이 제한되며, 공개되지 않고 있다. 비공개 상태여서 현재 어떤 상태인지에 대해서는 연구가들도 확실하게 파악하지 못하고 있다. 일본 측은 이 비석이 일본의 국유 재산인 만큼 반환은 물론 공개조차 고려하지 않는다고 밝히고 있다.

일본 왕궁 건안부 정원에 있는 홍려정비

중국, 홍려정비에 3000억 원 배상 소송도

홍려정비의 존재가 알려진 지 7년이 흐른 2006년 랴오둥반도 남쪽 끝에 있는 항만 도시 다롄大連이 이 돌비석 환수를 추진했다. 다롄시 자문기구인 정치협상회의政治協商會議가 2006년 1월부터 비석에 관한 연구를 제안했다. 연구라고는 하지만 사실상 비석 반환을 요구하고 나선 것이다. 정치협상회의는 중국 지방정부의 의회 역할을 한다. 중국 중앙정부는 이미 일본에 대한 전쟁배상 청구권을 포기하였기에 반환을 요구할 수 없어 지방정부가 나선 것이다.

1972년 중국은 일본과 국교정상화 협정을 맺었다. 당시 국교정상화 합의문 제5항에 "중화인민공화국 정부는 중일 양국 국민의 우호를 위해 일본국에 대한 전쟁배상 청구를 포기한다"라고 천명하면서 '전쟁배상 청구권'을 포기했다(『미중 데탕트와 일본: 1972년 중일국교정상화 교섭의 국제정치』, 손열, 연세대학교, 2014년 2월).

저우언라이

배상 문제와 관련하여 당시 저우언라이周恩来 총리는 "배상을 요구하면 일본 인민에게 부담을 지우게 된다. 이는 중국 인민이 몸소 겪어 알게 된 것이다. 청일전쟁 패배로 2억 5천만 냥을 일본에 배상했다. 청조는 이를 이용해서 세금을 중과重課하였다. 당시 일본 국가 예산의 절반에 달하는 규모로 민중이 고통을 겪었다. 전쟁 책임은 일부의 군국주의 세력에 있으며, 대세인 일반 국민과 구별해야 하므로 이들에게 그리고 차세대에게 청구권의 고통을 부과하고 싶지 않다"라고 청구권 배상 포기 이유를 설명했다.

이런 저간의 사정으로, 중국 정부 기관이 전쟁 시기에 약탈당한 비석의 반환을 요구하는 것이 타당한가 하는 의문이 따른다. 물론 중국 측은 홍려정비 약탈은 전쟁 시기에 해당하지 않는다며 당연한 반환 대상이라고 주장한다.

참고로, 일본의 과거 중국인 강제노동의 배상 책임에 대해 국가는 배상청구권을 포기했으나, 민간인에 대한 배상은 진행되고 있었다. 대표적으로 2000년 일본 '가지마건설'의 5억 엔의 배상기금 마련, 2004년 '닛폰야킨코규'의 중국인 여섯 명에게 각각 350만 엔씩 배상금 지급, 2009년 10월 일본 니시마쓰건설이 중국인 강제노동 피해자 360명에게 총 2억 5000만 엔 보상금 지급 등이 대표적이다(<동아일보>, 2018년 11월 2일자 기사). 이는 중국 정부가 '정부의 청구권은 포기했지만, 민간인의 청구권까지 포기한 것은 아니다'라는 입장을 견지하였기 때문이다.

하지만 다롄의 반환 요구에 일본은 꿈쩍도 하지 않았다. 이에 이번에는 중국 민간단체 '중국민간대일배상청구연합회中國民間對日賠償請求連合會'가 2014년 홍려정비 반환을 위한 전담팀을 구성하고 일본 왕실과 정부를 상대로 반환 목소리를 높이고 있다.

이는 민간단체가 반환을 요구하는 모양새이지만, 중국의 체제 특성상 중앙정부의 입김이 강하게 작용한 것으로 볼 수 있다. 민간 차원의 반환 요구가 관철되지 않으면, 한국이 일본을 상대로 '북관대첩비北關大捷碑'를 환수한 사례에 따라 중국 정부가 나설 것이라고 밝힌 데서도 중앙정부 차원의 환수 의지를 읽을 수 있다(<아사히신문>, 2006년 5월 28일자 기사).

북관대첩비는 임진왜란 때 정문부鄭文孚를 대장으로 한 함경도 의병의 전승을 기념한 전공비로, 1905년 러일전쟁 때 일본군 제2예비사단 여단장 소장 이케다 마시스케池田正介가 비석을 파내 가져가 야스쿠니신사靖國

경북궁에 자리한 북관대첩비 복제품

神社에 방치했다. 의병의 후손들이 일본 정부에 청원서를 내는 등 반환운동을 벌인 끝에 2005년 10월 20일 한국으로 반환되었다. 반환된 비석은 원래 있던 곳에 복원하기 위해 북한으로 전달되었고 국립고궁박물관, 의정부 정문부 장군 묘역에 복제비가 세워져 있다.

홍려정비와 관련하여 이 단체는 또 중국인들이 받은 정신적 고통에 대한 위자료로 14억 위안(당시 환율로 3000억 원 상당)의 배상을 요구하고 있다. 홍려정비가 있는 일본 왕궁을 관리하는 정부 기관인 궁내청을 상대로 고등법원 격인 베이징 고급인민법원에 반환청구 소송을 제기했다. 중국 법원에 제소한 이유는 2014년 베이징 주재 일본대사관을 통해 홍려정비 반환을 요구했으나 일본 측에서 아무런 반응을 보이지 않기 때문이라고 설명했다(<산케이신문>, 2015년 7월 15일자 기사).

이에 대해 일본 측은 반환을 요구하는 중국민간대일배상청구연합회가 반환을 요구할 자격이 있는지와 소송 제기 당사자로서의 적격한지에 대해 의문을 품고 있다.

중국의 속국 아닌 독자적인 연호를 사용한 발해

‘홍려정비’는 무엇을 담고 있나?

중국과 일본이 ‘반환 환수’ 전쟁을 벌이는 홍려정비에는 대체 무슨 내용이 새겨져 있을까. 홍려정비의 공개된 사진과 탁본을 보면 세로로 오른쪽에서 왼쪽으로 3행 29자가 해서체로 새겨져 있다.

> 勅持節宣勞靺羯使(칙지절선로말갈사)
> 鴻臚卿崔忻井兩口永爲(홍려경최흔정량구영위)
> 記驗開元二年五月十八日(기험개원2년5월18일)

한규철 전 고구려발해학회장

한규철(경성대 명예교수) 전 고구려발해학회장은 이를 “신표를 가지고 조칙을 받드는 선로말갈사 홍려경 최흔이 우물 두 개를 파서 영원히 증거로 삼고자 기록한다. 개원 2년 5월 18일”로 풀이한다. 개원은 당나라 6대 황제 현종재위 712~756의 연호로, 개원 2년은 서기 714년이다. 홍려경은 외교 업무를 담당하는 홍려시鴻臚寺의 수장, 즉 현재의 외교장관에 해당하는 직책이고, 그 수장이 최흔이다. 최흔은 송나라 시대에 중국의 시각에서 편찬한 역사서『신당서新唐書』와『자치통감資治通鑑』등에도 등장하는 역사적 인물이다. 그러나 홍려정비에 등장하는 우물 두 개의 위치는 아직까지 확인되지 않고 있다.

당시의 맥락을 살펴보면 이렇다. 대조영大祚榮, ?~719이 거란 무장 이해고李楷固의 오랜 추격과 전쟁에서 승리하고 698년 진국震國을 세웠다. 건국 15년째인 713년, 당나라는 외교 특사로 최흔을 보내 대조영을 군왕으로 책봉한다.『구당서』에 따르면 당나라는 대조영을 "좌효위원외대장군左驍衛員外大將軍 발해군왕渤海郡王 홀한주도독忽汗州都督"으로 책봉했다. 책봉은 발해와 당나라가 적대 관계를 해소하고 공식적인 외교관계를 수립했다는 공식적 절차다. 그리고 최흔이 당나라로 돌아가다 이곳에서 우물을 파고 증거로 남겼다. 그가 지나간 랴오둥반도는 발해의 서해안 해상 거점이다.

중국은 비석에 등장하는 최흔의 임무가 말갈사靺羯使였기에 대조영이 세운 나라는 말갈이며, 당나라의 지방정부에 불과하다고 주장한다. 결국 대조영이 세운 나라의 역사는 중국의 역사에 포함된다며 발해의 역사를 빼앗아가려는 역사 전쟁의 하나이다. 이런 저의로 중국은 일본에 있는 홍려정비 환수를 추진하고 있다.

그러나 홍려정비에는 공식적인 외교적 입장이 아니라 중국 사신의 입장에서 새겼다는 결정적 증거가 있다. 말갈을 한자로 정식으로 표기하면 '靺鞨'이다. 그러나 홍려정비에 담긴 말갈사에 나오는 말갈은 '靺羯'이다. '말갈 갈鞨' 자 대신에 '불깐 양 갈羯' 자를 새긴 것이다. 거세했다는 의미의 갈 자를 쓴 것은 나라 이름으로 새겼다기보다 비하 내지 하대할 의도로 새긴 문구가 분명하다. 중국은 고구려高句麗도 하구려下句麗라고 비하하다가 두 나라가 전쟁을 벌인 적도 있다. 최흔의 직책이 말갈사靺羯使라는 것으로 말갈이 중국의 지방정부이거나 속국이었다고 해석하는 것은 중국 중심의 지나친 억측이다.

발해는 중국의 속국인가?

발해는 926년까지 한반도 북부와 만주, 러시아 연해주까지 광대한 지역을 지배했다. 영토는 당시 신라의 네 배에 이르렀다. 대조영에 대해 당나라가 망한 지 40여 년 뒤에 편찬된 당나라 역사서인 『구당서』에는 "대조영이란 사람은 본래 '고려별종'이다(大祚榮者, 本高麗別種也)"라고 전한다. 당나라가 멸망한 지 약 60년 뒤에 편찬된 『신당서』에는 "발해는 고구려에 붙은 '속말말갈'의 대씨(가 세웠)다(渤海, 本粟末靺鞨附高麗者, 姓大氏)"라 적고 있다. 두 사서를 종합하면 발해는 고구려의 유민과 현지 말갈 사람이 합심해서 세웠다는 뜻이다.

발해의 동시대인 신라 문장가 최치원857~?이 발해에 대한 적개심으로 897년 무렵에 지은 「사불허북국거상표謝不許北國居上表」[01]'에 따르면, 발해

01 당나라에 하정사(賀正使)로 파견된 발해 왕자 대봉예(大封裔)가 897년 7월, 발해가 신라보다 강성하니 윗자리에 위치해야 한다고 요청하는 '쟁장(爭長) 사건'이 발생했다. 발해와 신라의 외교 전쟁에 대해 당나라는 국명의 선후를 강약으로 따질 수 없다며 거절했다. 이런 조치에 반색한 최치원이 '북국(발해)이 (신라보다) 윗자리에 오르지 못하도록 한 조치에 감사한다'는 뜻에서 「사불허북국거상표謝不許北國居上表」를 지었다.

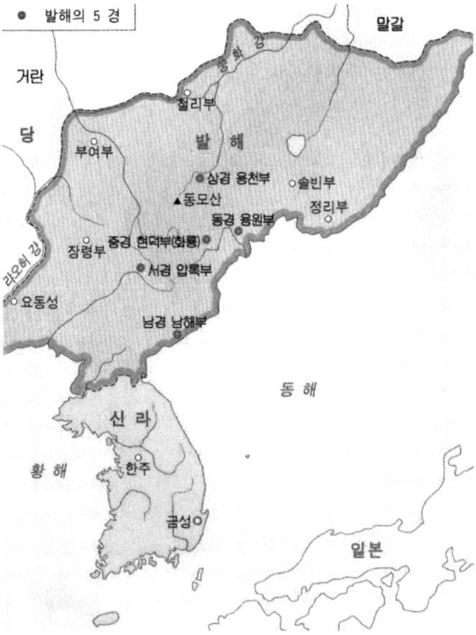

발해 지도

는 최흔이 외교 사절로 도착하기 훨씬 이전에 초기 국명을 진국振國으로 표기했다. 발해는 중국과 다른 독자적 연호를 사용했다. 동아시아에서 연호를 독자적으로 사용했다는 것은 천하의 주인으로 자처했다는 의미다.

발해는 국경을 맞대고 있는 당과 신라와는 경쟁하고, 바다를 사이에 두고 멀리 떨어진 일본과는 우호 관계를 유지는 외교정책을 폈다. 제3대 문왕 때文王, 재위 737~793에는 국력이 크게 신장되어 수도를 동모산東牟山에서 중경 현덕부中京縣德府 옮겼다가 후에 상경 용천부上京龍泉府로 옮겼다. 2대 무왕武王, ?~737은 당나라와 전쟁을 벌일 정도로 국력이 셌다. 5경 15부 62주라는 지방행정 제도를 갖춘 고대 강국이었다. 외교 관계를 수립한다는 의미의 사실이야 홍려정비가 아니라도 얼마든지 증명되고 있다. 한규철 전 고구려발해학회장은 “홍려정비의 탁본 29자가 공개된 마당에 우리 처지에서는 이 비석이 물리적 위치가 어디이든 큰 관계는 없다”라면서도 전문가들이 접근해 연구할 수 있어야 한다고 강조한다.

2

발해 부처님, 일본엔 왜 가셨나요

중국, 동북공정을 통해 발해 역사 편입 시도

발해를 둘러싼 역사 전쟁

발해는 『신당서』에 동쪽에서 위세를 떨친 나라, 즉 "해동성국海東盛國"이라 기록될 정도로 맹주국이었다. 그 영토는 한반도 북부와 만주벌판, 러시아 연해주까지 이를 정도로 광대했다. 하지만 현재 발해인의 손으로 남긴 기록이 애잔하게도 그 역사만큼이나 남아 있는 것이 거의 없다. 발해의 정치, 사회 구조와 역사적 전개 과정은 남아 있는 유물을 비롯해 발해와 교류가 많았던 중국이나 일본의 기록에 남아 있는 단편을 모아 복원할 수밖에 없다.

이처럼 발해에 대한 기록이 부족하다는 이유로 중국은 자국의 역사에 편입시키려고 '역사 전쟁'을 벌이고 있다. 발해뿐만 아니다. 고조선, 고구려로 이어지는 한韓 민족의 역사를 자국의 역사로 편입시키기 위해 집요하게 접근하고 있다.

특히 동북 3성에서 한민족과 직접적으로 연결되는 역사 유적지와 유물이 발굴되자 중국은 역사와 한민족의 관련성을 차단하고자 유물을 공개하지 않거나 접근을 차단하고 있다. 예를 들면 중국은 2004~2005년 지린성 허룽시 룽하이촌에 있는 발해 시대 고분군 유적인 룽터우산龍頭山 고분군에 대한 발굴 성과를 최근 공개했다. 이곳에서 발해 3대 문왕의 부인 효의황후孝懿皇后 묘지와 9대 간왕의 부인 순목황후順穆皇后 묘지가 발굴되었다. 하지만 발해 제9대 간왕簡王, ?~818년의 황후인 순목황후 태씨順穆皇后 泰氏, ?~830년의 능에서 나온 묘지석 글자 전부를 공개하지 않고 있다. 이때 순목황후 능에서 출토된 홍갈색 사암 묘지석에는 세로 9행 141자가 새겨져 있으나 중국 당국이 일부만 선별적으로 공개할 뿐이다.

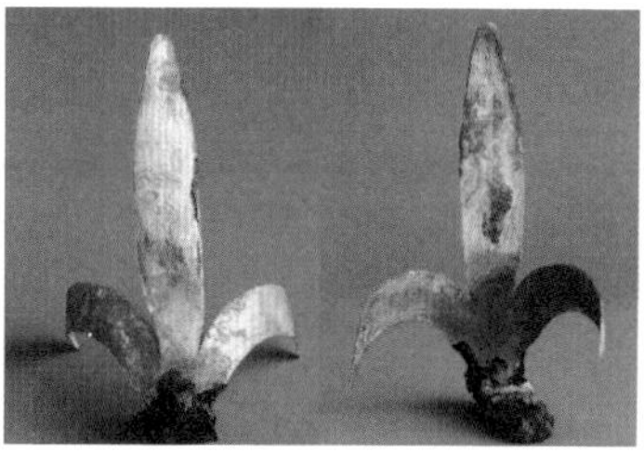
중국이 2004~2005년 룽터우산 고분군 발굴 과정에서 M14 고분에서 출토된 금제관식

남쪽에서 북쪽으로 바라본 발굴 고분 중 M8 고분

▌발해 순목황후 묘지석을 공개 못 하는 속사정은

중국사회과학원이 2009년 6월 학술지 『고고考古』에 발표한 내용을 보면 "渤海國順穆皇后卽簡王皇后泰氏也(발해국의 순목황후는 곧 간왕의 황후 태씨이

다). 建興十二年七月十五日遷安▨陵禮也 (건흥 12년 7월 15일 ▨릉에 안장하니 예를 따른 것이다)"라고 되어 있다. 건흥은 발해 선왕宣王, 재위 818~830의 연호로, 819년부터 830년까지 사용되었다. 여기에서는 발해는 스스로 '발해국'이라 밝히고 있다.

중국이 공개하지 않은 나머지 글에서 발해가 중국의 주장대로 당나라의 지방정부라는 내용이나 정황을 뒷받침할 문구가 나왔다면 벌써 공개했을 것이라는 추정이 설득력을 얻고 있다. 중국이 공개하지 못하는 속사정은 중국의 희망과는 반대의 내용이 나왔을 것이라는 추정이 힘을 얻고 있다.

중국이 홍려정비의 반환을 추진하는 가운데 순목황후의 비문 탁본을 공개하지 않음으로써 국제사회의 의구심이 커지지 않을 수 없다. 한국은 일찍이 발해를 한국사로 받아들였지만, 중국은 1980년대부터 주장하다가 2002년 시작된 동북공정東北工程을 통해 발해 역사 편입을 시도하고 있다.

고대의 국가 영역이 현재의 국경선과 일치하지 않지만, 중국은 자국 영토 내에 있었던 과거의 역사를 모조리 자국 역사로 편입하려 사실을 왜곡하고 혼란을 부추기는 연구를 하는 것이 동북공정이다. 남북한이 통일되면 일어날 수 있는 영토분쟁 소지를 미리 방지하는 데 그 목적이 있다고 한다.

역설적이게도 초창기 발해 연구를 주도한 것은 동해를 사이에 둔 일본이다. 일본은 만주에 괴뢰국인 만주국(존속기간 1932~1945년)을 세운 뒤 중국 헤이룽장성黑龍江省 닝안현寧安縣에 있었던 발해 수도 상경 용천부上京龍泉府 등을 발굴하면서 연구를 주도했다. 발해국 상경 용천부는 무단강牧丹江 유역이다.

고구려로부터 이어받은 불상 양식, 이불병좌상

‘이불병좌상’ 발해 정신세계 규명 실마리

발해는 6세기 이후 동북아의 정신세계를 지배한 불교에 커다란 영향을 받았다. 북한 함경남도 동해안 해안도시인 신포 주변, 중국 지린성吉林省 터우다오거우頭道溝와 왕칭汪淸 분지, 훈춘琿春 평야, 헤이룽장성의 동경성東京城 터, 러시아 우수리스크 평야 등 6곳의 절터에서 불상 파편이 집중적으로 출토되었다.

특히 2기의 부처가 옆으로 나란히 앉아 있는 양식의 불상이 다수 나와 이목을 끌었다. 이를 불교 미술사 용어로 ‘이불병좌상二佛竝坐像’이라 한다. 이불병좌상은 발해인의 정신세계를 들여다볼 수 있는 가장 중요한 유물이자 역사 자료이다.

이불병좌상
(일본 도쿄 국립박물관 소장)

불교 법화신앙法華信仰과 결부된 이불병좌상은 북위(존속기간 386~534년)에서 시작된 양식으로, 이 발해 불상에는 당나라 양식이 거의 눈에 띄지 않는다. 발해의 불상 양식이 같은 시대에 주변국에서 받아들인 것이 아니고, 전 시대인 고구려로부터 이어받은 것임을 보여준다. 하지만 왜 옛 방식 지키려 했는지는 미스터리로 남아 앞으로 학계가 규명해야 할 숙제다.

동경 용원부東京龍原府 반라성半拉城터 제2 폐사지에서 이불병좌상이 다수 나왔다. 이불병좌상이 출토된 반라성은 팔련성八連城, 팔뢰성八磊城으로도 불렸던 발해 5경 가운데 한 도시다. 현재 중국 지린성 훈춘시에서 서쪽으로 6킬로미터 이동하면 나온다. 반라성 서쪽 2.5킬로미터 지역에 두만강이 흐른다. 발해 제3대 문왕文王, 재위 737~793이 785년에 천도한 이후 제5대 성왕成王, 793~794이 794년 상경 용천부로 되돌아갈 때까지 수도로 삼았다. 발해의 동해 교류 거점이었다.

정확한 위치는 1942년 반라성지 발굴 결과로 확인되었다. 조사 당시 반라성은 만주국 도시였다. 당시 치안 상황이 좋지 않아 조사대가 짐마차를 끌고 현지 조사지에 들어갈 때 일본 육군 병사와 영사관 경찰서의 경찰, 현지 치안대 등 수십 명의 호위를 받고 들어갔다. 반라성터 발굴 이후 발해 역사의 이해와 해석에 큰 진전을 이루었다.

일본인에 의해 발굴된 발해 유적

당시 발해 발굴의 주체인 일본 동아고고학회東亞考古學會는 1927년 동경

제국대학과 경도제국대학 고고학자들이 결성한 조사 조직이다.[02] 일본은 괴뢰국인 만주국 수립과 만주 침략의 정당성을 부여하고자 고고학 발굴을 주도해 갔다. 발해 유적 조사는 크게 2기로 구분할 수 있다.

제1기는 일본 관학자들이 상경성을 포함한 발해 도성 유적을 확인하는 등 기초 조사를 실시했던 시기(~1931년)이고, 제2기는 만주국 성립 이후에 상경성의 대규모 발굴 조사를 포함해 다른 도성들까지 고고학적인 조사의 대상이 확대되는 시기(1932~1945년)[03]다. 당시 조사와 발굴은 일본인 동양사학자 도리야마 기이치鳥山喜一가 1923년과 1924년에 답사하고, 1937년에 궁터와 절터를 발굴했다.

이후 1942년에 일본 육군 소속 사이토 진베이齋藤甚兵衛가 발굴했다. 1942년 3월부터 4월 사이에 혼춘현에서 만주국 건국 10주년 기념사업으로 발해국 도성터인 동경 용원부가 반라성지로 발굴되었다.

당시 고구려 양식을 계승한 이불병좌상 8점을 비롯해 화문전, 연화문와당, 녹유기와, 문자기와 등의 기와와 전돌 그리고 쇠칼, 쇠화살촉, 불상, 장신구 등도 출토되었다.

이불병좌상은 1942년에 처음 발굴된 것으로 알려졌다. 동국대 문명대 교수는 "그간 연구가 미진했던 발해 지역 불교 조각과 고구려 불상과의 상관관계를 분석했다는 점에 의의가 있다"고 말했다. 발해의 유적은

---

02 五十嵐彰, 『文化財返還問題を考える: 負の遺産を清算するために』, 2019, 岩波書店

03 양시은, 「일제강점기 고구려 발해 유적조사와 그 의미 : 서울대학교 박물관 소장품을 중심으로」, 『高句麗渤海學會』 38, 高句麗渤海學會, 2010.11.

일제 강점기 일본인에 의해 독점적으로 이루어졌다. 중국에 소재하는 유적 조사의 경우 중국인들이 일부 참여하기는 했지만, 고구려나 발해 등 한반도와 관련이 있는 만주 지역의 조사에서 조선인은 참여할 수 없었다. 이는 한국의 고고학 발전을 차단하는 결과가 되었다.

출토 유물은 훈춘현 관청에서 보관하다 만주국 수도 신경(新京, 오늘날의 지린성 성도인 창춘長春)에 있는 문교부로 이전되었다. 만주국 문교부가 '만일문화협회滿日文化協會'를 통해 일본에 전달했다. 만일문화협회는 일본 측에서는 주요 동양학자가, 만주국에선 정부 요인이 참여한 조직이다. 그 후 유물들은 보수 명목으로 동경제국대학 고고학연구실로 들어갔다. 도쿄대학과 도쿄국립박물관이 소장한 발해 이불병좌상은 이때 이들이 반출해 가져간 것으로 추정된다.

발해의 인간미를 보여주는 이불병좌상, 일본에…

두 부처가 나란히 옆으로 앉아 양손을 무릎 위에 자연스럽게 올려놓았다. 왼쪽 부처가 오른손을 오른쪽 부처의 왼손 위에 슬며시 겹쳐 놓았다. 마치 아끼는 사람들이 따스한 온기를 전해주듯이.

높이 29센티미터로 현존하는 발해의 이불병좌상 가운데 가장 완전한 형태를 띠고 있다. 무엇보다 이 불상은 인간미를 잘 반영했다고 평가받는다.

이렇게 특징적인 불상은 그 어떤 것에도 볼 수 없는 발해만의 양식이다. 이 불상은 『묘법연화경妙法蓮華經』의 「견보답품見寶塔品」의 내용 가운데 석가불釋迦佛이 다보불多寶佛과 다보탑多寶塔 안에 나란히 앉아 있는 모습을 도상화한 불상이다. 한국에는 충북 괴산 원풍리에 있는 불상이 대표적으로, 높이가 12미터인 거대 불상이다.

보물 제97호 충북 괴산군 원풍리 마애이불병좌상

일본 도쿄 국립박물관이 소장하고 있는 불상은 날카로운 광배와 양감 있는 연꽃의 표현 등 여러 면에서 고구려 불상 조각의 전통을 잘 계승한 것으로 보인다. 전문가들은 이 불상 제작 시기로 반라성지 발굴 당시 함께 출토된 유물과 고구려의 영향이 발해에서 상당히 오랫동안 유지된 점 그리고 발해 조각 특유의 보수성 등을 감안하면 발해 건국 초기, 즉 700년을 전후로 추정한다(<불교신문>, 1996년 4월 8일자 기사).

이런 미적 수준의 이불병좌상 가운데 일본 도쿄대학이 2기, 도쿄박물관이 1기를 소장하고 있다. 그리고 대만이 2기를 소장하고 있지만, 나머지 3기는 소재가 알려지지 않고 있다. 동아고고학회는 "발굴 조사 자료는 조사지의 국가에 두는 것으로 한다"고 규정하고 있지만 아직까지 도쿄대학에 그대로 있다.

발해 부처님이 대만으로 간 기구한 사연

이불병좌상 2기가 중화민국中華民國인 대만으로 건너간 사연도 기구하다. 제2차 세계대전에서 패망한 일본의 점령 정책을 폈던 연합군 최고사령부GHQ의 지시로 중국에서 약탈한 유물 일부가 몇 차례에 걸쳐 대만으로 반환되었다. 당시 일본이 대륙 정부인 중화인민공화국과의 국교가 수립되기 훨씬 이전이어서 중국 본토 대신 대만에 반납한 것이다.

일본 와세다대학원 『교육학연구자료』 별책 19호-2(2012년 3월)에 따르면, 특히 1951년 제5회 대만 운반에서 발해 유물이 반환되었다. 그해 5월 26일 대만 가오슝高雄에서 점검한 결과 "발해국 영역 안에서 채집된 기와, 석불, 광배 파편"이 포함되어 있었다. 당시 운반된 석불이 현재 대만 국립고궁박물원이 소장하고 있는 이불병좌상 2점으로 보인다. 반라성에서 출토된 발해 유물이 직선거리로 2000킬로미터가 넘는 대만에 있는 웃지 못할 일이 벌어진 것이다.

선사시대와 고대사 역사를 조작한 전력이 있는 일본과, 고대사를 자신들의 입맛에 맞게 고치려는 중국의 이해가 맞아떨어져 고대사에서 우리도 모르게 '코리아 패싱'을 당하지 않도록 우리 학자들이 연구에 전념하는 것이 중요하다. 관련 당국도 동북아를 연구하는 학자들의 지원에 소홀하지 말아야겠다.

닫는 글

2019년 말부터 전 세계를 휩쓴 신형 코로나 바이러스 감염증 탓에 각국이 공항을 걸어 잠그면서 국제 사회가 쇄국 시대처럼 닫혀버렸다. 이런 신고립주의 물결 속에서도 물밑으로 수많은 문화재와 예술품 반환 이야기들이 오간다. 그동안 시간에 쫓겨 읽지 못하고 북마크해 두었거나 틈틈이 메모했던 외신 기사들을 다시 들추어보니 최근 들어 박물관이 어두웠던 과거, 음습한 수장고의 역사에 정당성의 빛을 쬐자는 분위기가 확연했다.

약탈품은 아무리 시간이 지나고, 화려하게 분칠하여도 약탈품일 뿐이다. 이를 자각한 미술 세계에서도 약탈품을 더 이상 붙잡아두지 말고 원래의 합법 주인에게 회복하자는 '집단 양심'이 살아나고 있었다.

약탈품을 경매로 팔았던 세계적 경매회사들이 소송당하는 사례가 늘어나면서 경매에 나오는 문화재와 예술품 취득 경위 이력 조사의 중요성을 확인할 수 있었다. 또 개인 소장자들이 아버지나 할아버지가 식민지에서 또는 전장에서 슬쩍 가져온 미술품을 돌려주는 사례도 끊임없이 보도되고 있었다. 약탈품은 보관하는 것도 수치이고, 전시는커녕 거래도 할 수 없다는 것이 21세기의 큰 흐름이란 사실이 곳곳에서 목격되고 있다.

제2차 세계대전 때 나치가 약탈한 문화재와 예술품이 속속 원래의 합법적 소유자나 그 상속인들을 찾아간다. 특히 반환 문제가 제기된 예술품과 문화재 소장자가 그 취득 경위와 역대 소장자의 획득 정당성을 입증하라는 '워싱턴 원칙' 합의 이후 나치 시대 약탈품의 회복이 가속화되고 있다.

아시아에서 군국주의 일본에 의해 약탈당한 나라가 어디 한국뿐이랴. 중국과 대만을 비롯해 필리핀, 말레이시아 등 동남아시아 국가들도 그렇다. 아프리카와 아시아권의 약탈 문화재 반환에 대해 이젠 식민제국주의를 거쳤던 국가들이 답할 차례이지만 가만히 있는 우리에게 그냥 돌려주지 않는다.

페루가 전 세계 여론을 환기하고 상대국 대통령과 교황까지 움직여 마추픽추 유물을 돌려받을 수 있었듯 우리도 모든 역량을 모아야 문화재 한 점이라도 더 환수할 수 있다. 환수한 문화재는 박물관 수장고로 들어갈 것이 아니라 국민의 것이라는 자긍심을 심어주기 위해서라도 진정한 제자리 회복이 이뤄져야 하겠다. 우리도 모르는 사이에 발해 유물과 고구려 문화재가 이역만리의 다른 나라로 가는 일도 더 있어서는 안 되겠다.

약탈 문화재 환수는 유물이 한 나라에서 다른 나라로 이동하는 단순한 물리적 위치 변경이나 한 나라의 컬렉션 부족 부분을 채운다는 문화적 자존심 높이기 차원을 넘어서는 문제다. 창조자들이 만든, 있어야 할 곳으로 되돌아가는 제자리 찾기라는 도덕적 당위성뿐만 아니라 약탈에 스며든 역사적 핏빛 폭력과 치유되지 않은 상처를 어루만지고 쓰다듬는 힐링의 길이다.

이 책을 마무리하면서 환수 재판이 진행 중인 서산 부석사 불상과 부여 규암리에서 약탈된 관음보살 사진을 가만히 들여다본다. 희푸른 녹 속에 머금은 아련한 미소가 걱정거리를 사르르 녹여준다.

> "동쪽 산기슭에서는 소나무가 어슴푸레하게 보인다. 촛불이 희미한 방에서 한 젊은 여성, 어찌 보면 애되 보이는 여성이 불상 앞에 엎드려 애간장이 닳게 오열하고 있다. 밤새워 빌고 또 빌었던 모양이다. 열 달 전에 부부의 연을 맺은 남편이 서쪽 바다로 고기잡이 나간 지 석 달이 지나도록 돌아오지 않아서다.

창백한 이 여인은 글썽거리는 눈으로 가만히 불상을 올려다본다. 부처님은 온화한 눈길로 여인을 달랜다."

"백발이 성성한, 그러나 눈빛이 형형한 노인도 불상 앞에 절한다. 그리고 올해는 제발 왜구들이 쳐들어오지 못하도록 빌고 또 빈다. 왜구가 노략질하러 올 무렵이면 큰바람이 일어 오지 못하도록 두 손을 모은다. 올가을 대풍이 감사하다며 내년에도 풍년을 기원한다. 노인 뒤에는 따라 절하는 청장년 네댓의 머리 위로 햇빛을 받은 불상이 더욱 영롱하다."

창문 너머 살랑거리는 봄바람에 눈을 떠본다. 500~600년 전 민초들이 가슴 저린 사연으로, 온 세상을 얻은 듯 기쁨을 나누고자 찾았던 부처님도 보살님도 사라졌다. 대신 노트북 스크린에는 푸른 구리 녹을 뒤집어쓴 부처님이 조금 전과 같은 모습으로 필자를 내려다본다. 그렇다. 부석사 부처님은 그 복장에서 보듯 주민들이 십시일반 갹출해 조성한 백성의 애착愛着이다. 국가나 권력자들이 조성한 거대한 불상, 보는 이를 압도하는 불상, 가문을 과시하는 귀족 불상, 국태민안이니 세계평화와 같은 거대 담론을 들어주는 불상이 아니라 가녀리고 여린 우리네 할머니, 할아버지의 희로애락에 가만히 귀 기울였던 부처상이다.

절절한 사연에 울고, 또 웃었던 우리 조상들은 티끌 한 점 앉을세라 불상을 헝겊으로 닦고 또 닦아냈을 것이다. 이런 부처상은 비록 어두침침한 토방 같은 곳에서 또 다른 애달픈 사연을 기다렸을지라도 영롱하게 빛난다.

부석사를 노략질한 왜구들은 어둠 속에서도 빛났을 불상을 값비싼 금붙이로 여겨 덥석 주워갔을 것이다. 부처를 납치한 왜구가 대마도에 돌아가서 보니 금덩어리가 아니라는 것을 알고, 아무렇게나 처박아 두었다. 고국에 돌아갈 날을 기다리던 불상의 가슴앓이가 푸른 눈물로 온몸을 적셨다. 일본 측이 주장하는 대로 선물이라 할지라도 우리네 정서는 녹슨 불상을 선사하는 대신 티 한 점 없이 깨끗하게 닦은 아름다운 불상을 선물하였을 것이리라.

불상은 모든 이를 향해 귀 기울이고 지켜보는 위치에 정좌해야 한다. 하지만 금고 속에 갇힌 불상, 찾는 이 없는 법당에 유폐된 부처님은 그 영험한 힘을 다한 듯 빛이 바랬고, 세월의 두께만큼 그 위에 청동 녹의 더께가 슬었다. 보는 이의 가슴도 푸르게 멍들어 내려앉았다.

비단 부여나 서산의 불상뿐만 아니다. 이 땅에서 건너간 수많은 부처, 백성들이 밤새 기원하며 돌았던 탑들, 이젠 모두 본디의 자리로 돌아와야 한다. 일본 사찰의 주장대로 불상이 신통력으로 바다를 건넜다면, 희푸른 녹은 빛났던 영험을 다한 것이니 불상이 태어난 본디의 곳으로 돌아와야 한다.

백성의 비원이 서린 불상이 녹슬도록 관리가 태만한 것은 한낱 고가의 희귀 골동품으로 취급한 탓이라는 점을 지적하고자 한다. 약삭빠른 골동상은 그 찬란한 미소의 불가사의, 물결치는 옷 주름의 아름다움에 감탄하면서도 더욱 오래되게 보이려고 유물의 녹이나 때를 닦기는커녕 먼지도 털지 않는다는 것은 익히 알려진 사실이다.

불상은 금고 속에 갇혀서는 안 된다. 눈부시게 영롱했을 불상을, 우리 조상들의 처창凄愴한 사연을 다 들었던 성물을, 단장과 환희의 순간을 함께했을 애착을 제대로 손질하지도, 관리하지도 못한 일본은 성보를 보관하거나 소장할 자격이 없다고 하겠다.

우리 조상의 절절한 기원들 들어준 불상이 조속히 제자리로 돌아오기를 기원하면서 노트북을 덮는다.

참고 자료

도서

국외소재문화재단 편, 『우리 품에 돌아온 문화재』, 눌와, 2014
김경민, 『그들은 왜 문화재를 돌려주지 않는가』, 을유문화사, 2019
김경임, 『약탈 문화재의 세계사 1, 2』, 홍익출판사, 2017
——— , 『클레오파트라의 바늘』, 홍익출판사, 2009
김재원, 『경복궁 야화』, 탐구당, 2013
김정기, 『미의 나라 조선』, 한울아카데미, 2011
김형만, 『문화재 반환과 국제법』, 삼우사, 2001
닐 맥그리거 지음, 김희주 옮김, 『독일사 산책』, 옥당, 2016
다카하시 아키야 지음, 박유미 옮김, 『미술관의 뒷모습』, 재승출판, 2018
리처드 J. 리드 지음, 이석호 옮김, 『현대 아프리카의 역사』, 삼천리, 2013
브라이언 포터-슈치 지음, 안상준 옮김, 『폴란드 근현대사』, 오래된생각, 2017
세라 손튼 지음, 이대형·배수희 옮김 『걸작의 뒷모습』, 세미콜론, 2011
아라이 신이치 지음, 이태진·김은주 옮김, 『약탈 문화재는 누구의 것인가』, 태학사, 2014
야나기 무네요시 지음, 김병순 외 5명 옮김, 『야나기 무네요시의 민예·마음·사람』, 컬처북스, 2014
요하임 쿠르츠 지음, 이선희 옮김, 『로스차일드가와 최고의 와인』, 뮤진트리, 2008
이구열, 『한국문화재 비화』, 한국미술출판사, 1973
이보아, 『루브르는 프랑스 박물관인가』, 민연, 2002
이현애, 『독일 미술관을 걷다』, 마로니에북스, 2012
정규홍, 『우리 문화재 반출사』, 학연문화사, 2012
——— , 『위기의 문화재』, 학연문화사, 2010
조용준, 『일본 도자기 여행』, 도도, 2016
조은령·조은정, 『혼자 읽는 세계 미술사 1, 2』 다산초당, 2016
존 톨랜드 지음, 민국홍 옮김, 『아돌프 히틀러 결정판』(전 2권), 페이퍼로드, 2019
최윤철, 『근대미술의 이해와 감상』(서양 편), 창지사, 2013
황수영 편, 『일제기 문화재 피해 자료』, 국외소재문화재재단, 사회평론아카데미, 2014

매체

가나 영자신문 모던가나, https://www.modernghana.com
과학 기술 전문매체 사이언스 X, https://phys.org
나미비아 매체 나미비안, https://www.namibian.com.na
네덜란드 매체 더치뉴스, https://www.dutchnews.nl
독일 국제방송 독일의 소리(DW), https://www.dw.com
독일 시사잡지 슈피겔(Der Spiegel), https://www.spiegel.de
독일 시사잡지 포쿠스(FOCUS), https://www.focus.de
독일 일간 프랑크푸르터알게마이네차이퉁, https://www.faz.net

동아일보, https://www.donga.com
로이터통신, https://www.reuters.com
말레이시아 매체 뉴스트레이츠 타임스, https://www.nst.com.my
문화 예술품 전문매체 아트뉴스, https://www.artnews.com
문화예술전문지 아트뉴스페이퍼, https://www.theartnewspaper.com
문화일보, http://www.munhwa.com
미국 경제지 월스트리트저널, https://www.wsj.com
미국 내셔널 지오그래픽, https://www.nationalgeographic.com
미국 뉴스매체 데일리 비스트, https://www.thedailybeast.com
미국 디지털 전문 쿼츠, https://qz.com
미국 스미스소니언협회 매거진, https://www.smithsonianmag.com
미국 시사잡지 타임, http://www.time.com, https://www.thetimes.co.uk
미국 일간 뉴욕타임스, https://www.nytimes.com
미국 일간 워싱턴포스트, https://www.washingtonpost.com
민단신문, https://www.mindan.org
백과사전 브리태니커 온라인판. https://www.britannica.com
박물관신문, http://sbook.allabout.co.kr/magazine/museum
불교신문, http://www.ibulgyo.com
서울신문, https://www.seoul.co.kr/
스위스방송(SBC), https://www.swissinfo.ch
아일랜드 일간 인디펜던트, https://www.independent.ie
역사 전문 채널인 히스토리(History), https://www.history.com
역사 전문 히스토리 컬렉션, https://historycollection.com
영국 공영방송 BBC, https://www.bbc.com
영국 시각 예술 전문 월간지 아폴로, https://www.apollo-magazine.com
영국 일간 가디언, https://www.theguardian.com
영국 일간 더 타임스, https://www.thetimes.co.uk
영국 일간 인디펜던트, https://www.independent.co.uk
영국 일간 텔레그래프, https://www.telegraph.co.uk
예술 전문매체 데일리 아트, https://www.dailyartmagazine.com
예술품 전문매체 아트넷, https://news.artnet.com
온라인 백과사전 위키피디아, https://en.wikipedia.org
우피치 미술관 매거진, https://www.uffizi.it
이스라엘 매체 타임스 오브 이스라엘, https://www.timesofisrael.com
이스라엘 영자 매체 하레츠, https://www.haaretz.com
인터넷 매체 이투데이, https://www.etoday.co.kr
인터넷 신문 프레시안, https://www.pressian.com
일본 경제지 니혼게이자이신문, https://www.nikkei.com
일본 산케이신문, https://www.sankei.com
중앙일보, https://news.joins.com
프랑스 라디오방송 유럽1, https://www.europe1.fr
프랑스 온라인 매체 봉주르파리, https://bonjourparis.com

피렌체 홍보 매체 러브 피렌체 이탈리아, http://www.loveflorenceitaly.com

보고서 및 도록

독일 분실 문화재 재단 중간보고서, http://www.lostart.de
동아시아연구원 보고서, http://www.eai.or.kr
로스차일드가 환수 보고서, https://www.rothschildarchive.org
미국 홀로코스트 박물관(USHMM) 아카이브, https://www.ushmm.org
사부아-사르 보고서, http://restitutionreport2018.com
유럽 약탈 예술품 위원회 아카이브, https://www.lootedart.com
이병창 컬렉션 한국도자 전시 도록
6.25 전쟁과 국립박물관 전시 도록

공공기관 및 대학

경매회사 크리스티, https://www.christies.com
고구려발해학회, http://www.palhae.org
국립중앙박물관, https://www.museum.go.kr
나마비아 주재 독일 대사관, https://windhuk.diplo.de
네덜란드 예술재산 재단, http://www.herkomstgezocht.nl
네덜란드 회복위원회, https://www.restitutiecommissie.nl
독일 분실 예술품 재단, https://www.kulturgutverluste.de
루브르박물관, https://www.louvre.fr
모뉴먼츠 맨 재단, https://www.monumentsmenfoundation.org
미국 국립인문재단(NEH), https://www.neh.gov
미국 보스턴미술관(MFA), https://www.mfa.org
미국 성경박물관, https://www.museumofthebible.org
미국 시카고 드폴(DePaul)대학 저널, https://via.library.depaul.edu
미국 연방수사국(FBI), https://www.fbi.gov
미국 외교연구협회(ADST), https://adst.org
미국 이민세관집행국, https://www.ice.gov
미국 케이스 웨스턴 리저브 대학, https://core.ac.uk
미국 프린스턴대학 총동창회 주간지, https://paw.princeton.edu
스위스 베른미술관, https://www.kunstmuseumbern.ch
시카고 아트 인스티튜트, https://www.artic.edu
안네 프랑크 박물관, https://www.annefrank.org
영국박물관, https://www.britishmuseum.org
예일대 피보디 박물관, https://peabody.yale.edu
오사카 시립동양도자박물관, http://www.moco.or.jp
외교부, http://www.mofa.go.kr
유네스코(UNESCO), http://www.unesco.org
유네스코한국위원회, https://heritage.unesco.or.kr
일본 국립서양미술관, https://www.nmwa.go.jp
헝가리 주재 미국 대사관, https://hu.usembassy.gov

▌그림 출처▐ *( ) 안은 사진작가 이름

19쪽 https://www.kulturgutverluste.de

20쪽 http://with.ibk.co.kr/webzine/view.php?wcd=388&wno=2

23쪽 https://www.bern.com/en/detail/museum-of-fine-arts-bern

25쪽 https://news.artnet.com/art-world/gurlitt-art-documents-leaked-276441 (Markus Hannich)

26쪽 (위)https://www.kunstmuseumbern.ch/de/forschen/legat-cornelius-gurlitt/kunstfund-gurlitt/hildebrand-gurlitt-2019.html

35쪽 (위)https://www.lostart.de/Webs/EN/Datenbank/EinzelobjektFund.html?cms_param=EOBJ_ID%3D477889
(아래)https://www.dw.com/en/letters-by-nazi-art-dealer-hildebrand-gurlitt-discovered-in-g%C3%BCstrow/a-36067882

41쪽 https://legacy-uma.org/oeuvre/spoils-war-lion-tamer-max-beckman/

43쪽 https://de.wikipedia.org/wiki/B%C3%BCcherverbrennung_1933_in_Deutschland (Pahl, Georg)

44쪽 (01) https://en.wikipedia.org/wiki/The_Empty_Library (Charlotte Nordahl)
(02) https://en.wikipedia.org/wiki/Nazi_book_burnings (ArcCan)
(03) Denkmal zur Erinnerung an die Bücherverbrennung (OTFW, Berlin)

45쪽 https://en.m.wikipedia.org/wiki/Art_museum (Wladyslaw Sojka)

49쪽 https://www.dhm.de/lemo/bestand/objekt/kalenberger-bauernfamilie-1939.html

50쪽 https://en.wikipedia.org/wiki/Joseph_Goebbels (Heinrich Hoffmann)

51쪽 (위)https://en.wikipedia.org/wiki/Degenerate_Art_Exhibition (Otto Freundlich)
(아래)http://www.societyofcontrol.com/ppmwiki/pmwiki.php/Main/EntarteteKunst

56쪽 https://en.wikipedia.org/wiki/Hans_Posse

58쪽 (위)https://adolfhitler33.wordpress.com/2016/09/15/may-9-1939-on-the-bergof-terrace-hitler-and/

62쪽 https://en.wikipedia.org/wiki/Alfred_Rosenberg (Friedrich Franz Bauer)

64쪽 https://en.wikipedia.org/wiki/Nazi_storage_sites_for_art_during_World_War_II (Thomas Wolf)

72쪽 https://news.artnet.com/art-world/rosenberg-degas-nazi-looted-art-1385080

76쪽 https://www.timesofisrael.com/art-dealers-heirs-decry-ransom-demand-for-degasstolen-by-the-nazis/ (AP Photo/Mary Altaffer)

84쪽 https://en.wikipedia.org/wiki/Uffizi (Michelle Maria)

85쪽 (아래)https://en.wikipedia.org/wiki/Madonna_of_Bruges (Michelangelo)

95쪽 (아래)https://www.posarellivillas.com/best-of-italy/2017/history/the-masterpieces-in-montegufoni-during-the-war

98쪽 http://vrc.princeton.edu/archives/items/show/22462

101쪽 https://news.artnet.com/art-world/eike-schmidt-stays-at-uffizi-1667332

103쪽 (왼쪽)https://en.wikipedia.org/wiki/Nefertiti (Philip Pikart)
(오른쪽)https://en.wikipedia.org/wiki/Akhenaten (Gérard Ducher)

106쪽 https://learnodo-newtonic.com/nefertiti-facts

113쪽 (아래)https://en.wikipedia.org/wiki/Tchaikovsky_State_House-Museum (SiefkinDR)

119쪽 (왼쪽)https://en.wikipedia.org/wiki/Pushkin_Museum (Ghirlandajo)
(오른쪽)https://en.wikipedia.org/wiki/Hermitage_Museum (Alex 'Florstein' Fedorov)

133쪽 (왼쪽)https://en.wikipedia.org/wiki/Priam%27s_Treasure (Sailko)

138쪽 (위)https://commons.wikimedia.org/wiki/Pergamonmuseum (Unify)
(아래)https://es.wikipedia.org/wiki/Altar_de_P%C3%A9rgamo (Jan Mehlich)

144쪽 (오른쪽)https://en.wikipedia.org/wiki/Rothschild_family (Mathieu CHAINE)

150쪽 https://www.rothschildarchive.org/

152쪽 https://www.spletnik.ru/blogs/govoryat_chto/70176_zhenshciny-v-istorii-ekaterina-dolgoruko

155쪽 (오른쪽)https://en.wikipedia.org/wiki/Louvre_Pyramid (Benh LIEU SONG)

175쪽 https://www.koreana.or.kr/koreana/na/ntt/selectNttInfo.do?nttSn=52666&mi=1546&bbsId=

184쪽 (아래)https://en.wikipedia.org/wiki/Jagiellonian_Library (Rymarek)

193쪽 (왼쪽)http://ancientrome.ru/art/artworken/img.htm?id=5132 (Kolpinskij Ju. D.)

207쪽 https://www.lootedart.com/news.php?r=R740UR158321 (Polly Hancock)

215쪽 (왼쪽) https://www.historynet.com/conversation-simon-goodman.htm

220쪽 https://www.ed.nl/eindhoven/lichtpuntje-voor-joodse-familie-die-roofschilderij-terug-wil-van-eindhovens-van-abbemuseum~a9778932/?referrer=https%3A%2F%2Fwww.google.com%2F (Marc Driessen)

226쪽 (아래)https://en.wikipedia.org/wiki/Lenbachhaus (Rufus46)

242쪽 https://www.dw.com/en/colonial-art-restitution-the-desire-is-not-to-wipe-museums-clean/a-47194605 (Alain Jocard/AFP)

243쪽 (위)https://www.culturalheritageonline.com/location-3919_Quai-Branly-Museum.php

246쪽 https://www.wikidata.org/wiki/Q3501940 (G. Garitan)

247쪽 https://en.wikipedia.org/wiki/George_Soros (Harald Dettenborn)

257쪽 http://www.unesco.org/new/fileadmin/MULTIMEDIA/HQ/CI/CI/pdf/mow/nomination_forms/letter_journals_of_hendrik_witbooi.pdf

260쪽 https://en.wikipedia.org/wiki/Tristram_Hunt (Financial Times)

265쪽 (위)https://en.wikipedia.org/wiki/Hartwig_Fischer (Portable Antiquities Scheme)
(아래)https://en.wikipedia.org/wiki/British_Museum (Ham)

266쪽 https://cfj.org/people/geoffrey-robertson-qc/

267쪽 (왼쪽)https://www.widewalls.ch/magazine/benin-bronzes-repatriation

275쪽 (두 컷)https://en.wikipedia.org/wiki/Tsavo_Man-Eaters (Superx308)

279쪽 https://en.wikipedia.org/wiki/Fasilides (Bernard Gagnon)

282쪽 (위)https://en.wikipedia.org/wiki/Abiy_Ahmed (Bair175)
(아래)https://www.arthurbrand.com

283쪽 https://www.ucl.ac.uk/art-history/people/academic-staff/dr-jacopo-gnisci

284쪽 (위)https://hadgi.com/destination/cheleqot-selassie/
(아래)https://www.amazon.in/Garima-Gospels-Illuminated-Ethiopia-Monographs/dp/0995494606

285쪽 (두 컷)https://apnews.com/article/353fe6b349e6579995b1b7eac5cad348

291쪽 https://yalealumnimagazine.com/articles/3036-machu-picchu-artifacts-to-return-to-peru

292쪽 https://humanities.as.miami.edu/public-programs/stanford-distinguished-professors/2015-2016/%E2%80%8Crichard-burger/index.html

295쪽 https://www.facebook.com/379683552050833/posts/3632220976797058/

299쪽 https://heintges.com/museum-of-the-bible/

312쪽 https://ja.wikipedia.org/wiki/國立西洋美術館 (663highland)

326쪽 (위)http://www.nihonkaigaku.org/library/lecture/i110211-houkoku.pdf

329쪽 (재)문화유산회복재단

330쪽 http://www.palhae.org/gnubrd4/bbs/board.php?bo_table=notice&wr_id=115&page=3

335쪽 (두 컷) https://www.nemopan.com/photo_education/1908857

341쪽 https://www.goesan.go.kr/tour/selectTourInfo.do?key=858&tourNo=581